1日1話
自分を強くする
成功の教科書 365

Strengthen yourself with a story a day. 365 stories for success

児玉圭司
株式会社スヴェンソンホールディングス
代表取締役会長
元卓球日本代表監督

飛鳥新社

はじめに

数ある書籍のなかから本書を手に取っていただき、誠にありがとうございます。この本は、私の70年におよぶ卓球人生と60年の経営者生活、さらに多くの素晴らしい方との出会いや良書からの学びをまとめたものです。

全部で365の項目になっており、たとえば毎朝一ページ読むことで、爽やかに一日のスタートを切ることができると思います。もちろん、朝礼やスピーチなどで使っていただくことも可能です。また、パラパラとめくって目に止まったところを読めば、壁にぶつかったときに乗り越えるヒントになるかもしれません。

さて、実は少年時代の私は手のつけられない不良でした。終戦後の混乱期ということもあり、好き放題に暴れ回っていたのです。もし中学3年生の終わりに卓球と出会っていなければ、今頃どうなっていたか分かりません。

しかし、卓球と出会い、とことんのめり込んだことで人生が大きく変わりました。

高校でインターハイや国体に出場し、明治大学では世界卓球選手権大会の日本代表に選抜されました。

卒業後は兄と創業した会社を経営、卓球の日本代表監督にも任命され、世界中を転戦しました。それから現在まで、日本学生卓球連盟会長、明治大学駿台体育会会長、明治大学卓球部総監督などを務めております。

さらに、卓球から学んだ、

「思いは叶う」

「努力は才能に勝る」

「量は質に転換する」

「絶対諦めない執念を持つ」

「熱意は自分を動かし、人をも動かす」

「感動は次の感動を生む」

といった信念をもとに、50歳でウィッグメーカーのスヴェンソンを起業し、多くのお客様と社員、一流の方たちとの出会いに恵まれました。

私の人生は素晴らしい方々との出会いによって切り拓かれてきました。だからこそ、この本を手に取ってくださった方には、「人生は出会い一つで大きく変わる」「人生を決して諦めてはならない」ということをお伝えしたいのです。

卓球との出会いが私の人生を180度変えてくれたことは言うまでもありません。卓球の試合でも、会社経営においても、この70年の間には絶体絶命のピンチが数多くありました。しかし、それでも諦めず、高い目標を掲げ、自分にできる精一杯の努力をすることで、道が開けるという奇跡を私は何度も見てきたのです。

この人生を決して諦めない姿勢のことを私は**「願晴る」**という言葉で、表しています。これは**「願いを込めて晴れやかに努力する」**という、私の造語です。

意地を張り、頑《かたく》なな姿勢で「頑張る」のではなく、自分の願いを胸に、晴ればれとした気持ちで努力を続ける。それこそが多くの人の助けを得て、未来を拓く秘訣だと思います。

この本を読む方の前途に素晴らしい出会いがあることを心から祈りつつ、エールを送らせていただきます。

「願晴れ！」

児玉圭司

目次

contents

contents

contents

contents

contents

contents

1日1話で
仕事力と人間力が
身につく――

Strengthen
yourself
with a story a day.
365 stories for success

001/365

Sports

東京オリンピック卓球からの感動と学び

東京オリンピック・卓球の男女混合ダブルスの試合は多くの日本人に勇気と希望を与え、「絶対に諦めない心」「ピンチにおける集中力」の大切さを教えてくれた。

2021年夏、東京2020オリンピックが無事に開催されました。厳しい環境の中、細心の対策で準備を進められた多くの関係者の皆様に、心から感謝したいと思います。

この大会で私が最も感動したのは、やはり日本卓球界悲願のオリンピック金メダルを獲得した水谷隼・伊藤美誠《みま》選手の試合です。多くの人が「瞬発力の格闘技」といわれる卓球の面白さを存分に味わうと同時に、メンタルを鍛える大切さを学んだと思います。**彼らの試合では勝利への強い思い、ピンチを乗り越えるための思考法が勝敗に大きく関係した**からです。たとえば準々決勝のドイツ戦、ゲームカウント3－3の最終ゲームという場面。6－10で日本ペアがマッチポイント※1を握られた時、ほとんどの人は「これで負けたか……」と思ったのではないでしょうか?

しかし、試合後に水谷選手にこの場面の心境を聞いたとき、私は**彼らが勝つべくして勝ったのだと心から納得しました。**水谷選手はどれだけ点差が離れても、最後の1本までチャンスはあるから大丈夫と伊藤選手を励まし続け、次の1本さえ取ればなんとかなると、最後まで集中力を途切れさせなかったそうです。

さらに10－10に追いついたときも、同点になったから慎重にいこうと考えるのではなく、これでいける!と勢いに乗って思い切りプレイしたと言います。水谷選手の言葉からは、彼がメンタル・技術・体力面だけでなく、人間力の面でも素晴らしい成長を遂げたことを感じました。まさに日本卓球界の未来への扉を開いただけでなく、多くの日本人に勇気と希望を与え、諦めない心の大切さを教えてくれたと思います。

※1：試合の勝敗を決める最後の得点のこと。

MEMO

002/365

Life

人生で最も怖い「まあ、いいか病」

「まあ、いいか」という言葉は、恐ろしい伝染病のようなもの。あっという間に組織に広がり、人の成長を妨げ、深刻な問題を引き起こす。決して口にしてはならない。

卓球において本当に強くなるのは、一日の練習を終えたあと、さらに30分、1時間とプラスアルファの練習をする選手です。たとえ他人に分からなくても、自分に嘘をつかずに努力する人は必ず伸びます。彼らの中に、「まあ、これくらいでいいか」という気持ちは決してなかったことでしょう。逆に、人間は「まあ、いいか」と思ったときから勝てなくなります。一度でもそれを許せば、いつの間にかすべてが「まあ、いいか」になってしまい、成長するどころか衰退する一方だからです。

「まあ、いいか」という言葉は、深刻な問題を引き起こすきっかけにもなります。かつて、立て続けに発覚して日本の製造業の信頼を揺るがした品質偽装問題も、まさに経営者や現場の責任者、担当者たちの「まあ、いいか病」が原因だったのではないでしょうか。

この**「まあ、いいか病」の恐ろしいところは、最初は針の穴のように小さなきっかけが、あっという間にどんどん大きな穴になり、組織全体に広まってしまうこと**です。スポーツの監督やコーチ、会社の経営者やマネージャーは、この言葉が組織を侵食していないか、細心の注意を払うべきでしょう。**「まあ、いいか」という言葉は、自分の夢や可能性を捨て去る敗北宣言のようなもの**です。あまりにも多忙だったり、次から次へと困難な状況に直面することで、あなたは知らずしらずのうちに「まあ、いいか病」に侵されてはいないでしょうか？　そんな弱気を振り払い、絶対に自分ならできると信じていれば、どんな困難も不思議と乗り越えられるのです。

MEMO

003/365

Sports

強い言葉が強い結果を生む

スポーツでもビジネスでも、本当に結果を出す人たちは「強い言葉」を使っている。強い言葉とは、自信と欲しい結果を堂々と表明する言葉である。

2019年に「ONE TEAM」という流行語大賞を受賞し、日本中を熱狂させたラグビー・ワールドカップ日本代表の勇姿は、今も多くの人たちの心に焼きついていると思います。このときの彼らは、当時世界ランキング1位の優勝候補アイルランド代表、そして伝統的な強豪スコットランド代表に劇的な勝利を収めました。この結果は、日本代表がサッカーW杯で、ブラジル代表やイングランド代表に勝つようなものでしょう。それくらい、周囲にとっては驚きの結果だったのです。ところが、日本の選手たちは試合後のインタビューでこんなことを言っていました。「自分たちは最初から勝てると思っていた」「俺たちは本当に死ぬほどの練習をしてきたので、どんな相手でも勝って当然」……つまり**彼らは、試合前から「自分たちは強い！」「俺たちなら勝てる！」という強い言葉を使っていた**のです。

スポーツの世界でもビジネスの世界でも、本当に結果を出しているのは、あえて強い言葉を使う人たちです。その理由は、スポーツやビジネスのような**勝負の世界では勢いと自己暗示が大切**だからです。ぜひ、皆さんも成し遂げたい目標や夢があるなら、勇気を持って「俺たちは必ず優勝する」「自分は必ずこれだけ売り上げる」などと、自分や周りに宣言してください。

たとえば、私が卓球の監督時代から伝えてきた強い言葉には、「どんなことがあっても、まだ『プラスαの力』が残っている」「相手より『気力』が上ならば、必ず『勝利の女神』は微笑んでくれる」「最後は『勝った！』」などがあります。こちらもぜひ、参考にしてみてください。

MEMO

004/365

Sports

勝者の言葉を使い、敗者の言葉を避けよう

メンタルトレーニングにおいて、言葉は特に大切である。スポーツ選手はプラスの言葉を使うと強くなり、マイナスの言葉を使うと弱くなる。

世間では一般的に、大きなことを言ったり、夢を語るのはカッコ悪い・恥ずかしいという風潮があります。それらを達成・実現できずに、恥ずかしい思いをするのがイヤだからでしょうか。たしかに、自分の夢や目標をはっきりと宣言することは、怖いことかもしれません。

しかし、私は昔から、試合前の選手たちには「最後は勝った!」「自分は強い!」といった言葉を贈ってきました。近年のスポーツ界ではメンタルトレーニングが非常に重要視されています。メンタルトレーニングが開発されたのは1950年代の旧ソ連（現在のロシア連邦）であり、もともとは宇宙飛行士の精神を安定させるためのものでした。それがスポーツの分野に応用され、オリンピックでの旧ソ連選手の大活躍につながったのです。

この**メンタルトレーニングにおいて、特に大切なのが言葉**です。コーチが選手にかける言葉、選手が自分自身に言い聞かせる言葉が、試合でのパフォーマンスに大きく影響します。常に**プラスの言葉、自分を鼓舞する強い言葉を使う選手は強くなり、「自分はダメだ」「今回は勝てないだろう」といったマイナスの言葉を使ったり、コーチや周囲にかけられた選手は弱くなってしまう**のです。これはビジネスにおける、上司と部下の関係でも当てはまるでしょう。

敗者の言葉を使って逃げる人には、それなりの結果しかついてきません。目標を堂々と宣言し、自分を鼓舞する勝者の言葉を使って、あえて自分を追い込んでみてください。そうすれば、きっと想像以上の結果がもたらされることでしょう。

MEMO

005／365

Life

成功するイメージを持ち続ける方法とは？

どんな小さなことでも成功に向かって行動し続けると、脳はその行動を成功に向かうものとして自動的に正当化する。結果として、より成功のイメージが強化される。

世の中の多くの成功法則に関する書籍[※1]で、「イメージすることの大切さ」について説かれています。しかし、「どうすればイメージをより具体的に描けるか？」については、あまり言及されていないようです。

そもそも、なぜ自分自身が成功できる、あるいは成功しているイメージをうまく描くことができないのでしょうか？　それは、望みの実現を阻む障害にあうと、すぐに挫折して諦めてしまうからです。

それでは、成功するまで諦めないためにはどうすればいいのでしょうか？　その解決方法は「とにかく行動すること」です。とにかく行動する人は、知識は必要最低限でいいと考えます。なぜなら、実際に動く前に分かることなど、ほとんどないことを知っているからです。当然よく失敗しますが、「それでいい」と思っているのです。

私たちの脳は自分の行動を正当化するようにつくられています。どんなに**小さくても「一歩を踏み出す」という行為を続けていれば、勝手に脳が「なぜ、この行動が正しいのか」という理由を集めてくれる**のです。すなわち、「この行動は目標につながっている」「この努力をすることで未来が近づいている」というイメージが、どんどん脳に刻み込まれていくわけです。

つまり、**目標に向かって、どんな小さなことでもいいので行動し続けることこそ、目標や未来のイメージを具体的に描き、成功する方法**なのです。

※1：『思考は現実化する』（ナポレオン・ヒル著　きこ書房）などの自己啓発書。

MEMO

006/365

Life

目標が高ければ高いほど人は成長する

人間の成長の限界は、その人が持つ目標の高さによって決まる。すなわち、とてつもない目標を掲げる人は、とてつもない成長を遂げる可能性が高い。

2021年2月、女子テニスプレイヤーの大坂なおみ選手は、全豪オープンで二度目の優勝を果たしました。そんな彼女はプロデビューする前から、グランドスラム[※1]の全制覇を目標にしていると語っていたそうです。

大坂なおみ選手のように極めて高い目標を掲げることは、その人を大きく成長させてくれます。これはスポーツの世界でもビジネスの世界でも同じことです。県大会を目指す選手は県大会止まりですし、全日本大会出場を目指す選手は全日本大会に出たところで成長が止まります。しかし、たとえばオリンピックで金メダルを取ることを目指す選手は、文字通り世界一になるまでその成長が止まらないのです。

つまり、その人の**素質や才能よりも、持っている目標が高いか低いかによって成長の限界は変わってくる**ということです。より高い目標を持っている選手の方が、最終的な実力では上回ってしまうのです。

また、1950年代に世界選手権を制覇し、「ミスター卓球」と呼ばれた荻村伊智朗氏[※2]は、「高校生で卓球を始めたときから世界一になると決めていた」と、かつて私に語ってくれました。

これは夢（＝極めて高い目標）を言葉として明確に意識したとき、人はその実現に向かって努力を始める。だから夢は実現するということではないでしょうか。私たちは自らがワクワクするような目標を持ったときこそ、最大の力を発揮し、思いがけないほどの成長を遂げる生き物なのです。ぜひ、皆さんも仕事や私生活の上で、想像できる限りの高い目標を持ってみてください。人生が劇的に変わることでしょう。

MEMO

※1：グランドスラムとは、全米オープン、全仏オープン、全豪オープンそしてウィンブルドンの優勝することが最も名誉とされている４つの世界大会を指す。ちなみに、大坂なおみ選手は全米オープンを２回、全豪オープンを２回制覇している（2021年３月末現在）。／※２：P.34参照。

007/365

Business

イキイキと働くために途方もない目標を立てる

実現不可能に思える高い目標を立てると、終わりのない努力と工夫が求められる。結果として、私たちはどんどん変化・成長し、イキイキと働くことができる。

ビジネスの世界では、仕事の分野によってさまざまな目標を立てることができます。もし、そこで**実現不可能に思えるような目標を掲げれば、必ず社内のライバルや同業他社を圧倒するほどの成績を収められる**でしょう。たとえば、私が経営してきた**株式会社スヴェンソンの「スヴェンソン式増毛法（編み込み式）」は、お客様ご愛用継続率が95・2%です。**つまり、およそ95%以上のお客様に満足していただくことができているわけですが、私たちはさらに残りの5%のお客様が不満に感じておられることを追求し、全社を上げて改善の努力を続けてきました。その結果が開業から現在まで25年以上にわたる増収・増益、すなわち企業としての成長につながっていると思います。

この背景には、「お客様継続率100%を目指す」という途方もなく高い目標があります。普通に考えれば、すべてのお客様を満足させるのは不可能に思えます。しかし、**そんな目標を掲げているからこそ、日々の仕事に妥協せず、努力を続けられるのです。**もし、これが「お客様継続率90%以上を目指す」という目標だったらどうでしょうか？　おそらく、お客様継続率が90%を超えた瞬間、社内の雰囲気はどんよりと停滞し、一気にスヴェンソンという会社は衰退し始めていたことでしょう。

これが実現不可能に思えるような目標を掲げる効果と、低い目標の弊害です。これは会社経営でも、個人の人生でも同じです。ぜひ、どんな分野でもいいので、実現不可能に思えるような凄い目標を掲げてみてください。**途方もない目標を掲げたときから、その人の目線は上を向き、イキイキと輝き始める**はずです。

MEMO

008/365

Life

汗をかくことで知恵が出る

人生に必要なものは、目標と努力の2つ。今はまだ目標が見つからなくても、努力を続けていれば、やがて素晴らしい目標を発見できる。

iPS細胞[※1]を発見し、ノーベル賞を受賞された山中伸弥教授[※2]と対談させていただいたとき、「研究者として**成功するための秘訣はビジョン（未来に向かう全体的な構想・目標）とワークハード（必死に働くこと・努力）だ**」という言葉を教えて下さいました。山中教授が30歳でアメリカに留学した際の恩師の言葉だそうです。

この言葉はビジョンを持って努力することの大切さを伝えるものですが、重要なのは**山中教授も最初から偉大なビジョンを持っていたわけではない**、ということです。実際、山中教授の研究者としての道のりは、次のように非常に困難なものでした。

1. 病院で研修医になるも、不器用すぎて「ジャマナカ」と呼ばれてしまう
2. アメリカで動脈硬化の研究を始めるも、予想とは違う結果が出てしまう
3. 予想とは違う結果が出た原因を突き止めるため「がん」の研究を始めると、その原因だと考えて調べていた遺伝子は、「がん」にとって重要ではなかった

しかし、紆余曲折を経て山中教授が発見した遺伝子はiPS細胞の発想のもとになったES細胞で重要な働きをするものでした。ここで初めて、**山中教授のなかにiPS細胞を発見したいというビジョンが生まれたのです**。つまり、それまでの**「ワークハード（努力）」こそが、素晴らしい「ビジョン（目標）」の生みの親**と言ってもいいでしょう。

私もスヴェンソンを起業してから10年ほどは、週一度しか家で夕食を食べないくらい働きました。そのおかげで、何度も窮地を切り抜けるアイデアを絞り出すことができました。**ワークハードを続ければ、必ず自分なりのビジョンが生まれ、理想の人生を実現できる**のではないでしょうか。

MEMO

※1：人体のさまざまな組織や臓器の細胞に分化する能力を持つ、特殊な幹細胞。再生医療や創薬分野での活用に大きな期待が寄せられている。／※2：京都大学iPS細胞研究所所長。2012年、ノーベル生理学・医学賞を受賞。

009/365

Life

運がいい人とはいい習慣を身につけた人

運がいい人、ツイている人とは、落ちているゴミを見て見ぬふりをしない別れ際に感謝の言葉を伝えるといった「いい習慣」を身につけた人である。

私は昔から落ちているゴミを見て見ぬふりができず、今でもゴミに気付くと拾って捨てています。これは自宅や社内だけでなく、外出先でもどこでもそうです。創業当初のスヴェンソンは、青山通りからほんの少し入った場所にありました。当時、私は社員たちと一緒に週1回、早朝にビルのまわりから青山通りにかけての掃除をしていたのです。当時はタバコをポイ捨てする人が多かったので、そういう人を追いかけて、きちんと始末するよう声をかけることもありました。

自宅や自分たちの会社以外の場所まで掃除するというのは、要するに他の人が気持ち良く過ごせるように努力するということです。このような行動を地道に続けている人を、天は決して見過ごすことがありません。また、**そのような人を見かけたら、誰もが「力になりたい」「助けてあげたい」と感じる**でしょう。私は、この仕組みこそが運の正体ではないかと思います。もう一つ、**常に感謝の心を持つということも運を良くする習慣**です。感謝の心を持つ人は、必ず別れるときに「ありがとうございました。またお会いしましょう」と感謝の言葉を伝えます。

おそらく、この**「ありがとう」が言えない人は、周りの人から「ありがとう」と言われる機会が少ない**のではないでしょうか。人間は大自然や人間関係、さまざまなものによって生かされています。この**生かされている命ということを腹の底まで実感すると、感謝の念が湧いてくる**のです。それこそが本当の幸せであり、幸運を招く心の状態だと私は長年の経験から実感しています。運を良くしようと思う人は、ぜひ、感謝の心を養ってみてください。

MEMO

010/365

Life

いい習慣は良縁と幸運をもたらす

さまざまないい習慣を身につけると、それがやがて良い出会いのきっかけになる。そして人との出会いこそが、人生の幸運のカギとなる。

私は昔から、外出先のトイレなどでスリッパが散らかっていると、つい揃えてしまいます。私は**この小さな習慣によって運のいい人生を送ることができた**と実感しています。

というのも、運がいい人とは幸運な出来事がよく起きる人のことであり、**幸運な出来事とはいつも良縁を通じて誰かが運んできてくれるものだからです。いい習慣を持っていることは良縁に恵まれる秘訣**だからです。

私が株式会社スヴェンソンを始めたのは50歳のときでしたが、それは親しくしていた在日ドイツ商工会議所副会頭のドクター・ファウベルが、たまたまスヴェンソン・ドイツのメリンガー社長を紹介してくれたことがきっかけでした。

また、スヴェンソンを設立してから4年目に、当社のウィッグを製造してくれていたドイツ・カーリン社の創業者であるカーリン氏から、会社を引き継いでほしいと伝えられました。どうしてカーリン氏が日本人の私に白羽の矢を立ててくれたのか、理由は分かりませんが、カーリン社が傘下に入ってくれたことは当社の発展に大きく寄与してくれました。まさにケタ外れの幸運だったと思います。

周囲の人間関係に恵まれなければ人生の幸運は訪れません。そして、**人間関係は結局のところ本人の日頃の行い次第であり、それが巡り巡っていい評判となって、良縁に結びつく**のです。**目立たないところで努力する習慣や見知らぬ誰かのための気遣いを、人は必ず見ている**ものです。それが「良縁＝幸運」につながると、私は確信しています。

MEMO

011/365

Life

己を信じ、人を信じ、そして人に信じられる人へ

どんな危機的状況でも自分や仲間を信じ、決めた道を貫くことが大切。そうした行動を取り続けることで、やがて多くの人から信頼されるようになる。

私の好きな小説は、山岡荘八が書いた『徳川家康』（講談社）です。文庫本で全26巻という非常に長い小説ですが、大変面白いので、ぜひ一度読んでみてください。さて、徳川家康といえば極めて慎重な戦略家、石橋を叩いて渡るような人物というイメージがありますが、生涯にただ一度、命がけの勝負に出たことがあります。それは戦国最強と呼ばれた武田信玄を迎え撃った「三方ヶ原《みかたがはら》の戦い」です。

当時、織田信長と同盟を結んでいた徳川家康は、京都を目指す武田信玄に攻め込まれました。頼みの織田信長の援軍はわずか3000人。武田軍2万5千人に対して、徳川と織田の両軍合わせても半分以下の1万1千人しかいなかったのです。それでも徳川家康は、織田信長を裏切りませんでした。「戦は多勢無勢によるべからず。天道次第」と言い放ち、武田信玄に立ち向かったのです。結果として徳川家康は完敗しますが、のちに天下を統一し、江戸幕府を開いたのはご存じの通りです。

もし、このとき徳川家康が織田信長を裏切って武田信玄と戦わなければ、おそらく徳川家は戦国時代で滅びていたでしょう。徳川家康は自らの勇気と信念に基づいて強敵に立ち向かい、敗れはしたものの、その行動によって未来を開いたのでした。

徳川家康は意外にもそのイメージ[※1]**とは逆に、決して約束を破ることはなかった**そうです。これはウソと裏切りが横行していた戦国時代では極めて珍しいことであり、**それこそが多くの大名や人材が彼に味方した理由**と言われています。自分の決断を信じ、周囲の仲間を信じることは、いずれ多くの人からの信頼につながるのです。

※1：のちに滅亡した豊臣家の人々は、徳川家康を「タヌキ親父（＝人をだまし、言いがかりをつける人物）」と呼び、忌み嫌っていた。

MEMO

012/365

Business

自分を信じる勇気で運をつかむ

幸運をつかめるかどうかは、勇気を持って決断をくだせるかどうかにかかっている。とことん悩み、検討し尽くしたあとは、自分を信じて実行あるのみ。

私の人生最大の決断は、1985年にスヴェンソンを設立してから4年目に行ったウィッグメーカー「カーリン社」の買収でした。当時のスヴェンソンの売上高はわずか4～5億円で、利益はほぼゼロ。一方、カーリン社の買収額は3億円でした。創業わずか4年目の赤字の会社が売上高相当の金額を出そうというのですから、当社の幹部たちは全員猛反対でした。

しかし、**スヴェンソンとして自信を持って提供できるウィッグは、さまざまな特許技術を持つカーリン社でしか製造できなかった**[※1]のです。もし、カーリン社が他の会社に買収されたり、解散してしまったら、当社の事業は継続できなくなります。私を信頼し、「ブリューダー」（ドイツ語で「兄弟」）とまで呼んでくれたカーリン氏の期待を裏切ることはできない。しかし、買収したとして会社の体力は持つのか。それこそ三日三晩、夜中に飛び起きるほど悩みましたが、**最後は幹部の反対を押し切って買収を決断**しました。そこからカーリン社もスヴェンソンの業績もグングン伸びていったのです。

もし、カーリン社の買収を決断していなければ、今頃どうなっていたことか……。世界一品質に厳しい日本のお客様に、おそらく当社のウィッグは通用しなくなっていたと思います。まさに**あの決断は、私と当社の未来を決定付けたもの**でした。

振り返って思うのは、**できる限りの検討を尽くしたあとは自分を信じ、勇気を持って決断するしかない**ということです。そして**幸運をつかみ取ることができるのも、自分で決断した人だけ**なのかもしれません。

MEMO

※1：当時、フィリピンや香港、韓国などのメーカーで同等のウィッグをつくることができないか調査したが、「思い切り引っ張っても髪が抜けない」、「プールで泳いでも脱げない」というスヴェンソンのウィッグは、カーリン社にしかつくれなかった。

013/365

Life

チャンスをつかむ絶対法則「自分は運がいい」

「自分は運がいい」と信じることから、すべては始まる。失敗することを考えず、明るく・元気に・素直に生きていれば、必ず幸運に恵まれる。

運の力を呼び込みたいと思う人に、ぜひ心がけていただきたい3つの法則があります。これは私が数十年にわたり卓球の選手および指導者として、さらにスヴェンソンという企業をゼロから売上高100億円を超えるまでに成長させてきた経験から編み出したものです。

まず、**運を良くする上で大切なのは「自分は運がいい」と思い込むこと**です。**「自分は運がいい」と何度も自己暗示をかけていると、次第にその通りになっていく**のです。だから、私は人と対話しているときに、「おかげさまで、私は本当に運がいいんです。やりたいと思ったことはみんな周りの人が助けてくれて、自然に実現できてしまいます。本当にありがたいことです」と、言うようにしています。

運を良くする上で次に大切なのは、「失敗したイメージを持たないこと」です。スポーツの世界では、常に最高のプレイをしている自分をイメージしながら普段の練習を行います。そうすることで、極限の緊張状態になる本番の試合でも、萎縮せずに思い通りのプレーができるのです。

普段から**失敗したときのことを心配するのは、「失敗」のイメージトレーニングをしているようなもの**です。たとえば、仕事で失敗したらどうしよう……と考えるのは、その通りの失敗をするように自分を仕向けることなのです。

運を良くする上で3番目に大切なのは、「明るく・元気に・素直に生きること」です。人は誰でも、明るい人・元気な人・素直な人が大好きですから、**そういう人のところに自然と情報が集まり、力を貸してもらえる機会も増える**のです。

MEMO

014/365

Life

チャンスをつかむ絶対法則 氣を発している人と付き合う

運のいい人（＝氣を発している人）と付き合い、日頃から努力を怠らず、感謝と恩返しの気持ちを忘れない。それが運をつかみ、幸せになる極意である。

運の力を呼び込みたいと思う人に、ぜひ心がけていただきたい法則は、4つあります。

運を良くする上で大切なのが、「運のいい人と付き合うこと」です。人には運のある人と運のない人がおり、これは「氣《き》を発している人」と「氣を発していない人」であるとも言えます。運を良くしたいと思うなら、「運氣」を発している人と付き合うように努力することです。

次に運を良くする上で大切なのが、「自分の能力を磨く努力をすること」です。運というものは、表皮がツルツルした動きの速い動物のようなもので、努力していない人の前を知らぬ間に通り過ぎるものです。

そのような**運をつかまえられるかどうかは、日頃から努力してチャンスをつかむ準備**[※1]**をしておくことにかかっている**のです。ただ待っているだけでは、幸せも運もつかめません。

最後に、**運を良くする上で大切なのは、常に「感謝の心」と「恩返しの心」を持つこと**です。せっかく小さな幸運に恵まれても、それで傲慢になってしまい、感謝や恩返しを忘れてしまえば、次に待っているのは不幸しかありません。あなたの周りに集まってくれた人たちも、呆れていなくなってしまうでしょう。それでは本当に大きな幸運はつかめないのです。

MEMO

※1：「モナリザ」で有名なレオナルド・ダ・ヴィンチは、「幸運の女神には前髪しかない」と言ったとされている。

015/365

Sports

努力の量は質に変換される

効率ばかりを追い求め、短時間の努力をするだけでは、決して手の届かない領域がある。突き抜けた努力は、いつしか誰も追いつけないほどの「質」に変わる。

1964年、私は荻村伊智朗氏[※1]に口説かれ、彼と一緒に全日本卓球チームの監督に就任しました。荻村氏31歳、私が29歳のときでした。そして**世界最強のライバルだった中国チームに勝つため、卓球史上に残る厳しい練習メニューを組んだ**のです。

ある日の課題の一つに、「ツッツキ（卓球の基本的な打ち返し技術の一つ）を1000回連続で成功させる」という課題がありました。たとえ999回成功しても1000回目にミスしたら、またゼロからやり直すという厳しい特訓です。

これを男子も女子もやり、ほとんどの選手が夕方までに終わったのですが、一人だけ朝9時から始めて、夜中の0時になっても終わらない選手がいました。毎回、何百本目かでミスをして、またゼロからやり直しており、しまいには練習相手がヒジを痛めるほどでした。

そこで私は「外は大雪ですし、女子選手もいますから今日はここまでにして、明日やり直しましょう」と荻村さんに言いました。すると彼は、「課題が終わらなければ明日の朝まででもやる」と、きっぱり答えたのです。彼はもともと**私よりも理論派で、とても選手の健康状態を大事にする人**でした。それなのに、課題を終わらせることについては一歩も引きませんでした。そして、**ついにその選手は夜中の2時に連続1000本成功の課題をやり遂げた**のです。

この経験が、本番の試合で選手たちの心の支えになりました。**「あれほどの猛練習を乗り越えたのだから、自分たちは絶対に勝てる」**。**この信念を選手の心に打ち立てるためには、どれだけ苦しくても課題をやり抜くことが必要だった**のです。

MEMO

※1：世界選手権で12個、日本選手権で5個の金メダルを獲得し、「ミスター卓球」と呼ばれた人物。のちに第3代国際卓球連盟会長を務める。

016/365

Life

大きな使命感を持つと、それが情熱となる

高い目標を達成するには、人並みはずれた努力をしなければならない。努力に必要なのは情熱であり、その情熱の源は使命感である。

私が1964年に全日本卓球チームの監督に就任したとき、チームは一丸となって卓球史上に残る猛練習に取り組みました。そして、その**努力を支えてくれたのは燃えるような情熱であり、使命感だった**のです。

実はこのとき、チーム全員で「なぜ、人生の貴重な時間を使って、ここまで過酷な練習をするのか?」ということを徹底的に話し合いました。激論の末にたどり着いた答えは、**「自分たちのためだけでなく、人類の文化の向上のために卓球に取り組んでいるのだ。だから、こんな猛特訓をしているのだ」**というものでした。この「人類の進歩に貢献している」という使命感に目覚めたことで、さらに練習に熱が入ったのです。私が**スヴェンソンという会社を起業し、ウィッグ事業に取り組んだのも使命感から**でした。事業を始める前のマーケットリサーチで分かったのですが、**当時、日本でウィッグを使われていたお客様は、かなり悲惨な状況に置かれていた**[※1]のです。そこで私は、ドイツの**スヴェンソンという優れたウィッグ技術を日本に導入しなければならないという使命感を**持ったのです。

その結果、私は仕事に没頭することができました。そして、この情熱こそがスヴェンソンがウィッグ業界で、ある一定の存在感を示せるようになった理由の一つだと思います。

なにかを成し遂げようと思うなら、まずは理屈を超えて努力する期間が必要だと思います。そして、**その努力を支えてくれるのが情熱であり、使命感**なのです。

MEMO

※1：当時、メーカーによっては予備のウィッグが何枚も必要とされ、満足のいかないまま何百万円もの費用をかけている方も多かった。

017/365

Life

人生を決めるのは能力ではなく諦めない心

スポーツでもビジネスでも、結果を左右するのは素質や能力ではない。すべては最後まで諦めず、工夫と努力を続けられるかどうかで決まる。

私が「諦めない心」と聞いて連想するスポーツ選手は、シドニーオリンピックで女子マラソンの金メダルを取った高橋尚子選手です。彼女はマラソンの恩師である小出義雄監督[※1]に、「お前は素質がない。だからトレーニングを世界一やらなければいけない」といつも言われていたそうです。そこで彼女は日本一厳しいといわれた小出監督の猛練習の前後に、さらに20km以上走る自主練習をしていたそうです。ところが、彼女はオリンピックの前年にケガをしてしまい、3カ月ほどまともに走れない状態になってしまいます。

普通の人ならば諦めてしまうような事態ですが、彼女は他の選手が1日4～5時間走るなら、自分は家の中で6時間トレーニングしようと決意し、朝夕1000回の腹筋運動を続け、さらにメンタルトレーニングなどにも取り組んだそうです。その結果、ケガをする前よりも走れるようになったことを実感し、それがオリンピックでの金メダルにつながったと語っています。

彼女のエピソードからは、**人生を決めるのは能力ではなく「諦めない心」**だということがはっきりと分かります。**人間の能力に大きな差はなく、ただ途中で諦めるか、諦めないかの違いだけがある**のです。

このことは私自身の卓球の選手や指導者として、また会社経営者としての経験からも断言できます。ギリギリの試合で勝つのは能力よりも、最後まで勝つことを諦めない執念があるかどうか。選手として成長するのは素質よりも、諦めずに練習と工夫を重ねられるかどうか。仕事や人生での成功は、成功するまで諦めない心を持っているかどうかで決まります。

MEMO

※1：高橋選手だけでなく、有森裕子選手（1992年バルセロナオリンピック銀メダル、1996年アトランタオリンピック銅メダル）、鈴木博美選手（1997年世界選手権金メダル）など、数多くの女子マラソンにおける名選手を育てた。

018/365

Life

人間の成長には踊り場がある

人間の成長曲線は、どんな分野でも階段状になっている。成長を実感できない日々が続いても、諦めずに努力すれば必ず壁を乗り越え、大きく飛躍することができる。

人間の成長は直線状の右肩上がりではなく、階段状に起こるものです。ある**一つの段階を超えると、しばらく成長が止まっているように感じ**、そのうち大きな壁にぶち当たります。しかし、そこで**諦めずに努力を続けたとき、まるで階段を一段登ったかのような成長を遂げる**ことができるのです。

「諦めない心」とは、未来の自分への期待です。希望の火を心に燃やし続けている限り、人は何歳になっても若々しく、明るく、前向きに活動することができます。[※1]

また、**「諦めない心」とは熱意のこと**でもあります。たとえ、知識や才能が乏しくても、強い熱意があれば、多くの人が必ず応援してくれます。そして、それによって自分の環境が変わり、物事を成し遂げる大きな力となるのです。

最後に**熱意さえあれば、必ず自分でも良い知恵が生まれ、成すべきことが見えてくる**ものです。ある書籍[※2]の言葉から、皆さんにエールを送りたいと思います。

君が思うよりも可能性はある
君が思うよりも限界は先にある
君が思うよりも助けてくれる人はいる
君が思うよりも失敗は悪くない
君が思うよりもすぐに結果はでない
君が思うよりもやり直せる
君が思うよりもチャンスはある

MEMO

※1：ドイツ出身のアメリカの詩人サミュエル・ウルマンは、「青春」という詩のなかで次の言葉を残している。「人は希望ある限り若く、失望と共に老い朽ちる」。／※2：『20代からの自分を強くする「あかさたなはまやらわ」の法則』（田口久人・著　三笠書房）より。

019/365

Life

偉業を支えた人を讃え、その生き方に学ぼう

スポーツやビジネス、医学など、さまざまな世界で成し遂げられた偉業には、それを影から支えた人たちがいる。その人たちから学べることは多い。

私は2018年、豊かな社会の礎を築くために人知れず努力を重ね、貢献した方々を讃える「未来のいしずえ賞」[※1]をつくりました。この賞は世の中に夢と希望をもたらしたスポーツ選手や芸術家を育てたご家族、人々の幸せと健康に貢献する基礎研究に従事される方、国際的な教育活動に長年携わられる方などに授与しています。

その中に、2018年の平昌オリンピック金メダリスト、小平《こだいら》奈緒選手[※2]のご両親がおられます。小平奈緒選手は平昌オリンピックの決勝レース後、過去2大会で金メダルを獲得していたライバルであり友人でもあった韓国人選手を抱きしめ、「チャレッソ(韓国語で『よくやった』の意味)」と声をかけ、その選手も「ナオこそ『チャレッソ』よ」と返したと言います。

この小平選手の相手を思いやり、尊重する言動は、冷え込んでいた日韓関係はもとより、全世界の人々に感動を与えてくれました。

そんな小平選手のお父様は、「未来のいしずえ賞」を受賞された際、行動の面でも気持ちの上でも決して子どもの前を歩かない。あとで取り返しのつく失敗なら、あえてやらせてみるという教育方針を語っていました。また、お母様は子どもたちが大人になって生きてゆく力を持てるようにと願いながら見守り、一番の応援者でいたいと思っていたと述べられました。

この自主性を重んじ、深い愛情を注ぐご両親の存在があったからこそ、小平選手はお互いをリスペクトする姿勢を身につけ、人格的に深みのある選手に成長したのだと思います。私たち自身も家庭や組織を振り返り、小平夫妻のように決して表舞台には立たないけれども、立派に世の中に貢献された方を見習うべきではないでしょうか？

MEMO

※1：P.390参照。／※2：2018年の平昌オリンピック女子500mにおいて、オリンピック日本女子スピードスケート史上初となる金メダルを獲得。1000mでも銀メダルを獲得。

020/365

Life

感謝とユーモアに満ちた山中教授のスピーチ

iPS細胞の発見でノーベル賞を受賞された山中教授のスピーチは、ユーモアと感謝に満ちており、多くの聴衆を魅了した。私たちも、そのエッセンスを少しでも学ぼう。

2021年の「未来のいしずえ賞[※1]」は、新型コロナが蔓延する世の中を陰で支え続ける方たちに授与させていただきました。大阪府の療養施設などの設営に尽力された大阪府看護師協会会長の高橋弘枝さん、全国のECMO[※2]運用を支えた竹田晋浩さん、京都大学でPCR検査体制を指揮された長尾美紀さんなど、国民の命を救うために奔走された方々です。

実はこの授賞式で山中教授[※3]に素晴らしいスピーチをいただきました。

「去年の2月17日、私はのんきに京都マラソンを走っておりました。その翌週からすべての市民マラソンは中止、もしくは延期となりまして、いまだに大規模な市民マラソンは行われておりません。（中略）私の場合はマラソン程度ですが、今回のこの新型コロナウイルスは、多くの人々の夢を奪い、未来を奪っていると思います。（中略）今日、受賞されました5名の方は私たちが夢を見ることができるように、そして未来をしっかり見据えることができるように、活動されている方々です。心からの感謝とお願いをしたいと思います。

（中略）こういう状況で授賞式を開催するのは、いろんなご苦労があったかと思います。（中略）そしてホテルの方々に心より御礼を申し上げます」

ご自身のマラソン参加をユーモラスに語りながら、新型コロナが多くの人の夢を奪っている現状を想起させ、そこに立ち向かう受賞者への感謝を述べられた後に、ホテルの方にも思いを馳せられたスピーチの組み立てには、本当に感動しました。

良いスピーチの秘訣はユーモアと感謝、そして個人的なエピソードも付け加えると多くの人を魅了するものだと改めて思いました。

MEMO

※1：P.390参照。／※2：人工心肺装置。新型コロナ重症患者の肺の働きを代行してくれる。／※3：山中教授との出会いは、著者が直接iPS細胞研究所に「お会いしたい！」と連絡したことに始まる。素晴らしい人との出会いは、自分から積極的に求めなければならない。

021/365

Sports

明るさと元気が強さにつながる

明るく元気に生きることで、脳内に快楽物質の「ドーパミン」が分泌される。ドーパミンは物事に取り組む意欲を高め、集中力をアップさせるなどの効果がある。

明るく・元気に・素直に生きるということを、私は「明《メイ》・元《ゲン》・素《ソ》で生きる」とよく言います。ここではスポーツにおける「明るさ」と「元気さ」の効用について解説しましょう。

2019年の第43回全英女子オープンで、42年ぶり※1の日本人によるメジャー大会優勝という歴史的な快挙を成し遂げた女子プロゴルファー、渋野日向子《ひなこ》選手のトレードマークは輝くような笑顔です。また、東京オリンピック混合ダブルスで金メダルを獲得した伊藤美誠選手も、いつも元気な笑顔が印象的です。彼女たちの強さの秘訣は、まさにその明るさと元気にあります。

では、なぜ明るさと元気が強さにつながるのでしょうか？　まず、いつも**明るく元気な笑顔を浮かべていると、脳内に快楽物質のドーパミンが分泌される**と言われています。この**ドーパミンが分泌されると人間は幸せな気分になり、さらに熱心に物事に取り組む意欲が湧いてくる**のです。

また、**ドーパミンには集中力をアップさせ、気持ちをポジティブにする効果もあるため、勝負のかかったギリギリの場面で思い切ったプレーができる**ようになります。さらに**笑顔をつくることで、自然に身体の緊張がほぐれる**こともよく知られています。

これらのことから、**チャンスをつかむには明るさと元気を持って生きる方が絶対に有利である**ことが分かると思います。

※1：渋野日向子選手の前に日本人としてメジャー大会に優勝したのは、1977年の「全米女子プロゴルフ選手権」で優勝した樋口久子選手である。

MEMO

022/365

Business

「明・元・素」がチャンスを呼び込む

「明るさ」「元気の良さ」に多くの人は魅力を感じる。その結果、人脈に恵まれ、幸運にも恵まれやすくなる。

「明るさ」「元気の良さ」はスポーツだけでなく、ビジネスや日常生活でも役に立ちます。スヴェンソンにはウィッグを利用されるお客様をお迎えするサロン[※1]がいくつもあり、私はよく巡回しています。**そこでやっているのは、サロンのスタッフで一番明るく元気そうな人を褒めること**です。

「○○さんはすごく明るいから、みんないい雰囲気になるよね」「○○さん、もっともっと自分の持ち味を出してね」とスタッフ全員の前で言い、**明るい雰囲気をつくれる人を大事にするように伝えている**のです。

当たり前のことですが、お客様も**明るく元気に接客される方が喜ばれるので、明るく元気なスタッフには指名がたくさん入り、自然にウィッグのメンテナンス技術も向上する**ようになります。結果として、**明るい人に引っ張られるような形でサロン全体の売上もアップしていく**のです。

また、明るい笑顔に触れると、人には温かさや楽しさを感じ、「あの人と会って元気になった」という気持ちになります。その結果、**「陽性」の人のところに人は集まり、「陰性」で暗い人のところから人は離れていく**のです。つまり、**明るさ、元気の良さはリーダー的な存在の人にとって大切な資質**と言えるでしょう。そして**明るいリーダーの率いるチームは明るく、勢いに乗る**ことができます。反対に暗いリーダーが率いるチームは、チーム全体が暗くなり、なかなか波に乗ることができません。これが「明・元・素」が、チャンスをつかむのに欠かせない理由なのです。

MEMO

※1：スヴェンソン（メンズウィッグ）では月に１回程度、お客様にサロンに来店いただき、美容師資格を持つスタッフが自毛のカットやウィッグのメンテナンスを行っている。

023/365

Life

「明・元・素」で生きる人のもとには多くの人が集まる

素直に生きる人は、周囲の助言や応援をまっすぐに受け取ることができる。それにより大きく成長し、人生のチャンスをつかんで幸せになれる。

シドニーオリンピックの女子マラソンで金メダルを取った高橋尚子選手について、彼女を指導した小出監督は強さの秘密は彼女の素直さだとおっしゃっていました。小出監督によれば、マラソンが強くならない選手は自分の心を閉ざしてしまっており、いくら強くなるように指導しても指導内容が伝わらない。一方、**高橋選手はいつも心の扉を開けておいてくれるから、監督の言ったことをどんどん吸収し、大きく成長していった、**ということでした。

素直な人は成長するという感覚は、私が長年、卓球の指導や会社経営で多くの選手や社員を見てきた実感でもあります。たとえば、私も人間ですからやはり調子の悪いときはあります。しかし、そんなときでも**素直で人の話をよく聞き、研究熱心な選手や社員に出会うと猛烈にやる気が出る**のです。

監督や経営者として、「なんとかこの選手（社員）を成長させてあげたい！」と思い、必死に指導するわけです。そうすると、選手や社員も私から新たな刺激を得ることができます。このように、**素直な人は周囲からたくさんの助言や協力を得ることができ、必然的に大きく成長するチャンスに恵まれる**のです。

また、**リーダーにとっても素直さは武器**になります。素直に部下の報告を聞き、間違いを指摘されたらすぐに改めるリーダーと、素直に部下の報告を聞かず、間違いを指摘されてもなかなか改めないリーダーがいれば、たいていの人は「素直なリーダー」についていこうと思うでしょう。

MEMO

024/365

Life

言葉は人生を左右するカギである

人間の意識は言葉によって左右される。つまり、人生は言葉によってつくられていると言ってもいい。日常で使う言葉や思い浮かべる言葉に注意しなければならない。

人間の脳というのはインターネット検索と同じように、自分が発した言葉に応じた内容を探し始めるものです。たとえばありがたいなぁと口に出すと、自動的に自分の周りのありがたいと思えることを探し始め、それをどんどん見つけてくれます。「ありがたい」と口にすることは、いわばありがたいフィルターのついたメガネをかけるようなもので、その言葉を口にした人は身の回りのいろいろなことのありがたさに気付くことができるのです。つまり、**先に言葉があって、そこで意識したものが見えてくる**ということですから、**人生を変えたければまず口グセを変えることが大切**です。

この話をしてくれたのは、2009年のスヴェンソン創業25周年スペシャルインタビューでご協力いただいた、書道家の武田双雲《そううん》※1氏です。

私も武田氏がおっしゃる通り、**言葉には強い力がある**と信じてきました。

人間は物事を考えるときに、言葉を使います。そして、その言葉が物事の捉え方、考え方に大きく影響を与えます。たとえば監督やコーチ、会社の上司からアドバイスをもらったとしましょう。それを**「ありがたい」と受け取るか、「よけいなことを」と受け取るかで、その後の展開は180度変わる**はずです。

だから**日常で使う言葉や心の中で育てる言葉は、よくよく吟味する必要がある**のです。もし心の中で育てた言葉が暗く、後ろ向きなものばかりであれば、人生はその言葉通りのものになってしまうでしょう。

MEMO

※1：代表作にNHK大河ドラマ「大地人」の題字、スーパーコンピューター「京」のロゴ、明治神宮前駅パブリックアート作品「希望」など。

Sports

勝利するのはいつも「勝者の言葉」を使う者

勝者の言葉とは、積極的で勝利に対する意欲に満ちた言葉のこと。スポーツの世界でもビジネスの世界でも、勝つのは必ず勝者の言葉を使っている者である。

私はいつも言葉の大切さを訴えていますが、**特にスポーツの世界における言葉の影響は絶大**です。そのため、私は教え子である明治大学卓球部のOBが特に多かった２０１６年のリオデジャネイロオリンピックの卓球日本代表チームに向けて、次のような言葉を大会前に送りました。

- **いいプレーをしているときを思い出し、気持ちを落ち着かせよう**
- **意欲を持て！　そうすればプラスのエネルギーが充満する**
- **大事な場面でリラックスしよう。そして集中して思い切れ**
- **自分は強いという自己暗示をどんどんかけよう**
- **決して「もうだめだ」と思うな！　まだプラスαの力が残っていると思え！**
- **最後は「勝った！」**

この通り、**勝者の言葉は常に積極的**です。最近の例で言うと、２０２１年にマスターズ[※1]で優勝し、日本男子で史上初となるゴルフのメジャー大会[※2]制覇を達成した松山英樹選手は、今大会の前に優勝したいと、はっきり口にしていたそうです。

これまでの彼は、いつも試合の前には「いいゴルフを見せられたら」といった謙虚な言葉を口にしていたそうですが、それは結局、勝利から遠ざかる言葉でした。このことは**スポーツでもビジネスの世界でも、最終的にライバルとの競争に勝利するのは、「必ず勝つ！」「優勝する！」という「勝者の言葉」を使う者である**証明と言えるでしょう。

MEMO

※1：1934 年に創設され、毎年アメリカのオーガスタで行われるゴルフ競技会。／※2：男子ゴルフにおける世界四大大会である「マスターズ・トーナメント」、「全米プロ選手権」、「全米オープン」、「全英オープン」のこと。これらの大会に優勝したゴルファーは、歴史にその名が刻まれると言っても過言ではない。

026/365

Life

明るく前向きな言葉で人は成長する

明るく前向きな言葉は心の栄養のようなもの。そのような言葉に数多く触れることで心は活性化され、結果として人間は大きく成長できる。

リーダーの言葉は、常に明るく・前向きでなければならないと私は思っています。実際に成功しているリーダーは部下を叱るとき、まず「君には、こういういい点がある」と言います。その上で「こういうところはやっぱり良くないよ」、「こういう点はもう少し変えた方がいいね」と伝えるのです。**注意する場合も明るく前向きな言葉を使うことで、部下は無意味に落ち込むことなく成長できる**のです。

私はこのことを船井幸雄先生[※1]に直接教わりました。先生が唱えた**「長所伸展」という理論は人間の長所に注目し、長所を伸ばすことで欠点は消えていくというもの**です。それまでの私は、指導している卓球選手や経営している会社の社員の短所や欠点ばかりを気にしていました。長所は放っておいても伸びるのだから、短所や欠点を指摘することで選手や社員は成長すると考えていたのです。

しかし、私は船井先生の話を聞いて、すぐに選手や社員の長所に注目し始めました。そして、**長所を伸ばすことに重点をおいた指導をしてみると、これまでよりも選手や社員が成長するようになった**のです。考えてみれば、**欠点ばかり指摘するやり方では、リーダーの言葉は暗く後ろ向き**になります。**それでは人間は萎縮し、将来に向かって努力する気力をなくしてしまう**のでしょう。

人間の心にとって、言葉とは食べ物や燃料のようなものです。だから、**いつも明るく前向きな言葉に触れていると、心はイキイキとして元気が出る**のです。ぜひ、できるだけ良い言葉(=明るく前向きな言葉)に触れ、周りの人に良い言葉をかけることを心がけてください。

MEMO

※1：日本を代表する経営コンサルティング会社（株）船井総研ホールディングスの創業者であり、伝説的な経営コンサルタント。

027/365

Life

人間の幸福と不幸を決めるものとは?

不運な出来事にあったとき、それを不幸の引き金にするか、幸せに向かうバネとするかは本人の考え方・生き方次第。まずは「不運にくじけない心」が大切である。

私は雑誌「致知」[※1]を愛読しており、掲載されていた作家の曽野綾子さん[※2]の対談に感銘を受けたことがあります。この対談で曽野さんは、最近乗り合わせたタクシーの運転手さんから聞いたという話を紹介されていました。

その運転手さんは親から認められないまま結婚し、やがて女の子が生まれたのですが、その子が6歳のときに奥さんが亡くなってしまったそうです。それからは男手一つで娘さんを育てるために、タクシー会社に事情を話して夕食のときだけは家に帰ってご飯をつくり、娘さんと食事をするという生活が始まりました。

ある日、運転手さんはとても疲れていたのに「あとで片付けるから、食器はそのままにしておきなさい」と言って、また会社に戻ったそうです。ところが帰宅すると、6歳の娘がきれいに食器を洗い、洗濯機まで回していた、というお話でした。世間の人の多くは、母親を亡くしたこの親子のことを「ついてない、不幸な親子だ」と思ったかもしれません。しかし、その**実態は愛情に満ちた素晴らしい家族であり、この親子は決して自分たちが不幸だとは思っていない**でしょう。私も卓球の選手や監督、また企業経営者としてたくさんの不運な出来事や失敗を経験してきました。しかし、それらの出来事があったから、**「絶対に諦めない執念」や「努力は才能にまさる」「思いは叶う」といった信念**を身につけることができたのです。

つまり、**数々の逆境こそが私の勝負強さを鍛え、成功への扉を開いてくれた**と言えるでしょう。このような発想の転換をせず、「ついてない」「自分は不幸だ」と思い込んでいる人は、残念ながら不幸なままということになってしまうのです。

※1:定期購読者が11万人を超える月刊紙。各界の経営者に愛読者が多い。/※2:『太郎物語』『天上の青』『老いの才覚』『夫の後始末』など、多数の著書がある。

MEMO

028/365

Life

自分は運がいいと思い込もう！

人間は素質・環境・出会いという3つの運に影響される。しかし、「自分は運がいい」という信念を持てば、誰でも幸運に恵まれることができる。

私たち**人間は、生まれた瞬間から「天運」「地運」「人運」の3つに影響されて生きている**と言えます。まず、「天運」とは生まれ持った素質のことです。男か女か、日本人に生まれたかアメリカ人に生まれたかなど、人にはさまざまな生まれつきの特徴があります。次に「地運」とは、その人を取り巻く環境のことです。金持ちの家で育った、親の転勤で大阪に引っ越したなどいろいろな環境があるでしょう。最後の「人運」とは、人との出会いのことです。どんな人と出会い、何を学べるかは、まさしく「人運」によるものです。

このうち「天運」は生まれた時点の話ですから、その後に変えることはできません。しかし、**自分を取り巻く環境である「地運」は、その後の発想と行動次第でどのようにでも変えることが可能**です。そして**「人運」に至っては、その人の生き方と出会い次第で大化けするチャンスが必ずある**と言えます。

結局、**運とは自分の意識と努力で変えることができる**のです。そもそも私は、**人間の運にそれほどの違いはない**と思っています。自分で自分の運を「いい」と見るか、「悪い」と見るかの違いしかありません。当人がどう思っているのか、それによってガラリと変わってくるものなのです。

大切なのは、**運が悪いときにも運がいいと考える**こと。**失敗したときは自分が悪い、うまくいったら運が良かったと考えて行動していく**と、どんどん運は良くなっていきます。決して**失敗を運や他人のせいにしない心のクセが、運を良くする鉄則**なのです。

MEMO

029/365

Life

感謝の心を忘れなければ、決して天は見放さない

運を良くするには、「自分は運がいい」と思い込むだけでなく、「感謝の心」も大切にしなければならない。あらゆるものに感謝できる人こそ、最も幸運な人である。

人生で成功するために最も大切なことは、「自分は運がいい」と思い込むことです。だから私は昔から、とにかく自分は運がいい、ツイている人間だと思うようにしています。

しかし、**「自分は運がいい」と思い込むあまり、傲慢になってしまうことには注意したい**ものです。自分の運を信じるのはいいことですが、いざ物事が成功したときに威張りちらす人からは、最終的に運は逃げていきます。だから**本当に運のいい人は、みな「感謝の心」を大事にしている**のです。

たとえば、スヴェンソンを創業して間もなく、ドイツのカーリン社[※1]を買収するお話を最初に持ってきていただけたのは、信じられないほどの幸運だったと思います。もし、カーリン社が他社に買収されていれば、スヴェンソンは自信を持ってお客様におすすめできるウィッグを入手できなくなり、今日を迎えられなかったでしょう。

このような幸運をもたらしてくれたカーリン氏に、私はいくら感謝してもしきれないと思いました。そこでカーリン氏の名前を永久に残したいという思いから、買収した新会社にカーリン氏のお名前を付けたのです。また、カーリンご夫妻とは実の兄弟以上のお付き合いを続け、ヨーロッパ各地を旅行したり、日本でも京都・奈良をはじめ全国各地をご案内しました。

人間は本質的に大自然の力や周囲の人間関係によって生かされているものです。そういう**「自分は生かされている」という心境になりきり、あらゆるものに感謝の念が自然に湧いてくる人こそ本当に幸運な人**なのです。

※1：毛髪加工技術に関する世界的権威であったグスタフ・カーリン氏が1960年に創業したカーリン社は、極めて高品質なウィッグを生産していた。1989年、著者は後継者のいなかったカーリン氏より同社の経営を託されている。

MEMO

030/365

Life

より良い人間関係の中に、より良い自分がある

人生は人間関係によって、大きく左右される。恐れを感じるほどレベルの高い立場・グループに勇気を持って飛び込めば、自分を大きく成長させることができる。

「朱に交われば赤くなる」[※1]といったことわざがあるように、**自分自身を成長させるには素晴らしい仲間や友の存在が不可欠**です。ともに学び、励まし合い、競い合うことのできる**いい人間関係があるかどうかで、人生の大半が決まる**と言っても過言ではありません。

また、**自分を大きく成長させるには立場が上の人に引き上げてもらうことが効果的**ですが、そのためには**立場が上の人と話す機会を逃さないことが大切**です。しかし、人と付き合うのに苦手意識がある人は、相手に近づきたいと思いながら気後れしてしまうことがよくあります。しかし、**それでもなお勇気を振り絞って、一歩を踏み出せるかどうかが人生の分かれ道**なのです。

私は26歳のとき、関東学生卓球連盟[※2]の理事長に推薦されました。当時の私は自分のような若さで、この重要な役職をまっとうできるだろうかと悩みに悩みました。そこで大学の恩師に相談したところ、「そういう役職に推薦されるということは、君がそういう器であると周りの人が認めたことでもあるし、世の中の人が要求していることだよ。**ぜひ、引き受けなさい。全力を尽くしてやれば、一段と君自身も成長するだろう**」と言っていただいたのです。

私はその言葉に背中を押され、この大役を引き受けました。すると、**そこにはそれまでとはまったく違うレベルの出会いがあった**のです。現在の私があるのは、間違いなくあのときの決断のおかげでした。**勇気を持って新しい人間関係の輪に飛び込み、そのなかで懸命に努力することは、必ず人間を成長させてくれる**のです。

MEMO

※1：人は交わる友や環境によって、善にも悪にも感化されるということ。／※2：関東に所在する大学の体育会卓球部による連盟。

031/365

Business

褒めることはいい人間関係を築く第一歩

「褒めること」はいい人間関係を築くための強力な武器。長所を認める習慣が根付いた組織は極めて風通しが良く、ポジティブなエネルギーに満ちた集団となる。

いい人間関係を築いていくために、「他人を褒める」ことはとても大切です。ただ褒めろと言われても難しいと思いますが、要するに**もっと他人の長所に目を向け、それを積極的に伝えるということです。**

この他人を褒めることでいい人間関係が築けることを実感するために、ぜひ試していただきたいゲームがあります。まず、二人で組をつくります。仮に、AさんとBさんとしましょう。組ができたら、AさんはBさんのいいところを見つけて、褒め続けます。同時にそれを聞いたBさんは、飛び上がるくらいの勢いで喜びを体で表現します。これを1分ずつ、交代で行います。

このたった2分で終わるゲームはお金も時間もかかりませんが、効果は絶大です。もともと、スヴェンソンの全社員が集まる「全社ミーティング」の研修の中に取り入れたものですが、非常に良い効果がありました。**スポーツのチームや会社の部署において、なにかの機会に最初は義務的にでもこの褒め合うゲームをやってみる**といいでしょう。**チーム内の風通しやモチベーションアップに絶大な効果が得られる**はずです。

お互いの欠点ばかりを指摘し合っても、決して人間関係は良くなりません。まずは**長所を認め合うことが、いい人間関係を築くコツ**なのです。このような知識を得て、感心するだけでは意味がありません。とにかくまず、やってみてください。そして脳内にドーパミンを大量に出し、全身にプラスのエネルギーを充満させて、いい人間関係を築いていきましょう。

MEMO

032/365

Sports

ギリギリの場面で勝利を引き寄せるカギは笑顔

追い詰められたときこそ、無理やりにでも笑ってみよう。その表情筋の動きで脳と身体をリラックスさせることにより、人間は極めて高い集中力を発揮できる。

2020年のプロ野球シーズンを締めくくる日本シリーズの生放送を見ていたときのこと。それはソフトバンクがジャイアンツに3連勝し、ここで勝てば4連勝で日本一になるという試合でした。しかも3点リードされていたジャイアンツの9回表の攻撃で、1アウトながらも走者を1、2塁に置き、ホームランが出れば同点に追いつくという絶好のチャンスでした。ソフトバンクの抑え投手※1はかなり緊張していたのか、ボールが先行1ストライク3ボール。これは満塁か……と思ったそのとき、なぜか**ジャイアンツの打者がタイムを取り、ギュッとしかめ面をした**のです。逆に**ソフトバンクの投手は、ピンチを楽しむかのような微笑みを浮かべた**ように見えました。

その瞬間、私はソフトバンクの勝利を確信しました。結果はやはり見逃し三振。続く打者もフライを打ち上げ、ソフトバンクが日本一の栄冠に輝いたのです。いったい、なぜジャイアンツの打者は負け、ソフトバンクの投手は勝てたのでしょうか?

それは勝利を引き寄せるために必要な集中力の差です。実は**集中力を高める前には、深くリラックスすることがとても重要**です。なぜなら、リラックスした状態と集中した状態の差が大きければ大きいほど、集中力は高まるからです。

私も、よく試合中に追い込まれた選手たちに「タオルで顔を隠して、百面相（笑顔を含め、いろいろな表情をすること）をしなさい」と教えていました。無理やりにでも笑顔をつくると、自然にリラックスできるからです。そして、リラックスした後は集中力が高まり、思い切ったプレーができるようになるのです。

MEMO

※1：ソフトバンクの守護神、森唯斗投手。

033/365

Sports

開き直った明るさでピンチを切り抜ける

ピンチに陥った人間は混乱し、本来の実力を出せずに終わることがある。そんなときは結果を気にしない明るさと思い切りが、状況を打開してくれる。

1972年、中国・北京で開催された第1回アジア選手権大会に、私は全日本卓球チーム男子監督として参加しました。この大会は当時の政権トップである周恩来《しゅうおんらい》首相※1をはじめ中国の要人がずらりと並ぶ、まさに中国の威信をかけた大会でした。そんな究極に緊張を強いられる大会で、私たち全日本チームは男子団体戦で大激戦の末、世界一の強豪である中国チームに勝ちました。

ところが、この団体戦はリーグ戦のため、最後に北朝鮮と日本の試合が残っていました。その試合は中国に勝った翌日であり、中国というとてつもなく厚い壁を破った直後だったので、私たちは完全に虚脱状態でした。満足感に浸り、目の前の試合に集中できていなかったのです。

気がついたときには、北朝鮮との団体戦は全9戦で1勝4敗しており、あと一人がもし負ければ、せっかく中国に勝ったのに、中国1位、北朝鮮2位、日本3位という状況でした。

日本チームの出場選手は中国戦と同じでしたから、本来なら負けるはずのない試合です。それなのにこうなってしまったのは、選手たちが完全に集中力をなくしていたからでした。そこで私は全員をベンチの裏に集め、円陣を組んで**「もう、勝負にこだわらなくていい。我々はあれだけ厳しく、苦しい練習をやってきた。だから自分の力を出す、それだけに集中してやろう。とにかく明るく明るく、思い切ってやろう!」**と言いました。結果、**そこから大逆転して4人が勝ち、5勝4敗で優勝できた**のです。

※1：中華人民共和国が建国された1949年以来、1976年に死去するまで一貫して政務院総理・国務院総理を務める。1972年に「日中共同声明」を発表し、日中両国の国交正常化に尽力した。

MEMO

034/365

Life

「頑張る」より「願晴る」方がいい

「頑張る」という言葉は、他を寄せつけない「頑なさ」を感じさせる。そこで「願晴《がんば》る」という造語をつくった。

スポーツの世界やビジネスの世界に限らず、日常会話でも「頑張る」という言葉はどうしても使わざるを得ないことがよくあります。しかし、私は昔から「頑張る」という文字が好きではありませんでした。どうにも**「頑固」「頑迷」といった言葉が連想され、歯を食いしばって意地を張るような、気難しいイメージがあるか**らです。

実際に辞書を引いてみると、「頑張る」という言葉には次のような意味があります。

1：あることをなしとげようと、困難に耐えて努力する

2：自分の意見を強く押し通す。我を張る

3：ある場所を占めて、動こうとしない

そのため私は「頑張る」の代わりに、「熱意を持つ」「努力する」というような言葉で言い換えてきましたが、やはり使わざるを得ないことがあります。そこで考えた末**「願晴《がんば》る」[※1]という言葉を思いついた**のです。これは**「願いを込めて、晴れやかに努力する」という意味の造語**です。

以前、私が書いた『強い自分をつくる法（東洋経済新報社）』を愛読されているということで、サッカーの高橋秀人《ひでと》選手[※2]と対談する機会がありました。そのとき**彼が最も好きな言葉だと教えてくれたのが、この「願晴る」**でした。ご自身のツイッターでも「願晴る」を使ってくださり（そのツイッターを見た人から「漢字を間違っていませんか?」と何度も指摘されたとのことでした）、**試合中にもこの言葉を自分に言い聞かせながらプレイしている**というお話でした。

MEMO

※1：前著でこの言葉を紹介したところ、9割の読者の方からこの造語が一番良かったという感想をいただいた。／※2：男子サッカー元日本代表。Jリーグでは FC 東京、ヴィッセル神戸、サガン鳥栖、横浜 FC に所属。

035/365

Life

晴れ晴れとした心で「願晴」ろう

「願晴る」という言葉には、まず自分の目標を定め、実現を「願う」気持ちが込められている。目標が定まれば、あとは「晴れ晴れ」とした心で努力するのみ。

人間は何もせずに急に強くなったり、仕事ができるようにはなりません。だからこそ努力する必要があるわけですが、そのとき**眉間にシワを寄せ、まわりのアドバイスを聞かずに頑なに自分の世界に閉じこもって取り組む**のか。それとも、まず**自分の目指す目標を立て、そこに向かって晴れやかにオープンな気持ちで努力する**のか。それによって、成果はまったく異なります。

　どんなスポーツもビジネスも、本質的にはすべてチームプレイです。たとえば卓球は一見すると個人競技のように見えますが、チームメイトやコーチ、さまざまなスタッフの支えなしに強くなることはできません。だからこそ、一人で我を張る「頑張る」イメージよりも、自分の目標を定め、**晴々とした気持ちで努力する「願晴る」イメージを持った方が周囲の助けも得られ、より成長できる**のです。

　いざ本番というときにも周囲の声に一切耳を傾けず、ひたすら一人で「頑張る」のではプレッシャーばかりが大きくなり、実力を十分に発揮できません。自分の目標を公言し、**晴々と明るい表情で「願晴る」ようにすれば、周囲の声援に背中を押され、実力を出し切ることができる**でしょう。

　私は、自分で筆と墨を使って書いた「願晴る」という言葉を自室の壁に貼り、日頃から目に入るようにしています。そうすることで、いつも自分の願いは何か、晴々とした気持ちでそこに向かって努力しているか、自分自身を振り返るようにしています。

MEMO

036/365

Life

「心・技・体」で一番大切なものは？

最も大切なのは「心」。高い志があれば、「技」や「体力」を身につけることができる。また強い心があれば、どんな事態も乗り越えられる。

武道の世界やスポーツの世界では、よく「心・技・体」という言葉が使われます。強くなるためには心と技、そして体力を鍛えなければならないということですが、**最も大切なのは「心」**です。**「私は絶対に世界チャンピオンになる！」という強い思いがあれば、懸命に努力し、いずれそれにふさわしい技と体力を身につけられる**からです。逆に、技術や体力があったとしても、目標や志が低ければすぐに限界が来てしまいます。

ビジネスでも同じです。**仕事における目標や志が高ければ高いほど、仕事への取り組み方が変わり、結果を出すことができる**のです。

さらに、スポーツにおけるトップ同士の戦いでは、技術や体力にほとんど差はありません。**勝敗を分けるのはほとんどが「心」、つまり平常心・対応力・判断力・決断力・実行力**です。

トップ同士の戦いは事前に相手を研究し尽くしますが、それでも試合では予想もしない攻撃が来ます。そういうときに動じない平常心がなければ、動揺につけ込まれて一気に負けてしまいます。さらに、相手の意外なプレーに対応する対応力、そしてそれに対する判断力、反撃方法を瞬時に選択する決断力、その決断を迷わずやり抜く実行力が必要です。

このような**平常心・対応力・判断力・決断力・実行力はビジネスで求められるものと同じ**です。どんな予想外の出来事にもたじろがず、状況を素早く判断して決断し、決めたことを実行し切る。特に**一度決めたことはためらわず、実行に移すことが大切**です。失敗したと思ったら、そこで改めて方針転換すればいいのです。

MEMO

リーダーこそ「心・技・体」という切り口

「心・技・体」で「心」の次に大切なのは「体」である。スポーツやビジネスの基本であり、それがなければどんな「技」を身につけても役に立たない。

「心」の次に大切なのは「体」です。

たとえば卓球における「体」とは、瞬発力や持続力など基礎的な身体能力を指します。瞬発力がなければ思い切ったプレイができませんし、そもそも持久力がなければ試合の終盤まで全力でプレイできません。だから私は卓球のジュニア選手[※1]については、まず細かなテクニックを覚えるよりも基礎体力をつけることを中心に考えるべきだと思います。

一方、**ビジネスにおける「体」とは社会常識や健康管理**でしょう。まずは**明るい挨拶ができること、肝心なときに会社を休まず仕事に取り組める健康な身体を維持することは、ビジネスの基本**になります。その上に、さまざまな仕事上のスキルやノウハウが身につくのです。

ところで、**管理職やチームリーダーは部下やチームメンバーからの相談には「心・技・体」のどの内容に当たるかを考えてみる**ことをおすすめします。たとえば業績目標を達成できない部下がいる場合、「心」に悩みを抱えているならば、その悩みを聞いてあげるのがいいでしょう。営業方法という「技」に悩みを抱えているなら、接客の練習に付き合うのがいいかもしれません。さらに「体」に悩みがあるなら、通院や休息をすすめるのが効果的な場合もあります。

部下が抱えている悩みをなんでも精神論で片付け、「そんなこと言わずに頑張れよ」などというリーダーは最悪です。ぜひ、リーダーたるもの、「心・技・体」という切り口からその人にあった処方箋を考え、アドバイスしてあげてください。

※1：18歳以下または高校２年生以下の選手のこと。

MEMO

038/365

Sports

負け試合の流れを変える秘策とは？

プレッシャーで本来の力が出せないときは、無理やりでもいいので笑ってみよう。肩の力が抜けて気持ちも前向きになり、悪い流れを断ち切ることができる。

私は長年、明治大学卓球部[※1]の総監督をしていたのですが、ある大会の予選リーグで私が不在のときに、関西でも弱小といわれていた某大学の卓球部に負けたことがあります。明治大学卓球部は全国的に見てもかなりの強豪なので、**本来の実力を出せれば負けるはずのない試合**でした。

私が選手たちの泊まっているホテルに行くと、選手たちは本当に落ち込んでおり、まるで誰かが亡くなったお葬式のような雰囲気でした。それを見た私は、全部で10人ほどのレギュラー選手と控えの選手を連れて、トイレに向かいました。そして大きな鏡の前に並ばせて**「苦笑いでもなんでもいいから笑え」**と言ったのです。

最初はキョトンとして、ぎこちなく「えへへ」「へへへ」と苦笑いしていた選手たちですが、そんなおかしなことをトイレに集まってやっているうちに、本当におかしくなってきて、最終的にはみんながゲラゲラ大笑いしました。

そこで私は全員を集合させ、「お前たちは笑ったことによってドーパミンが出て、体内にエネルギーが溜まった。だから、明日の試合は大丈夫だ。今日はゆっくり眠って、明日はしっかり頑晴れ[※2]」と言ったのです。選手たちは先ほどまでの落ち込みがウソのように、明るい表情で眠りにつきました。

翌日、明治大学卓球部は優勝候補の愛知工業大学に勝利し、さらに準決勝でも「優勝間違いなし」と言われていた青森大学を相手に死闘を繰り広げ、大逆転で勝つことができました。このような例は、スポーツでは数えきれません。**明るく笑顔で集中することには、負け試合の流れをひっくり返す凄いパワーがあるのです。**

MEMO

※1：東京オリンピック混合ダブルスで金メダルを獲得した水谷隼、同オリンピック男子団体で銅メダル獲得に貢献した丹羽孝希、2020年全日本卓球選手権大会男子シングルスで優勝を果たした宇田幸矢など、数々の名選手を輩出。／※2：P.53参照。

039/365

Life

苦しいとき、追い込まれたときこそ笑顔の出番

うまくいかないときやプレッシャーがかかっているとき、難しい顔では状況は良くならない。あえて笑顔を心がければ、流れを好転させることができる。

2014年、夏の甲子園出場をかけた石川県大会の決勝のことです。「ゴジラ」と呼ばれた松井秀喜選手※1の母校である強豪・星稜高校は、9回裏を迎えて8対0という完敗寸前の状況でした。ちょっと想像していただきたいのですが、皆さんが星稜の選手だったら、どんな気持ちになるでしょうか? 普通はもう諦めてガックリと肩を落とし、気の早い人なら帰り支度をしているかもしれません。ところが、**星稜の選手たちと監督はこの絶望的な点差を前に満面の笑顔だった**のです。この笑顔には次のような背景がありました。

星稜高校では一年ほど前から専門のメンタルコーチを招き、普段の練習からメンタルトレーニングを導入していました。さらに「必笑《ひっしょう》」という合い言葉までつくって、大会に臨んでいたのです。その結果、星稜高校はなんと9回裏だけで9得点を奪い、逆転サヨナラ勝ちを収めたのです。

ビジネスの現場でも笑顔は極めて有効です。たとえば私は、成績が良くないスヴェンソンの店舗に行くと、まずスタッフのなかで一番明るそうな人を見つけます。そして、「○○さんがこのメンバーの中で一番明るいんだろ? そういう明るい人を大事にしなさい。みんなで明るくやっていけば、必ず良くなるよ!」という話をするのです。

そうすると、**次にその店舗に行ったときには見違えるようにスタッフ全員が明るくなり、売り上げもアップしている**ということがたびたびありました。ぜひ、皆さんの仕事やプライベートでも、笑顔の力を活用してみてください。

※1：1990年代～2000年代を代表する長距離打者。日本プロ野球では読売ジャイアンツ、アメリカ大リーグではニューヨーク・ヤンキースなどで活躍。

MEMO

040/365

Life

運と努力の関係とは?

運がいい人になるためには、普段からの努力が欠かせない。この努力を続けるためには、それを好きになるか発想を切り替えることが必要になる。

運の力を呼び込むためには、日頃から目的をもって勉強し、鍛錬することが大切です。これは**日々努力を積み重ね、準備している人だけが目の前のチャンスを認識し、タイミングよくつかむことができる**ということです。

では、日々の努力を続けるためには、どうすればいいのでしょうか? 私は**何よりもまず、好きになることが大切**だと思います。しかし、自分から望んで取り組んだことではない場合、好きになるのが難しいのもよく分かります。

そういうときは、発想を転換してみてください。たとえば、営業部でバリバリ仕事をしていた人が、異動で総務部に配属されたとしましょう。自分としては営業の仕事は好きで楽しくやっていたけれども、総務の仕事は**どうしても好きになれない。そんなときは「いろいろな経験をすることが自分の人生にとってプラスになる」と、考え方のスイッチを切り替える**のです。

もし、営業畑一辺倒だったら、あなたは営業のことしか分からない人になってしまいます。しかし総務の仕事を経験すれば、それだけ人間の幅を広げられるでしょう。総務の仕事というのは**初めての経験だけれども、今までやったことのない仕事だから、とても勉強になる。視野を広げるチャンスだ、ありがたい! と考えて、一生懸命にやる**のです。すると将来、このときの経験が必ず生きてきます。

リーダーと呼ばれる人、逸材と言われるような人は、どんな世界でも大変な努力をしています。そして**神様は、そういう努力をしている人を好んで後押しする**ものです。それが運と努力の関係なのです。

MEMO

041/365

Business

努力の果てに、幸運の女神は微笑みかける

幸運とは、ただ待っている者に恵まれるものではない。境遇や環境を嘆くことなく、自分自身を信じて努力する者にのみ訪れるものである。

運とは、努力によって引き寄せるものです。私が50歳でスヴェンソンのウィッグ事業を始めたときも、実際に取り組むまでには調査会社を使って半年間、徹底的に事業の将来性を調べ上げました。私は自分の強運を信じていますが、同時に**やるべきことをすべてやった上で運を信じるべき**だ、と思っています。

私がウィッグ事業の将来性を調べたとき、魅力を感じたのは潜在的な市場の規模だけではありません。**スヴェンソンのビジネスモデルが、単なるウィッグの売り切りではなかった点もポイント**でした。具体的には毎月1回程度の頻度でサロンにお越しいただき、美容師資格を持つスタッフが有償でメンテナンスをしていたのです(いわば月1回、理容室・美容室に通うようなものです)。

これを近年、マイクロソフトがワードやエクセルなどのソフトを売り切りではなく、サブスクリプション[※1]の形で販売することに切り替えたのに似ている、と言う人もいます。**「売り切りビジネス」は景気や市場の動向に左右されやすいですが、継続してお客様との関係を持てるビジネスは安定性が高い**のです。このような点まで**調べる努力をせずに投資をすることは、運を信じるというより無謀と言える**でしょう。

結局、**運とは他人任せではなく、自ら運ぶものであり、自分の意識と努力で変えることができるもの**なのです。

MEMO

※1：継続的に料金を支払うことで、顧客が製品・サービスを利用できるビジネスモデルのこと。

042／365

Life

ダイヤモンドも磨かなければ、ただの石

どれほど優れた才能も、磨かなければその真価を発揮することはない。人間というダイヤモンドを輝かせるのは、本人の「夢」と「努力」次第である。

皆さんはダイヤモンドの原石を見たことはあるでしょうか？　キラキラと輝く**ダイヤモンドも、原石の段階では白く濁った小石**にすぎません。そんな小石が熟練した職人によるカッティングと研磨の工程を経て、光り輝く宝石となります。同様に、**人間もどれほど素晴らしい才能や資質を秘めていたとしても、目標を立て、長期間にわたる厳しい努力をしなければ、花ひらくことはない**のです。

私は指導している卓球選手やスヴェンソンの社員に、「**できるだけ大きな夢（＝目標）を立てなさい。そして、その夢を実現するために自分で緻密なスケジュールを組み、それに向かって頑張りなさい**[※1]」と伝えています。「自分は何年後にはこうなりたい」という強い想いと、それを叶えるために計画的な努力をすること。これは**人生で夢を実現させるための両輪であり、どちらも絶対に欠かせない**ものです。

かつて私が全日本卓球チームの監督として、世界最強だった中国チームを破ったときは、20キロのランニングのあとに、入っただけで汗が吹き出る真夏の体育館で2000本のラリー練習（1本でも失敗すれば1999本まで成功していても、また1からやり直し）、1分間に70回のフットワーク練習という5時間の技術練習をする猛特訓を行いました。それを男子チームも女子チームもやり抜いた結果、私たちは中国チームに勝つことができたのです。

この猛練習は中国チームに勝つために必要な技術と体力、精神力を身につけるため、選手の健康に細心の注意を払って行われたものでした。しかし、**選手たち自身に燃えるような勝利への執念がなければ、やり遂げることはできなかった**と思います。

※1：P.53参照。

MEMO

夢や目標に向かって、努力するための秘訣とは？

努力を続けるコツは好きなことをやる、好きになれる方法を考える、それがどう世の中の役に立っているかを考える、努力は報われると信じ込むなどがある。

大きな夢（＝目標）を実現するためには、大変な努力が必要です。それでは、どうすれば困難な努力を続けることができるのでしょうか？

まず大切なのは、「絶対に自分はこれを成し遂げる」という意思の力です。そのためにも、やはり**自分が好きなこと・心から熱中できることに取り組むこと**です。もし、それが好きで選んだことではないが、**やらなければならないことならば、「どうすれば好きになれるか」「どこか好きになれそうな部分はないか」と考えてみる**のがいいでしょう。それによって**少しでも好きになることができれば、そのことを楽しめるようになり、次第に心に情熱が生まれる**からです。このいい循環が回り始めれば、目標に向かってどんどん努力できるようになるでしょう。

また、**自分の取り組みがどのように世のため人のために役立っているか考える**ことも有効です。そこに気付くと、心から喜びが湧き出して、どんどんやりがいが出てきます。自分の仕事が人々のためになると思えるかどうかは、努力できるかどうかに大きく影響します

最後に、**努力を続ける過程では「絶対に努力は報われる」と信じ込むこ**とが大切です。2004年のアテネオリンピック女子マラソン金メダリストである野口みずきさん[※1]も、努力は裏切らないと語っていますが、走った距離もあるけれど、毎日の積み重ねが何より大切なのです。「俺はこんなに努力しているのに、ちっとも報われない」と思う必要はありません。**必死に努力していれば、神様は最後に必ず応援してくれる**からです。

MEMO

※1：2005年のベルリン・マラソンにおいて、2時間19分12秒という女子マラソン日本新記録で優勝。なお、この記録は2021年現在いまだ破られていない。

044/365

Sports

「90の努力」は誰でもやる。そこから先が勝負

夢や目標に向かって努力を始めたら、それが実現するまで手を抜いてはいけない。中途半端な努力は、それまでの努力をすべて無にしてしまう可能性すらある。

高い目標を決めて努力を始めると、人はどんどん成長します。しかし、**まだ目標に達していないにもかかわらず、慢心して途中で努力をやめてしまう人**がいます。そういう人に、私は**「こんなところで満足したらだめだよ」「伸びが止まってしまうよ」「ここまでうまくいったのだから、もっと高いところを目指しなさい」**とアドバイスしています。

目標や物事は、たとえ99パーセントできていたとしても、最後まで気を抜いてはいけません。スポーツならばゴールテープを切り、目標の大会で優勝するまで。ビジネスならば、契約書を締結してお客様に商品を納品し、代金を受け取って、さらにご満足されたお客様から別のお客様をご紹介していただけるようなところまで、集中力を切らしてはダメなのです。

実際、100メートル自由形競泳のオリンピック選手といったトップレベルの戦い[※1]では、95メートルまで1位だったとしても、そこで**「勝った！」と思った瞬間に脳の運動関連の機能が停止してしまい、追い抜かれてしまう**といいます。だから**最後まで全力で、指先が痛くなるくらい思い切ってゴール板にタッチする必要がある**のです。最後の最後、ほんのちょっと手を抜いただけで、成果がゼロになってしまう恐ろしさがあるのです。

MEMO

※1：競泳では0.1秒差で勝敗が決まる。その差は長さにしておよそ15センチ前後（握り拳一つ分）。

045/365

Life

「やり抜く力」は才能を超えた力である

「やり抜く力」とは目標達成まで努力し続ける力のこと。この力を持つ人は、スポーツでもビジネスでも「才能に恵まれ努力しない人」に勝つことができる。

『GRIT　やり抜く力』（アンジェラ・ダックワース著　ダイヤモンド社）という書籍は、**物事を成功させるための重要な要素「GRIT（＝やり抜く力）」**を紹介し、アメリカの教育界やスポーツ界、ビジネス界で注目を集めました。どんな分野でも、その頂点に立てる人はごく一握りの人です。では、**一流とそうでない人を分けるのは、「才能」なのか「努力」なのか。**長年論争が続けられてきましたが、私は一貫して「努力は才能に勝《まさ》る」と結論付け、主張してきました。この書籍は、その主張を裏付けてくれるような研究結果がまとめられています。

たとえば**2倍の才能のある人も2分の1の努力では負ける、「才能」は生まれつきだけれども「スキル」は、ひたすら時間をかけて身につけるしかない**といった内容です。

つまり、努力をしなければ才能があっても宝の持ち腐れであり、上達するはずのスキルもそこで頭打ちになるということです。やり抜く力が持つ底知れぬ力はスポーツの世界でもビジネスの世界でも同じことです。

今では全世界で通用する「カイゼン（Kaizen）[※1]」という言葉も、やり抜く力の象徴と言えるでしょう。「カイゼン」とは現状に満足せず、常に改良し続けることだからです。「まだ自分にはできることがある」という**自己満足や慢心とは無縁の前向きな想いこそ、私たちの人生を切り拓く原動力になる**のです。

※1：自動車メーカーのトヨタが編み出した生産管理システムのキーワード。自動車の生産効率を向上させるための、さまざまな工夫全般を指す。

MEMO

046/365

Life

スランプを超えるカギは努力とタイミング

努力しても成長の実感がないスランプは、力が一定レベルに達した証拠でもある。この壁を超えるカギは、さらなる努力、または時期を待つ忍耐力である。

人間の成長というものは直線状ではなく、階段式になっています。たとえばスポーツの場合、初心者の時期は練習すればするほど、どんどん上達します。私で言えば中学生時代、家の近くの卓球場に通い始めてメキメキ強くなった時期でしょうか。

しかし、**一定のレベルまでいくと、努力を続けてもなかなか成長の実感がない期間（＝スランプ※1）がある**ものです。明治大学の卓球部に入ったばかりの頃の私が、まさにそれに当たります。このときは当時の主将だった先輩に「児玉が強くならなければ明大は強くなれない」と言われ、猛烈にしごかれました。

しかし、**これは成長に避けては通れない試練**でした。ここで投げ出さずに**努力を続けていると、あるタイミングで一気に成長することができる**のです。私もすさまじい特訓の夏を乗り越えた年の暮れ、世界卓球選手権大会の日本代表に選出されることができました。

さて、この**私たちが突き当たる壁は「能力の壁」と「環境の壁」の2種類**があります。**「能力の壁」は自分の問題であり、自分の力不足**ですから、自分の努力次第で何とでもなります。これに対して**「環境の壁」は外的な要因であり、今の時点ではどうにもならない**こともあります。そういうときは、**ひとまず時機を待つといい**でしょう。すぐに突破できなくても、「いつか必ず自分にはやれる」という気持ちを持ち続け、努力を怠らない人には不思議なことに、必ず天から助けのロープが降りてくるものだからです。

MEMO

※1：停滞期のこと。プラトーとも呼ばれる。気力や体力が一時的に衰え、仕事の能率や成績が落ちる状態を指すこともある。

047/365

Life

壁は成長している人の前にしか現れない

努力しても結果が出ず、実力や成績が伸びないといった壁にぶつかったら、「しめた!」と思おう。それは逆に、あなたの飛躍的な成長が近づいている証拠である。

努力して成長している人の前には、たいてい最終的な関門として壁が立ち塞がるものです。スポーツであれば、「〇回戦の壁」などと言われますし、「準優勝の呪い[※1]」というものもあります。ビジネスであれば、毎回ライバル会社にコンペで負けてしまう、営業成績でいつも同期に勝てないといったことです。

しかし、そのような**壁の前で足踏みをしているように思える期間も、努力している人は着実に成長している**ので心配する必要はありません。敗因を分析し、**次こそは勝つという気持ちが消えない限り、あなたの前にある壁は必ず越えられる**のです。

逆に言えば、**壁は成長している人の前にしか現れない**ということです。努力し、成長している人だけが壁の前に立つことができる、とも言えるでしょう。そして、その**壁を乗り越えることができれば、そこには一段成長した自分だけが見ることのできる光景が広がっている**のです。

「壁は成長している人の前にしか現れない」「やってみれば何とかなる」と信じることで、人間は無限に成長し、運命すら変えることができます。ぜひ、**人生の壁に突き当たったら、「これは自分が成長している証拠だ。これを乗り越えれば、大きく成長できるチャンスだぞ!」と、プラスに捉えること**をおすすめします。

MEMO

※1：サッカーＪリーグの川崎フロンターレは2000年から2016年まで、リーグ大会・天皇杯・Ｊリーグ杯（ルヴァン杯）という国内３大大会で８度も準優勝に終わっていた。しかし2017年以降、そのすべての大会で優勝している。

048/365

Sports

スポーツで逆転勝ちする人の「5つの共通点」

スポーツで逆転勝利が起きる場合には、不思議なほど共通点が存在する。なかでも重要なポイントは、勝敗をいったん忘れ、現在の自分を客観的に見ることである。

世の中の多くの人は、大なり小なりピンチに陥り、逆境に苦しめられた経験を持っているのではないでしょうか。そんな人へのヒントとして、私が知る限り最もピンチに強く、さまざまな場面で逆転勝ちを収めてきた友人、故・荻村伊智朗氏[※1]のエピソードをご紹介したいと思います。彼は1950年代に世界卓球選手権で12個の金メダルを獲得し、「ミスター卓球」と呼ばれた人物ですが、特に逆転勝ちの多い選手でもありました。

彼が生前語ってくれた最も印象深い逆転劇は、1957年の第24回世界卓球選手権ストックホルム大会におけるボグリンチ（ユーゴ）選手との一戦です。このとき彼は相手にマッチポイント[※2]を握られた絶体絶命の状況でした。

そのとき彼は、「どうせ負けるなら、荻村らしくやってやれ」と思ったそうです。そう思った瞬間なぜか気持ちが落ち着き、自分が急に巨大に感じられ、逆に試合会場をひとつかみにできそうなほど狭く感じたといいます。そこから彼は7点を連取し、逆転勝利を収めました。

彼の経験や私自身の経験を振り返ると、逆転勝ちする人の共通点は**悪い状況を素直に認める、気落ちしない、ムリをしない、反撃のマトを絞る、次の1ポイントを取ることだけを考える**の5つです。それまでの失敗をいったん脇に置き、勝利を決して諦めず、しかし無理はせず肩の力を抜き、反撃のターゲットを絞り、次の1点を取ることだけに集中するということですが、実際ここまで開き直って集中した相手に勝ち切ることは非常に難しいでしょう。

MEMO

※1：第３代国際卓球連盟会長、日本卓球協会副会長などを歴任。日本と世界の卓球界の発展に大きく貢献した人物。
※2：試合の勝敗が決まる最後の得点。

049/365

Business

ビジネスで逆転勝ちする人の「5つの共通点」

スポーツやビジネス、人生で逆転勝利するためのカギは次の5つ。現状を認め、気落ちせず、ムリせず、マトを絞り、集中することである。

スポーツもビジネスも「人対人」で行われるものですから、非常に多くの共通点があります。そこでスポーツの世界で逆転勝ちする人の「5つの共通点」をビジネスの世界に置き換えた場合、どのようなことになるでしょうか？

たとえば、お客様が他社の製品と当初の製品を比較し、他社製品の方に傾いているとしましょう。最初にやることは「たしかに、その点については当社の製品の方が劣っています」と、**現状の劣勢・負けを認める**ことです。そうすることで、お客様にこちらの話を聞く余裕が生まれます。

続いて、**気落ちしない**ことです。お客様が他社の契約書にサインされるまで、勝負は決まっていません。営業マンが気落ちすると、その空気は敏感にお客様に伝わり、商談はそこで終了してしまうでしょう。

さらに、**ムリをしない**ことです。ムリな値引きや確約できないことを約束することは、結果的にお客様にご迷惑をかけてしまいます。さらに、**反撃のマトを絞る**ことも大切です。お客様のニーズに合致する自社の得意分野を見つけ出し、そこを集中的にご説明するのです。

最後に大切なのは、**一歩ずつ同意と共感を得ていく**ことです。スポーツで次の1点を取ることだけに集中するのと同じように、お客様から少しずつ「いいね」「なるほど」という言葉を引き出していきましょう。一気に契約を期待するのではなく、気がついたらお客様から「ぜひ、売ってほしい」と言われているのが理想的な逆転劇です。

MEMO

050/365

Life

遺伝子に秘められた人間の可能性

細胞に組み込まれた遺伝子は、遺伝情報を運ぶだけのものではない。その眠っている機能を目覚めさせれば、人間は巨大な可能性を開花させることができる。

人間の顔や背の高さ、髪の色、性格……それらは私たちの細胞のなかにある遺伝子（＝DNA）の働きによって決まります。この**遺伝子の働きは自分ではどうすることもできないものに思えますが、実はそうではない**ことを教えてくださったのが、ある会合で知り合った筑波大学名誉教授の村上和雄先生でした。※1

村上先生によると、人間の身体は体重60kgの人で約60兆個の細胞からできており、その細胞の一つ一つに遺伝子が組み込まれているそうです。そして**遺伝子は親から子へ特質を伝える（＝遺伝）働きだけでなく、私たちの呼吸や飲食・排泄、その他すべての生命活動に関係している**といいます。

遺伝子には**「目覚めていて機能する部分」と「眠っていて機能しない部分」とがあり、普段は人間の生命活動の必要に応じて機能している**そうです。そして近年の研究により、**眠っている部分も機能している遺伝子も死ぬまで働き詰めではなく、電灯のスイッチのようにオン・オフされる（＝条件次第で目を覚ます・眠ってしまう）**ことが分かってきたといいます。

つまり、**自分に都合のいい遺伝子はどんどん目覚めさせて働いてもらい、都合の悪い遺伝子には眠っていてもらうのがベスト**だということになるでしょう。先生のお話によれば、家が火事になったときに、か弱い女性が重い荷物を持ち上げて外に運び出す「火事場の馬鹿力」は、火事という緊急事態が眠っていた遺伝子を目覚めさせ、瞬時に膨大なエネルギーをつくり出した結果なのだそうです。つまり、私たちの気持ちや心のあり方次第で遺伝子に多大な影響を及ぼせるということになります。

MEMO

※1：日本の分子生物学における第一人者。2021年4月逝去。

051/365

Life

「可能性遺伝子」をオンにする7つの生き方

人間の遺伝子は心理的環境や外部環境によって、機能がオン・オフされる。積極的で明るい生き方・考え方をすることは、いい遺伝子を目覚めさせる秘訣である。

ヨーロッパのある大学の実験で、**目標を達成しようと強い意欲を持っているときや熱烈な恋愛をしているときに、人間のホルモンに関連するタンパク質の値が変動するという結果が見られた**そうです。タンパク質の生成は遺伝子の命令によるものなので、この実験結果からは「強い意志を持つこと」、「恋をすること」が遺伝子のスイッチのオン・オフに関係していることが分かります。つまり**意欲的な生き方、イキイキ・ワクワクとした生き方をすると、遺伝子に影響を与えられる**のです。

そもそも**同じ人間である以上、遺伝子に書かれていることは天才も凡人も変わりはない**はずです。しかし、多くの人の場合、細胞内の全遺伝情報のうち実際に働いているのは、わずか5％程度にすぎないと考えられています。つまり、**遺伝子に眠る潜在能力をオンにできたかどうかが天才と凡人の差**であると言えるでしょう。

筑波大学名誉教授の村上和雄先生によると、**日常生活において眠っている遺伝子を目覚めさせる方法は、①環境を変える（食事やトレーニング方法など、肉体的な環境変化も含む）②心の張りや生きがいを持って生きる③明るく前向きに考える積極的な思考をする④感動する心、感謝する心を忘れない⑤強い目的意識を持ち、物事に夢中になる⑥世のため・人のためを優先する『利他の精神』を持つ⑦人との出会い、心と心のふれあいを大切にする**の7項目だそうです。

これらを心がけることで**いい遺伝子を目覚めさせることができれば、必ず私たちの健康や能力は向上し、イキイキとした楽しい人生を送ることが**できるでしょう。

MEMO

052/365

Life

常識に囚われると常識的な結果で終わる

一流棋士の戦いでは、定跡（＝常識）を超えた一手が求められる。同様に人生で人並み外れた結果を求めるなら、常識を超えた決意・行動が必要になる。

2020年、棋士の藤井聡太さん[※1]が17歳11カ月という史上最年少の若さで「棋聖」、18歳1カ月で「王位」と二つのタイトル戦を制し、八段昇格を果たしたことが話題となりました。なかでも注目を集めたのは、**彼が王位戦を制した第4局、42手目に指した「神の一手」**です。プロ棋士の解説によると、**あえて大切な「飛車」を捨てることにより一気に優勢になった一手**であり、これを指せる棋士はほとんどいない、それほど常識外の一手だった……ということでした。

この話を聞いて思い出したのが、かつて東京ロータリークラブで伺った日本将棋連盟会長（当時）の谷川浩司九段[※2]のお話です。そのお話は、「名人に定跡なし」というテーマでした。将棋の世界には、無数の棋士たちの長年の研究により編み出された「こういう局面では、このように指すと有利になる」という定跡があります。ビジネスの世界で言えば「業界の常識」というのが近いかもしれません。

しかし、谷川九段によればトップ棋士の対局では、プロ棋士でもまったく気付かないような手が一局の中で何度か出てくるのだそうです。なぜなら、トップ棋士であれば定跡はすべて研究し尽くしています。従って、常識的な手だけを指していたのでは勝つことができず、**トップ棋士同士の戦いでは一手にどれほど強烈な個性をプラスアルファできるかが勝利の鍵になる**、ということでした。

つまり、**常識に囚われている人は超一流になれない**ということでしょう。私も**スポーツやビジネス、人生で何らかの人並み外れた結果を求めるなら、どこかで常識の範囲を踏み越えた決断・行動をしなければならない**と思います。

MEMO

※1：2021年7月には史上最年少で将棋界の最高段位、九段に昇級。
※2：名人位を5期獲得し、引退後は十七世名人の襲名が予定されている将棋界の伝説的人物。終盤の妙技は「光速の寄せ」と称えられている。

053/365

Sports

プラスアルファの努力が勝敗を決める

「プラスアルファの努力」をする人には、ギリギリの場面で「プラスアルファの力」が残されている。その力がスポーツやビジネス、さらには人生の勝敗を左右する。

卓球の世界でもビジネスの世界でも、どれだけプラスアルファの努力をできるかが勝利や結果を左右するものです。たとえば明治大学創立100周年を迎えた1980年、明治大学卓球部の秋のリーグ戦は辛勝の連続でした。苦しい試合が続くなか、春のリーグ戦で敗北を喫した中央大学との決勝を迎えました。

その前夜、翌日の作戦を練り終えた私たち指導陣が22時30分頃練習場に顔を出すと、8時間もの練習を終えた後にもかかわらず、当時3年生だった岡部選手が下級生を相手に懸命に練習をしていたのです。

驚いた私がなぜこんな時間まで練習しているのか聞いたところ、彼は「どうも自分で納得がいかないので。不安だからやっています」と答えました。私はしばらく見ていたあと、肩でも壊したら大変だと思い、やめさせました。

そして迎えた中央大学との団体・決勝戦で岡部選手は中央大学のエースと対戦し、あと1点で敗北する瀬戸際まで追い詰められたのです。彼が負ければ、その場で明治大学の敗北が決まるという状況でした。

しかし、彼はそこから大逆転して次の選手につなぎ、ラストの選手も勝利して、明治大学はリーグ戦優勝を果たしたのです。これはまさに、「プラスアルファの努力」がギリギリの場面で力になった例でしょう。岡部選手の**プラスアルファの練習から来た自信が、「プラスアルファの力」[※1]にな**ったのです。同時に彼の頑晴りは「あいつがあれほど頑晴っているんだ。俺だって負けてたまるか」というチームの空気をつくり、それが相乗効果を生んで、勝利の流れを呼び込んだのだと思います。

※1：P.53 参照。

MEMO

054/365

Life

「考・行・念」で積極的に生きる

チャレンジ精神を持つと、人生はイキイキと輝きだす。そのためには「よく考え」「素早く行動し」「信念を持ってやり抜く」という「考・行・念」が大切である。

私が**スヴェンソンという会社を起業し、ウィッグ事業に取り組んだのは50歳のとき**[※1]でした。一般的に**新しいことにチャレンジするには遅いと思われる年齢かもしれませんが、そんなことはなかった**と確信を持っています。

私の知る限り、**人生で成功する人は何歳になっても新しいことにチャレンジしている**ものです。そのような人たちは積極的に物事に挑戦し、うまくいったときはどんどん励まし合って成功の道を突き進み、失敗した場合には速やかに反省して気持ちを切り替え、また新たな気持ちでチャレンジしています。不必要に落ち込み、流れを止めることがありません。また、年齢を理由にチャレンジを諦めることもありません。

このように**積極的に生きるには、とにかく「よく考えること」**が大切です。**考えて、考えて、慎重に準備した上で行動し、行動し始めたら信念と執念を持って最後までやり抜く**。この**「考《こう》える・行う・念ずる」という「考・行《こう》・念《ねん》」の3ステップで、人生を積極的に切り拓いていける**のです。

逆に**人生や会社経営においてチャレンジを避けていると、いつしか進むべき道が見えなくなる**ものです。「まあ、これくらいでいいか。もう若くはないし、新しいことに挑戦するのはやめておこう」。そんな**慢心や諦めの心に囚われた人生は、目標を見失い漂流し始めてしまう**のです。

MEMO

※1:「中小企業白書 2019」によれば、日本の起業家の年齢は50代が16.3%、60代以上が14.9%と50代以上が3割以上を占めている。

Business

チャレンジが進むべき道を指し示してくれる

人生や会社経営はチャレンジすることで、次の課題が見つかっていく。そうして次々とあらわれる課題へのチャレンジを繰り返すうち、人も企業も大きく成長できる。

人生においてチャレンジし続けると、新しい未来がどんどん拓けていくものです。私の場合、スヴェンソンを起業するというチャレンジをした4年後に、今度はウィッグを製造してくれていたドイツ・カーリン社の創業者、グスタフ・カーリン氏から「会社を買収し、跡を引き継いでくれないか」と打診されました。

この買収は、まだまだ利益が出ていなかった当社にとって非常に危険なチャレンジでしたが、会社の将来のことを考え、あえて踏み切りました。その結果、当社はカーリン社の優れたウィッグ技術を基盤に、大きく売上を伸ばすことができたのです。

このチャレンジに続いて、私は1年で5カ所の店舗[※1]を全国展開しました。1カ所の店舗を出すために数千万円の費用がかかりましたが、北海道のお客様がわざわざ東京までお越しになったり、富山や四国のお客様がわざわざ大阪まで一泊してお越しになる状況をそのままにはしておけなかったのです。結果として、店舗の全国展開は非常にお客様に喜ばれ、一気に当社の事業は拡大しました。

店舗の全国展開というチャレンジに続く新たな挑戦は、技術者の大量雇用と研修制度の充実でした。週休2日で休憩時間もきちんと取れるような福利厚生を整えたこともあり、優秀な人材が数多く育ち、定着してくれました。

スヴェンソンの歴史は、**一つのチャレンジに取り組むごとに次の課題が見つかり、さらに新たなチャレンジをすることで、より企業として成長で**きるというものでした。**人生にとっても企業にとっても、チャレンジは成長に必要不可欠**なのです。

※1：ウィッグのお手入れをサポートするサロンのこと。

MEMO

056／365

Life

障害を「リフレーミング」で生きる力に変える

重い障害がありながら、その障害について視点と解釈を変えること（＝リフレーミング）で生きる力に変えている人がいる。私たちもその生き方を見習いたい。

下半身不髄に加え、不整脈、高血圧症などの障害がありながら、パラリンピック水泳で15個の金メダルを獲得した成田真由美さん[※1]をご存じでしょうか？　スヴェンソンの全社員会議で講演をお願いしたとき、彼女は次のようなことを語ってくれました。

「私は障害と病気を与えて貰ったから、本当にいろいろなことに感謝できる人間になれた。明るく、前向きに、これからも生きようと思っている」

「暗く生きるのも自分、明るく生きるのも自分。だったら、私は明るく生きたい。クヨクヨしてなんかいられない。自分にはまだ、やれることがあると思う。残された可能性に挑戦してみたい」

「人間は目標を持つと絶対に頑晴れる[※2]し、不思議なくらいパワーが出てくるということを、自分自身の身体で感じることができた」

「失ったものを数える人間より、得たものを数えられる人間になりたい」

成田さんの一言一言に全社員が涙ぐみ、感動していました。

これらの言葉から、彼女は**障害があることで悲観せず、逆にそれを生きる力に変えている**ことが分かるでしょう。このように**物事を見る視点を変え、その意味や解釈を変えること**を**「リフレーミング（＝枠組みの変換）」**と言います。リフレーミングによって障害をプラスのエネルギーとして活用している彼女を、私たちも見習いたいものです。

MEMO

※1：1996年アトランタ・パラリンピックから2008年の北京・パラリンピックまで、4大会連続で出場し、東京2020で通算6回出場。／※2：P.53参照。

057/365

Life

私たちの短所は「財産」となる

人間にとって短所は長所に、悩みは可能性に、危機は好機になりうる。すべては自分の捉え方次第である。

私たちの多くは自分自身の短所や欠点に悩み、苦しんでいます。「もう少し○○だったら」「わずかでも○○だったら、もっといい人生を送れたのに」などと考えている人は、少なくないことでしょう。

しかし、**自分では短所だと思っているところが、実は長所なのだと考えてみることも可能**です。「この欠点さえなかったら、どんなに幸せだったか」と嘆いている人は、ぜひ、その欠点がなくなったら、人生は本当に変わるだろうか。むしろ、その欠点のお陰で助けられたことはなかったか？　と、自分自身に問いかけてみてください。

近年、神経言語プログラミング（NLP）[※1]という心理学の研究では、**ある人が短所・障害・悩み・危機と感じていることは、視点（見方）を変えると、その人の長所・財産・可能性・好機である**とされています。

もしそうだとするならば、私たちの**短所や劣等感はかけがえのない友であり、財産である**のかもしれません。

まずは次のような短所を長所に言い換える練習をしてみましょう。

自分は短気だ
＝自分は情熱的な人間だ
自分は飽きっぽい
＝自分は好奇心が旺盛だ
自分は冷たい
＝自分は冷静な判断力を持っている

言い換え方を考えているうちに、自分自身を見直し、自信を持てるようになるでしょう。それはただの錯覚かもしれませんが、**信じてそのように振る舞えば、いつしかそれが「真実」となる**のです。

MEMO

※1：1970 年代に数学者リチャード・バンドラーと言語学者ジョン・グリンダーが提唱した「人間心理」と「コミュニケーション」に関する研究分野。

058/365

Sports

負けた試合が「本物の強さ」をつくる

失敗や敗北を経験してこそ、「本物の強さ」は身につく。なぜなら失敗や敗北を真摯に振り返ることで、自分が本当に克服すべき課題が明確になるからである。

スポーツの世界で強豪と呼ばれる選手は、必ず過去の試合で何度も失敗や敗北を経験しています。なぜなら、**「本物の強さ」とは負けた試合を反省し、そこから見出した課題を克服していくことで、少しずつ培われるもの**だからです。

以前、ある経営者セミナーで柔道家の山下泰裕《やすひろ》さん※1にお会いしたことがあります。山下さんのお話によれば、彼は中学生の頃には「柔道で世界一になりたい」という夢を持ち、高校生のときにはすでにそれがはっきりとした目標になっていたそうです。

しかし、そんな彼にも二つの課題がありました。一つ目は立ち技に比べて、寝技がうまくないこと。二つ目は体重のわりに、基礎的体力が劣っていたことです。山下さんは、自分はコツコツやるタイプではなく、嫌いなことや苦手なことは出来れば避けて通りたいタイプの人間だとおっしゃっていました。しかし、**「柔道で世界一になりたい」という目標がはっきりしていたので、苦手な体力トレーニングやランニングを人の見ていない所でも一生懸命やり、寝技も歯を食いしばって取り組むことができた**そうです。

最終的に彼はそれらの課題を克服し、ロサンゼルスオリンピックで右ふくらはぎ裂傷（肉離れ）という絶体絶命のピンチを救ってくれたのは課題であった寝技でした。また、現役の最盛期には国内の誰にも負けない体力があったということです。

彼がこのような課題を自覚したのも、学生時代の公式戦や敗北や失敗からでしょう。山下選手はそのような機会に真摯に反省し、徹底的に改善に取り組んだからこそ、本物の強さを身につけられたのです。

MEMO

※1：1984年のロサンゼルスオリンピック・柔道無差別級で金メダルを獲得。現役時代には公式戦203連勝の世界記録を樹立。史上5人目の国民栄誉賞にも輝いている。日本オリンピック委員会会長。

059/365

Business

負けた試合が強さの本質をつくる

スポーツやビジネスにおいて、敗北（＝失敗）や勝利（＝成功）をただの敗北や勝利で終わらせないのが、真の勝者のメンタリティである。

柔道家の山下泰裕さん[※1]のお話をビジネスに置き換えると、どういうことになるでしょうか？　**まず、大きな目標を持たねばならない**ということは言うまでもありません。そして、目標を達成するために必要なスキルは何かを考え、さまざまな仕事上の失敗を通じて自分の弱点を発見し、それらを克服しようと徹底的に努力することです。

説明が下手なら説明がうまくなるように。書類づくりが下手なら、書類づくりのうまい先輩を見習ってみる。接客がぎこちなければ、接客のうまい先輩の真似をしてみる。目標がはっきりと定まり、自分の課題をしっかりと見つめれば、やるべきことは自然と見つかるものです。そのようにして**負けた試合（＝仕事上の失敗）が、ビジネスマンとしての本物の強さにつながる**のです。

さて、先のセミナーで山下選手に「世界チャンピオンになるためには何が大切ですか」という質問をしたところ、**その答えは謙虚さであり、畏《おそ》れを持つことというもの**でした。その意味は、**試合に勝ったときに浮かれるのではなく、「なぜ、相手は自分に負けたのか」と、相手が負けた理由を考える**ということでした。これは相手の敗因を分析し、それも自分が強くなるために活かすということでしょう。

一番良くないのは、相手の悪い所と自分のいい所とを比較することです。そういう行為からは傲慢さや油断が生まれます。私も選手時代や監督時代に、それが原因で何度か苦い思いをしました。勝っても負けても、冷静沈着に振り返る。そんな姿勢をスポーツでもビジネスでも、心がけていきたいものです。

※1：P.77 参照。

MEMO

060／365

Life

勝負の場に立つ前にメンタルを鍛えよう

スポーツでもビジネスでも、メンタルを鍛えることは欠かせない。なぜなら試合や取引の現場では、さまざまな形で動揺を誘う出来事が起きるからである。

スポーツの世界でもビジネスの世界でも、最後に勝つのはメンタルの強い人です。たとえば、スポーツの世界における相手側サポーターの応援は大変なプレッシャーをこちらに与えてきます。[※1] **国際試合で海外に行ったときなどは特にメンタルを強くしておかないと、戦う前から負けてしまうのです。**ビジネスで言えば、**取引先やお客様の反応にいちいちビクビクしていては、それこそ仕事にならないわけです。**私が卓球日本代表チームの監督をしていたとき、選手のメンタルを鍛えるために、練習中の体育館にロックからのんびりした曲までさまざまなジャンルの音楽をもの凄い大音響で流し、なるべく気が散るような環境をつくったことがあります。これはヨーロッパなどでは試合の最中、観客が足をどんどん踏み鳴らしますし、相手チームの選手たちも隣の台で試合をしていたら、味方を応援するために口笛を鳴らしたり、卓球台をバンバン叩いたりするので、どんな音がしようと揺るがないメンタルを鍛えることを目指したのです。他にも、海外で行われる卓球の国際試合では想像もできないようなことがたびたび起きました。アイススケート場の氷に板をひいただけの底冷えする体育館で試合をしたこともありますし、インドで行われた世界選手権大会では、私たちが到着したときにまだ会場が完成していませんでした。なんとか大会開催日に工事は完了したのですが、スコールで雨漏りしたために、1時間半も試合が中断したことがありました。**世界のトップになるためには、そんな何が起きるか分からない状況でもメンタルを動揺させず、集中できなければならない**のです。

MEMO

※1：応援団のプレッシャーが選手に及ぼす影響は、たとえばサッカーのリーグ戦におけるホーム試合とアウェー試合の勝率の統計に現れている（どんなチームであっても、有意にホーム試合の勝率は高くなる）。

061/365

Life

日頃から物事のいい面に着目する

強いメンタルを持つために、日頃から物事のいい面に着目するクセをつけよう。そうすれば失敗が怖くなくなり、行動にブレーキがかからなくなる。

スポーツやビジネス、日常生活においてメンタルを鍛えるとてもいい方法は、どんな状況でも物事のいい面に注目するという思考習慣を身につけることです。そう指摘したのは、1970年代から科学的なメンタルトレーニングの研究をされ、『強運の法則（日本経営合理化協会）』という著書がある西田文郎《ふみお》※1さんでした。

西田さんによると**多くの人たちはあまりにも失敗した経験を頭の中に刷り込みすぎて、行動する前から無理だと決めつけてしまっている。**その一方で、エジソンやアインシュタインなど**偉大な成功を遂げた人たちは、失敗を単なる失敗と捉えるのではなく、成功するために必要なステップだと考える（＝「失敗」のいい面に着目する）思考の習慣があった**と指摘しています。

西田さんは、**この思考習慣を「ウラ目の法則」**と呼んでいます。これは何かに真剣に取り組むと、必ず何度かはウラ目が出る（＝失敗する）ものですが、**成功する人は「ウラ目に真理がある」と考え、諦めないでコツコツ努力する**から最終的に成功できるという法則です。つまり、**「ウラ目（＝失敗）にこそ、成功に向かう大きなヒントがある」**という発想でしょう。

人間は、誰でもイメージ力という素晴らしい力を持っています。これは**「この失敗の良かった面はなんだろうか？」と想像する力**です。ぜひ皆さんも、この強い力を活用してメンタルを鍛え、自分自身を成功人間に育てていってください。

※1：西田氏は旧ソ連や東欧諸国がオリンピックなどの大舞台でメダリストを続出させ、それがメンタルトレーニングの成果であるという研究発表を耳にしたことで、メンタルを鍛える重要性に気付いたという。

MEMO

062/365

Life

もっと出る杭になろう!

「出る杭になる」とは今の自分の実力以上に背伸びをして、成長しようとすること。それは周囲の非難を浴びるが、「出ない杭」より大きく成長できる生き方である。

私は日頃から、若い人たちに「出る杭《くい》になれ」と言っています。これは「どんどん背伸びをしなさい」ということです。

たとえば**人間関係でも、背伸びをして自分よりレベルの高い人とお付き合いをした方が成長できる**ものです。

なぜなら、自分よりレベルの高い人とお付き合いするためには勉強しなければなりません。つまり、**背伸びすることで自然と勉強し、もっとレベルの高い人とお付き合いできるように努力を積み重ねれば、本人はどんどん成長していける**のです。

「出る杭は打たれる」ということわざがあるように、人より目立てば周りから非難されることはあるかもしれません。しかし、**同時に「出過ぎた杭は打たれない」**[※1]**という言葉もある**のです。特にスポーツの世界では、チームのなかで「出る杭」として大変な努力をする選手が出てくると、他の選手も負けてたまるかと追いかけ始め、追い越す努力をするものです。結果として、「出る杭」がいるチームは相乗効果で強くなっていくため、むしろスポーツ界では「出る杭」が歓迎されるのです。

では、どうすれば「出る杭」になれるのでしょうか? そのためには、**まず自分で自分の限界をつくらない**ことが大切です。そして、**どこで背伸びするか（=意識的に成長させる部分）を決める**こと。**背伸びするところを決めたら、そこに集中して自分の可能性をどんどん磨いていく**こと。やがて、その背伸びした部分が武器となり、あなたを「出る杭」にしてくれるのです。

※1：松下電器産業（現：パナソニック）創業者・松下幸之助さんの言葉とされている。

MEMO

063/365

Business

組織は「出る杭」が多いほど強い

「出る杭」がいない組織は、変化の激しいこれからの世の中では不利になる一方である。今後はますます、全員が「出る杭」を目指す活気ある組織が強くなっていく。

日本の組織の最大の特徴は、横並び主義、集団主義[※1]だと言われています。全員で力を合わせるのが得意なのは素晴らしいことですが、ともすれば馴れ合いの集団、惰性の集団になってしまうことは否定できません。

特に**ビジネスの世界では、新しい発想と行動が不可欠です。昨日までと同じビジネスをやり続けて、永遠に儲かる商売など存在しない**からです。特に変化の激しい現代社会では、過去のやり方はどんどん通用しなくなります。社員が金太郎飴のように同じ顔をして、同じことをやる会社は生き残ることができません。

ここで社員が「出る杭」として背伸びをし、社内・社外のより優れた人たちと人間関係をつくっていくことができれば、どんどん新しい刺激・考え方に触れられることになります。その人たちが会社や業界の横並びの秩序を蹴散らして、誰も想像しなかったようなことを始めれば、会社は変化の波に乗ることができます。ですから**経営者は「出る杭」を大切にし、社員は積極的に「出る杭」を目指すべき**なのです。

反対に「出ない杭」として生きる人の周囲の人間関係はほとんど変化しないので、古い考え方に凝り固まってしまい、新しいアイデアや手法を生み出すことは難しいでしょう。まさに「出ない杭は腐ってしまう」のです。

私は**本当に優れたチームというものは、「出る杭」のような生命力あふれる個人のパワーが結集した組織だ**と考えています。チームの一人一人が、「俺がやらねば誰がやる!」という意気込みを持ってこそ、チーム全体の底力はアップします。シンプルに言って、**「出る杭」が多い組織(=会社)ほど強いのです。**

※1:特に日本の大企業は1960年代の高度成長期から長年、「新卒一括採用」「年功序列」「終身雇用」で均質な組織をつくってきた。

MEMO

064/365

Life

人生は戦いと感謝でできている

人生には、いたるところに戦いが存在する。そして、その戦いを支えてくれている人が必ずどこかにいる。私たちは、そのことに対する感謝を忘れてはならない。

私が卓球全日本チームの監督をしていたときのことです。当時の世界選手権大会は、私や選手にとって人生のすべてをかけた戦いの場でした。そのときの**我々の人生は、まさに戦いだった**わけです。

一方、全日本チームの練習や合宿では、本当は日本代表になれるような選手たちがトレーナーや練習相手としてチームを支えてくれていました。ですから私も選手たちも、**自分たちが世界で活躍できるのはそういうトレーナーや練習相手を務めてくれる人たちのおかげであると肝に銘じ、常に感謝の気持ちを忘れないよう指導してきました。**

また、私が長年指導してきた明治大学の卓球部[※1]でも、試合に出られない選手たちがレギュラー選手の練習相手となったり、水分補給の準備をしてくれます。また試合のときには、試合に出る選手たちを真剣に励まし、熱い応援をしてくれるのです。そんな試合に出ないながらも**自分たちの役割を黙々と果たしてくれる仲間に、試合に出るメンバーは本当に感謝しなければいけない**という話もよくしていました。

これはビジネスでも同じことです。ビジネスというのは、ある意味でライバル企業との競争であり、戦いです。しかし、その戦いを支えてくれる大勢の社員、スタッフの方たちがいなければ、そもそも戦うことすらできないでしょう。**多くの人の支えがあって初めて、自分は華々しい結果や成果を出せるのを常に忘れない**こと。それは人生のさまざまな戦いで勝利するために、非常に大切なことなのです。

※1：年度によって異なるが、およそ部員30名のうち試合に出られるのは5～6名。

MEMO

065/365

Life

人生は自分の意思との戦いである

人生は自分との戦い（＝理想の自分になるための努力）と周囲への感謝からできている。これらを自覚することで、私たちの未来は間違いなくいいものとなる。

「人生は戦いと感謝でできている」とは、私がつくった行動理念の一つです。ここでいう「戦い」とは他者との競争のことだけでなく、自分との戦いも含まれます。具体的に言えば自分の意思との戦い、すなわち一日も早くこうなりたいと願う自分と、なかなかそうなってくれない自分との戦いです。**人生とは、そんな理想の自分になるための努力（＝戦い）の日々からできている**と私は思います。

同時に**人生でいいことがあったとき、感謝の心がない人の成功は長続きしない**ものです。「一生懸命やったのだから、この成功は俺一人の力によるものだ」という人の周囲からは、やがて人が離れてしまうためでしょう。

だから**成功したときほど、「これは誰それのおかげだ」「みんなが一生懸命やってくれたおかげでできた」と感謝の心を持つ必要がある**と私は考えています。これを実践する方法として、私は朝起きたとき神棚に向かって手を合わせ、「イキイキワクワクありがとう。生きる希望にあふれ、夢と感動を共有し、感謝の心を忘れない。この心で今日も一日行動いたします。ご指導よろしくお願い申し上げます」[※1]と祈りを捧げています。また、眠る前も同じ言葉で祈っています。

人生は自分を成長させる戦いであると自覚し、周囲への感謝の気持ちを忘れなければ、必ず人生は開けていくと私は確信しています。実際、世の中の成功者の多くは、やはりよく勉強して、よく働き、そして感謝の気持ちが強いと思います。

MEMO

※1：この言葉は、著者が会長を務める株式会社スヴェンソンの行動理念でもある。

066/365

Business

お山の大将にならないために

年齢や立場が上がると、周囲からは厳しいことを言ってくれる人が減っていく。だからこそ、自分から積極的に慢心を戒めてくれる人を求めなければならない。

人間は年をとり、立場が上がるに従って、厳しいことを言ってくれる人が周囲からどんどん少なくなっていきます。たとえば会社員なら、5年も立てば一人前として扱われ、10年選手ともなれば、ほとんど問題を指摘してくれる人はいなくなるものです。ましてや、営業成績などでダントツの成績などを取っていると、上司ですらご機嫌をとるようなこともあるでしょう。そんな環境で調子に乗らず、常に謙虚であり続けることは至難の技です。ついつい「慢心」と「油断」が顔を出し、とんでもない失敗で身を滅ぼしてしまうというのはよくあることです。

私も長年、経営者をしてきましたから、よほど自分自身で注意しなければ、すぐ「お山の大将[※1]」になってしまいます。そうなってしまったら最後、経営者として判断を間違えることになります。経営者が「慢心」と「油断」から判断を間違えることは経営を危うくし、大勢の社員と社員の家族、取引先やお客様にまで大変な迷惑をかけることになってしまいますから、なんとしても避けなければなりません。

そこで私は常に自分よりも優れた人や自分を批判的な目で見てくれる人の近くに行くことで、**自分自身が知らずしらずのうちに陥っている「慢心」という危険な暴走のブレーキを踏んでもらう**ようにしています。**いくつになろうと、どんな立場になろうと、自分より立派な人や優れた人は世の中に存在する**ものです。そういう人に自分から積極的にアプローチすれば、自分自身の足りないところを謙虚に反省し、慢心や油断といった状態から抜け出すことができるでしょう。

※1：英語では「A cock is bold on his own dunghill.（雄鶏は自分のフンの山の上では大胆だ）」と言う。

MEMO

067/365

Life

慢心のブレーキを踏んでくれる人はいますか?

人間は気をつけていても「慢心」や「油断」をする生き物。しかし、「慢心を止めるブレーキ」は自分の心にはつけられないため自分の外に求めるしかない。

人間は年齢や立場が上がるに従って、周囲から厳しい意見を言ってくれる人は少なくなるものですから、**友人関係にしても自分をおだてる相手ばかりに囲まれているのは極めて危険**です。

私の大学卓球部時代の友人たちは、たとえば仲間が熊本の震災で被災したと聞けば、即座に義援金を集めようという話が出る気のいい連中ばかりですが、**間違ったことをしていると思ったら遠慮なく批判してくれる厳しい一面もある**のが心強いところです。

このような関係は上下関係が絡まない学生時代だからこそ築けたもので、つくづくありがたいと思っています。

ところで、徳川家康は私の好きな歴史上の人物の一人ですが、彼は三方ヶ原の戦いで武田信玄に敗北したのち、苦虫を噛み潰したような表情の肖像画[※1]を描かせ、それを眺めて自分の慢心や油断を戒めたと言われています。

さらに晩年まで**周囲に多くの武将や僧侶を招いてどんどん意見を言わせ、自分が誤っていると思ったときは素直に政策を変更した**そうです。

一方、織田信長は自分の意見に従わない明智光秀に恥をかかせ、本能寺の変で暗殺されてしまいました。また、豊臣秀吉は朝鮮征伐を止めるものがいなかったために財政難を招き、それがのちの豊臣家滅亡の遠因となっています。結局、**慢心のブレーキを踏んでくれる存在を大切にしていたかどうかが、三人の戦国武将の運命を左右した**のではないでしょうか。

MEMO

※1:「しかみ像」と呼ばれているが、このエピソードは後世の創作という説もある。

068/365

Sports

パラリンピックにおける輝く個性

東京パラリンピックに卓球で出場したイブラヒム・ハマト選手は、試合を通じて人間の無限の可能性、そして障害が輝く個性になることを教えてくれた。

東京パラリンピック・卓球男子シングルスに出場したイブラヒム・ハマト選手[※1]の試合を見たとき、私は驚きと感動に震えました。彼は10歳で両腕の肘から先を失い、13歳から卓球に取り組むようになったそうです。

足全体を大きく振り上げ、足の指でつかんだボールを投げ上げて、口にくわえたラケットでボールを相手コートに打ち込む。首と身体を左右に大きく振ってラリーを続け、ときにはサーブを変化させ、レシーブを強烈に決める。私にとって本当に驚きの連続でした。心の底から人間の持つ無限の可能性を感じさせていただいたのです。実は２０１４年の世界卓球選手権大会で、ハマト選手は日本の水谷隼選手[※2]とエキシビションマッチを行ったそうです。水谷選手も彼との試合には強い衝撃を受けたと語っていました。なぜなら、それまでに足が不自由で車いすを使ってプレイしたり、一本だけ残された腕でプレイする選手はいても、両腕が使えずラケットを口でくわえて卓球に取り組むという発想自体が考えられないことだったからです。

パラリンピックだからこそ、ハマト選手のプレイを日本人はもちろん、世界中の人が見ることができました。おそらく、日本人だけでなく世界中の人々に感動を与えたことでしょう。

障害があるから諦めるのではなく、障害があるからこそできることを工夫してベストを尽くす。そうしたときに、**その人の障害は障害ではなく、特別な個性となって光りだす**のです。**人は自分を不幸と思ったら不幸になる。幸せと思えば幸せになれる。**今回のパラリンピックでは、改めてそのことを心の底から教えていただきました。

※1：エジプト代表。リオデジャネイロ・パラリンピックから連続出場している。／※2：東京2020オリンピックにて、卓球男女混合ダブルス金メダルを獲得。

MEMO

069/365

Business

リーダーの役割はメンバーに希望や夢を与えること

リーダーにとって大切なのは自分の能力ではなく、メンバーの力を引き出すこと。松下幸之助氏はメンバーに夢や希望を与え、その力を結集して偉業を成し遂げた。

パナソニック創業者の松下幸之助さんは、私が尊敬するリーダーの一人です。身体が弱く、小学校も途中までしか通えなかった松下幸之助さんが、あれだけ努力をされ、自分で勉強しながら、世の中に貢献する事業を興して世界的な企業に育て上げたのは、本当に素晴らしいことだと思います。

松下さんは社員に与える刺激について、**常に夢、希望というものを抱かなければ、自分自身が沈滞する。従業員も同じであり、やはり希望や夢を与えなければ、道草を食うようになる**ものだと語っていました。

彼が言うように、リーダーが一人でいくら頑晴っても、[※1]社員の協力が得られなければできることはたかがしれています。だからこそ**リーダーは、メンバーが夢や目標、未来への希望といったものを持てるよう適切な刺激を与えなければならない**のです。そうすることによってメンバーのモチベーションは上がり、全員が力を合わせて大きなことを成し遂げることができるのです。

余談ですが、松下幸之助さんが晩年、「松下政経塾（未来のリーダーを育成する公益財団法人）」のような**営利目的ではない形で人材育成に取り組まれたのも、理想のリーダー像のあるべき姿**だと尊敬しています。

そのこともあって、私も「一般財団法人KODAMA国際教育財団」[※2]をつくり、ラオスでの学校の建設や世の中に貢献しながらも表に出ておられない方を讃える「未来のいしずえ賞」などをはじめました。

※1：P.53参照。／※2：2015年に1校、2021年に2校目が完成している。

MEMO

070/365

Business

リーダーこそ異分野から学ぼう

リーダーが継続してメンバーの成長を促すためには、たゆまぬ勉強が必要である。その手段として特に有効なのは、異分野から学ぶことである。

私はリーダーとして、メンバーのモチベーションを上げることは得意な方だと思いますが、それでもモチベーションを持続させることは難しいものです。なぜなら人間は常に成長するので、同じ刺激ではモチベーションを持続できないからです。

だから**リーダーは常に勉強し、メンバーに新しい刺激を与えられるように努力する必要がある**のです。特に一流の選手や優秀な社員は自分で相当な勉強をしていますから、そういう相手に旧態依然としたアドバイスをしたら、たちまち信頼を失ってしまいます。

そこで**ヒントになるのは異分野の勉強**です。私は卓球の全日本チームの監督をしていた当時、水泳や体操、バスケットボールの全日本チームの監督たちと交流し、お互いに勉強し合っていました。他にも大相撲の二子山部屋と親しくしていたので、相撲の立ち合いにおける瞬発力について学んだり、明治大学陸上競技部の監督に持久力を鍛えるためのランニングのコツについて教わることもありました。

スヴェンソンの経営においては、前職のエレベーター業界の売り切りではなく「継続したメンテナンス契約を結ぶ手法」が参考になりました。さらに**全社員でさまざまなボランティア活動**[※1]**に取り組んできたことも、スヴェンソンの仕事における接客業としてのマナーや技術、精神を向上させる**ことに役立っています。異分野からは本当に予想もしないことが学べますので、ぜひ参考にしてみてください。

MEMO

※1:主な活動は、病院や老人介護施設での「ヘアケア」や「器具の清掃」など。

Life

リーダーは日頃から後ろ姿を見せよ

リーダーが日頃から「自分の背中を見せること」と「メンバーへの気遣いを示すこと」は、いざというときにメンバーが一致団結するための下地となる。

リーダーとしてチームや組織を引っ張っていくために大切なのは、後ろ姿を見せることです。この「後ろ姿」とは、日頃からメンバーに対して想いを伝えるということです。

私は明治大学卓球部の指導者として、さまざまなキャプテンを見てきました。そのなかで**名キャプテンと言われるような学生は、いつもメンバーと「絶対に次の大会で優勝しよう」「俺はこういう風に頑晴るよ」[※1]「お前なら、絶対あいつに勝てるよ」と日常的に会話をしていた**のです。

これにはメンバーのちょっとした変化に目配りすることも含まれます。日常的に会話をすることでメンバーの不調や問題を察知し、助けの手を差し伸べることができるのです。私たち指導者もそんなキャプテンから相談を受け、助けられてきました。

これは会社であれば、**リーダーが部署のメンバーの日常的な相談に乗ってあげること**が当てはまるでしょう。仕事の悩み・家庭の悩み・身体の悩みなど、いろいろあると思いますが、そういう**相談にこちらから乗り、解決してあげることは本人のためになるだけでなく、自然といい評判が他のメンバーにも伝わる**のです。

そうすると部署全体の雰囲気がとても良くなり、「みんなでこうしよう！」というときに全員一丸となって「よし！」と力を合わせられるようになります。リーダーの仕事は自分一人で問題を解決することではありません。**日頃からの気遣いで、いざというときに備えた下地をつくっておくことが大切**なのです。

※1：P.53 参照。

MEMO

072/365

Sports

「仲がいい」と「チームワークがいい」は全然違う

仲がいいことをチームワークの良さと考えるのは間違い。チームワークがいいとは、メンバーの目的意識とそれぞれの力が噛み合っている状態を言う。

「仲がいい」と「チームワークがいい」は、まったく意味が違う言葉です。「仲がいい」というのは気の合う仲間・親しい者同士といったことを指しますが、「チームワークがいい」という場合、チームとして機能し、力を発揮する関係ができているという意味ですから、メンバー同士の気が合わなかったり、親しくないこともあり得ます。

つまり**「仲がいい」というのは友人関係において使う**ものであり、**「チームワークがいい」というのは戦う集団、たとえばスポーツチームや会社、部門などに対して使う**のです。

世界一の野球チームを決定するため、2006年から行われているWBC（ワールド・ベースボール・クラシック）において、日本は第一回大会、第二回大会と連続優勝を遂げました。その立役者とも言えるイチロー選手[※1]は、チームワークの良さというものを理解する上で重要なヒントとなる発言をしています。それは**全員が優勝できると思わなければ、優勝できない**という言葉です。

つまり、**チームワークの良さとは全員が同じ目標に向かって突き進む意思を固めていること**が重要なのです。誰か一人に頼るのではなく、それぞれがそれぞれにできる最善の取り組みをし、それらがガッチリと組み合わさること。いわば**チーム全員が「自分がこのチームを優勝させてみせる」と思っているチームこそ、最高にチームワークがいいチーム**と言えるでしょう。

MEMO

※1：日本プロ野球および米国大リーグにて、通算4367安打を記録。これは世界最高記録としてギネスブックに認定されている。

073/365

Business

どんな役割であれ、その道のプロを目指そう

「チームワークがいい」とはメンバー全員がチームに貢献している状態。そのためにメンバーは役割を果たしつつ、自分で貢献するテーマを考えねばならない。

もし、あなたが何らかの組織の一員であるなら、ぜひ**自分がどのようにチームに貢献できるか考えてみる**ことをおすすめします。ポイントは自分の頭で考え抜き、それを実行することです。また、あまりにも先のことではなく、**半年から1年先くらいのタイムスパンで考える**のがいいでしょう。具体的に貢献する内容は、次の3つのポイントを念頭に考えてみてください。

1．今、チームが求めているものは何か？

2．自分の長所や強みを活かせるものは何か？

3．自分の取り組みによって生まれる成果は何か？

また、「自分には大きな欠点があるから貢献できない」と考えている人は、自分の欠点を補ってくれる人を探してみましょう。たとえば、**プレゼンは得意でも資料づくりが苦手なら、プレゼンが苦手で資料づくりが得意な人と協力する**のです。そうすれば自分自身も成長できますし、チームに対して大きな貢献を果たすこともできます。

チームに貢献する第一歩は現在の自分に与えられた役割を誠実に、心を込めて全力で取り組むことです。その上で**自分で考えた貢献目標に一生懸命取り組めば、周囲の評価も変わってくる**ことは間違いありません。また、そのことによって新しいことに挑戦するチャンスが増え、自分でも気付かなかった才能が花開いてきます。

チームにとってメンバーは全員、大事な役割を持った、なくてはならない存在です。ですから、絶対に自分の立場を軽く考えてはいけません。どんな仕事であろうと、どんな役割であろうと、ぜひその道のプロを目指してください。

MEMO

074/365

Business

リーダーを選ぶなら、「情熱」を持つ人を選ぼう

リーダーを選ぶ際は、知識や才能より「情熱」を重視した方がいい。情熱は知識や才能など問題にならないほど、大きな力を持っているからである。

これまで私はスヴェンソンの全社員が集まるミーティング[※1]で、**リーダー（マネージャーやチーフ）を指名するときは、その人の知識や才能よりも「仕事が好きか」あるいは「仕事に対する情熱があるか」ということを優先する**ということをたびたび伝えてきました。

つまり**リーダーを選ぶ上では、知識や才能よりも「情熱」を重視する**ということです。なぜなら、情熱こそが才能を開花させる鍵であり、情熱がなければそもそも知識や才能は宝の持ち腐れだからです。

私が思うに**情熱は物事を考える力、創造する力の源**です。**情熱があるからこそ、とことんまで考え抜き、新しい製品やサービスを生み出せる**のです。また、**情熱があるからこそ、人の予想を超えるような行動力を発揮する**こともできます。これらはいずれも、ビジネスを成功させるために欠かせない要素です。

さらに**情熱は周囲に感染する**ものです。リーダーが本当に情熱(＝熱意)を持っていると、それは部下にどんどん感染し、チーム全員の能力が向上するのです。いわば**「本気のリーダー」は、メンバーの本気を呼び覚ます**と言ってもいいかもしれません。だからこそ、リーダーを選ぶときには情熱を最も重視するのです。

MEMO

※1：スヴェンソンでは年に２回、全国数千人の社員が一堂に集まる合同会議を恒例としている。

075/365

Sports

実は国内・世界で非常に人気がある卓球

東京オリンピック卓球・男女混合ダブルスの金メダルには、まさに日本中が熱狂した。実は国内・世界のさまざまなランキングで見ても、卓球人気は意外なほど高い。

今回のオリンピックで新設された卓球の混合ダブルスにおいて、水谷隼・伊藤美誠選手は、どんな状況になっても「絶対に諦めない執念」で、日本卓球界悲願の金メダルを獲得してくれました。準々決勝のドイツ戦、決勝の中国戦、どちらも手に汗を握るような大逆転の試合で、テレビに釘付けになった方も多かったのではないでしょうか?

また、旧知の石川佳純選手が日本代表選手団の副主将を務め、開会式で卓球選手としては初の選手宣誓を行いました。その宣誓は実に堂々たるもので、立派に「日本の顔」の役割を果たしてくれたと思います。さらに女子卓球団体の試合でも、素晴らしいプレイで日本代表チームを引っ張ってくれました。[※1]

このように大活躍した卓球日本代表ですが、競技を視聴したかどうかという「観戦率」の調査で全競技の選手別観戦率の1位〜4位までを、伊藤美誠選手、水谷隼選手、石川佳純選手、平野美宇選手と卓球選手が占めています。

他にも、朝日新聞社による世論調査によると、東京五輪で最も印象に残った競技は卓球という回答が17%を占め、全競技のトップとなりました(2位は柔道、3位が野球、その後にソフトボールと陸上が続く)。

以上の結果から、実は日本における卓球の人気はかなり高いことが伺えます。また、世界的な人気や普及度のバロメーターと言える各種スポーツの国際連盟の数も、実は卓球協会は世界226もの国や団体に存在し、2位のバレーボール、3位の陸上を引き離して第1位となっています。

※1：銀メダルが確定した直後、「あのような卓球ができれば、まだまだ日本のエースとしてやれるのではないかと心から思った」とLINEで激励させていただいた。

MEMO

076/365

Business

「情熱」は意外なところで生まれる

情熱は大切なものだが、誰もが最初から持っているわけではない。人との出会いや行動によって生まれ、少しずつ大きくなっていくこともある。

情熱は大切な能力ですが、最初から誰もが持っているわけではありません。たとえば私も、最初からスヴェンソンのウィッグ事業に情熱を持っていたわけではないのです。

50歳で新しい事業を起こそうとしていた1980年代当時、私はブームの兆しが見えていたファミリーレストランのような外食産業、家づくりにかかわる住宅産業、コンピュータに関連した事業のどれかにしようと考えていました。正直に言えば、**ウィッグ事業はまったく意識になかった**のです。

親しくしていた在日ドイツ商工会議所副会頭のドクター・ファウベルからスヴェンソン・ドイツのメリンガー社長を紹介され、彼が一生懸命、「当社のウィッグは蒸れないし、どんな動きをしても外れない。つけたまま泳いだり、髪を洗うこともできる」と私に説明してくれたときも、そんなの眉唾だろうと話半分に聞いていたくらいです。

しかし、あまりにもメリンガー氏が熱心だったので、私は念のため調査会社を雇い、**半年間の市場調査をしたのです。結果は驚くべきもの**でした。

まず、市場規模はウイッグ事業だけで年間2400億円、さらに髪の悩みという点で共通する「育毛剤のマーケット」を合わせると2800億円にものぼりました。

なんとそれまで私が取り組み、日立・三菱・東芝といった名だたる大企業が参入していたエレベーター事業の年間3000億円の市場規模に匹敵していたのです。これほど大きいにもかかわらず、ほとんど知られていないマーケットがあることに衝撃を受けました。こうして、私の心に小さな情熱の炎がつき始めたのです。

MEMO

077/365

Business

「情熱」は行動した者の胸にいつしか宿るもの

情熱はいつ、どのような形でもたらされるか分からない。それでも自分からさまざまな行動をすることで、いつの間にか胸に宿るものである。

ウィッグ事業の市場調査からは、国内でウィッグを利用されている方たちが、当時の日本で扱われていたウィッグにあまり満足されていない、ということも分かりました。**これはなんとかしなければならない……という「使命感」が少しずつ私のなかに湧き上がってきた**のです。

私はスヴェンソンの本拠地であるドイツに飛び、ウィッグ工場やウイッグのメンテナンスを行うサロンを見学し、利用されているお客様とも対話しました。その結果、**まさにメリンガー社長が言っていた通りの画期的な技術であることが分かった**のです。

また、スヴェンソンのシステムがお客様に1カ月に一度サロンに通っていただき、ウィッグのメンテナンスを行うという点にも魅力を感じました。それまで私がやっていたエレベーター事業も、毎月1回の点検で5～10万円という定期的な収入があるビジネスモデルのため、非常に安定していました。それと同じシステムですから、これは**非常に有望なビジネスだと感じた**わけです。スヴェンソンのウィッグを一刻も早く日本の方々にお伝えしなければという使命感はさらに大きくなり、帰国してすぐにメリンガー氏と契約を結びました。**こうしてスヴェンソンの事業は、私の「情熱」となった**のです。**情熱は、さまざまなきっかけでもたらされる**ものです。反対に**何もしなければ情熱を持つことはできない**ということです。だから、とにかく動いてみる。人の話を聞いてみる。手当たり次第に本を読んだり、少しでも多くの人に出会ったり、セミナーに参加して情報を得るなどする。そんなふうに**積極的に動くことで、いつの間にか情熱は胸に宿るもの**だと思います。

MEMO

078/365

Sports

「勝ちたい」では負ける。「勝つ」と信じる

「勝ちたい」「いい勝負がしたい」という人と「自分が勝つ」と断言する人の意識の差は大きい。その意識の差は集中力や勝利への執念の差となり、勝敗を左右する。

「勝ちたい」とは「そうなればいいな」という期待や願望です。一方、「勝つ」とは「そうなるのが当然だ」という自信と自分の退路を断つ覚悟ですから、**それぞれの言葉を使う選手の間には大きな意識の差がある**のです。当然、集中力や勝利への執念も段違いであり、それが勝敗を分けるのです。

たとえば、テニスの錦織圭《にしこりけい》選手は、※1 2011年にある大会の決勝でロジャー・フェデラー選手と対戦し、負けてしまいました。のちに錦織選手のコーチになったマイケル・チャン氏は、錦織選手がこの試合の前のインタビューで、フェデラーと決勝で対戦するなんてワクワクする、彼は偉大な選手で昔からあこがれの選手なのです、などと語ったことについて厳しい指摘をしています。あこがれのフェデラー選手との決勝に進んだことで、錦織選手にある程度満足感が生まれてしまったこと、コートの外で誰を尊敬しようと構わないが、**一度コートに入ったら相手が誰だろうと勝つことだけを考えるべき**、といった内容でした。

一方、同じテニスの大坂なおみ選手は2018年の全米オープンで元世界ランキング1位のセリーナ・ウィリアムズに勝利していますが、そのときの記者会見で**コートに入った瞬間、私はセリーナファンではなく、ただのテニス選手となる**と語っていました。彼女の言葉はあこがれと勝負は別であり、自分は勝利するために全身全霊をかけるという覚悟を示すものだと思います。大坂なおみ選手がグランドスラムを制したのも、当然と言えるでしょう。

MEMO

※1：テニス世界ランキング自己最高位は男子シングルス4位。日本男子史上初の世界ランキングトップ10入りを果たしている。

079/365

Business

決意は目と口元にあらわれる

「○○したい」は願望であり、「○○する」は決意である。決意を固めた人の集中力・発想力・行動力は、願望を抱いているだけの人をはるかに上回る。

「勝ちたい」と「勝つ」という言葉の差がスポーツに及ぼす影響を、ビジネスの現場に置き換えてみましょう。たとえば「売上目標を達成したい」「売上目標を達成するために努力します」と言う社員と「売上目標を達成する」と言い切った社員では、どちらが実際に目標を達成できるでしょうか？　当然、後者です。

「達成する」と言葉にした瞬間、その人の心の中ではいかなる困難でも受け入れる覚悟が固まります。そのような決意をする上で、現在の自分がどのような状況・状態であるかは関係ありません。**目標を定め、そのために必要なことをすべてやると決意して言葉を発した瞬間、すべての物事は実現に向けて動き出す**のです。

「売上目標を達成する」と言い切れば、もう心が揺れることはなくなります。一度決めたことに向かってひたすら努力し、さまざまな工夫をするだけだからです。そのときの**集中力・発想力・行動力は「売上目標を達成するために努力します」という人よりはるかに高まる**でしょう。そこから始まる日々は、たとえ目標が達成できなかったとしても自分を大きく成長させてくれます。

ちなみに**「目標を達成する」と断言し、決意を固めればそれは顔にあらわれる**[※1]ものです。ぜひ本当に望むことを実現させると決意し、自分の顔がどのように変わるか楽しみにしていてください。

MEMO

※1：具体的には目と口元にあらわれる。決意を固めた人の目は力強く輝き、口元はしっかりと結ばれる。

080/365

Life

自分を勇気付ける名人になろう

普段は意識しにくいが、人間は自分自身にいろいろなことを語りかけている（セルフトーク）。これを意識的にプラスの内容にすることで、人生全般にいい影響がある。

人間には口に出してはいないものの、心の中で自分に言い聞かせている言葉があるものです。調子のいいときや逆になにか物事がうまくいかないときなどに、よく自分自身を観察してみると、何かしら心のなかでつぶやいていることがあります。

このような**自分自身に語りかける行為（セルフトーク）は、自己暗示になっているもの**です。たとえば**「今日は調子がいいぞ」という独り言は、自分をその気にさせる効果がある**わけです。反対にそれを**意識的に活用していない人は、マイナスの暗示をかけている**ことがよくあります。

ちょっと失敗したり、調子が悪いときなどに「調子が悪い」「だから俺はダメだ」「前にも同じ失敗をした」「やはり自分は意志が弱い」などと、心の中で自動的にマイナスの言葉が流れ出してしまうのです。このような**マイナスのセルフトークは、語るのも自分、聞かされるのも自分のため、他人に言われる2倍のダメージを受けてしまう**のです。

ですから、**調子のいいときだけでなく、調子が悪いときや失敗したときにも、自分を励ますプラスのセルフトークを意識する**ことが大切です。「まだまだいける！」「まだまだプラスの力が残っている」「こんなことでは負けないぞ」などプラスのセルフトークを使いこなせるようになれば、土壇場に強い人間になれるのです。

人生で成功している人はプラスのセルフトークを使って自分を勇気付ける名人です。自分の言葉とイメージで行動を促し、夢の実現や成功へ自分を導いているとも言えるでしょう。

MEMO

081/365

Life

メンタルの強さは生まれつきではない

メンタルの強さは生まれつきのものではない。自主性・自発性、感情のコントロール、強い責任感から構成されており、これらを鍛えれば身につけられる。

人生で成功するためには精神力の強さ（＝メンタル・タフネス）が必要です。このメンタル・タフネスは素質や才能ではなく、練習によって身につけることができる技術です。強靭なメンタル・タフネスを得るためには、次の3つを意識して訓練する必要があります。

1. 自主性・自発性
2. 感情のコントロール
3. 強い責任感

①自主性・自発性を身につけるためには、普段から「自分で決めること」を意識しましょう。さまざまな小さな**決断（ランチのメニューを決める）なども周りに同調するのではなく、自分の意思で決めるようにする**のです。

②感情のコントロールについては、感情を感じている自分を外から観察する意識を持ってみてください。**「どうしてこの人（＝自分）は怒っているのだろうか？」と分析してみる**のです。

③強い責任感を持つためには、**「小さな約束をきちんと守ること」を意識することが大切**です。たとえば約束の時間に正確に到着することなども、責任感に大きな影響を与えます。

スポーツの世界でもビジネス・投資の世界でも、トップになる人のほとんどは、「最大の敵は自分である」と口を揃えて言います。つまり**自分自身を制してこそ、人生のさまざまな勝負に立ち向かうことができる**のです。

MEMO

082/365

Life

叩かない門は開かない

落語家の三遊亭小遊三師匠は、何度断られても落語の師匠に弟子入りを頼み続けた。人生はすべて「門を叩く」ことから始まり、そこで諦めては何も始まらない。

落語家の三遊亭小遊三師匠[※1]は、実は明治大学卓球部の出身です。彼は大学生のときに偶然聞いた落語のとりこになり、どうしても落語家になりたいと決心して、三遊亭遊三師匠の門を叩きました。大学生が落語家になれるもんかといわれ、何度も門前払いを食わされたそうですが、彼は諦めずに通い続けました。あまりにしつこいので、ついに遊三師匠が一度、血のつながりのある者を連れて来いと言うと、小遊三師匠は姉を連れて行きました。今度は大学の卒業証を持ってこいと師匠。一年もすれば熱も冷めるだろうと思っていたら本当に持ってきた。そこで小遊三師匠はようやく弟子入りを許されたといいます。前座時代は毎日板の間で座布団なしで正座の訓練をし、廊下の雑巾掛けから子どもの子守りやオムツの交換、師匠の身の回りの世話などの雑用に追われ、私が久し振りに会ったときには、彼の手はひび割れ・あかぎれ・しもやけでひどい状態でした。「天野（小遊三師匠の本名）も本当に苦労しているな」と当時の私は思いましたが、小遊三師匠は、やらされているという意識は全然なかったので、つらいと思ったことはなかったと、のちに振り返っています。

もし、何度も閉められた遊三師匠の門を叩くのを諦めていたら、今の小遊三師匠はなかったでしょう。**求めないものには、何も与えられることはなく、門を叩かない者は開けてもらえないのです。**人生にはいろいろな扉がありますが、「扉を開く」ことは「門を叩く」ことから始まります。だからこそ、**誰かに背中を押してもらうのを待つのではなく、閉まっている扉をこじ開けるくらいの積極的な気持ちを持つ**ことが大切なのです。

※1：1966年より、毎週日曜午後5時30分から放送されている人気テレビ番組「笑点」（日本テレビ系）に出演中。

MEMO

083/365

Business

これからの時代は「先見力」を備えよう

これからのますます変化が激しくなる時代には「先見力」、すなわち予測する力＋変化の兆候に気付く力＋変化に素早く対応する力が重要になる。

新型コロナによって引き起こされた状況には、やはり**未来を予見することは難しい**と改めて痛感させられました。

私が考える**「先見力（＝将来に備える力）」**には**二つのポイント**があります。一つ目のポイントは、**ライバルよりも高い位置から状況を大きく俯《ふ》瞰《かん》することで全体の大きな流れをつかみ、「将来を予測する」こと**です。たとえば、私たちが地面から見える範囲はごく限られた狭い範囲ですが、人工衛星から地上を見れば、地球上をくまなく見ることが可能です。見える範囲が広くなれば、それだけ全体の動きもよく分かり、将来予測も立てやすくなります。

二つ目のポイントは、「状況が変化する兆候をいち早くキャッチして対応する力」を磨くということです。状況が変化する兆候に気付くためには、物事を観察する目を鍛える必要があります。たとえば私は、社員に業務日報を書かせるようにしています。**その日に起きたことや自分が感じたことを書くことによって感性が高まり、変化の兆候に対する観察力が養われる**からです。

さらに、**変化に素早く対応していけるように準備しておく**ことも大切です。個人であれば職場や仕事を変更できるように勉強しておくことかもしれません。企業や組織であれば体制の変更やリモートワーク、オフィスのダウンサイジングなどを柔軟に行えるようにしておくことなどでしょう。

「先見力」とは先を見通す予測力だけでなく、変化に気付く観察力や変化への対応力も含めた総合的なものです。どんどん変化のスピードが早まるこれからの時代に、もっとも求められる力の一つだと思います。

MEMO

084/365

Sports

「必勝」と「不敗」はどちらが優れているか？

攻撃を重視する「必勝」と守備を重視する「不敗」に優劣はない。スポーツやビジネス、人間関係で成功するには常に攻撃と守備のバランスを取らねばならない。

卓球にはさまざまな戦型（＝いわゆるプレイスタイル）[※1]というものがあります。この戦型には攻撃重視のものと守備重視のものがあり、選手は自分の素質や性格を考慮して選択し、その戦型特有の技術を身につけていきます。たとえば、**せっかちな性格ならば攻撃的な戦型が向いていますし、粘り強い性格ならば守備的な戦型が向いている**ということです。

攻撃重視の戦型は「先手必勝」「攻撃は最大の防御」という発想です。**ひたすら勝利を目指す「必勝」の戦い方**と言えるでしょう。一方、**守備重視の戦型は「守りながらチャンスが来たら反撃する」「相手がミスをするまで耐える」という発想**です。こちらは**絶対に負けない「不敗」を目指す戦い方**と言えるでしょう。

現在の卓球界では攻撃重視の戦型を使う選手が上位を占めていますが、それでも「攻撃だけで勝てる」という甘い世界ではありません。**攻めることも守ることもできなければ、試合で勝つことはできないのです。これを私は「必勝と不敗のバランスを取る」と表現しています。**

ビジネスや人間関係の世界でも同じです。こちらの要求ばかりを押し付けたり、相手の言い分を受け入れるばかりでは決してうまくいきません。ビジネスならば相手の事情も考慮する。人間関係ならば主張すべきところは主張する。このように**攻めと守り、必勝と不敗のバランスを意識することでいい仕事をし、いい人間関係を築くことができる**のです。

※1:戦型の違いにより、使用するラケットやラケットの握り方、優先して身につける技術、試合運びもすべて異なる。

MEMO

085/365

Business

「雑用」にするか、「仕事」にするか

物事に取り組む際には、目的を考えることが大切。この目的意識がはっきりしているかどうかで、自分のすることが「雑用」になるか、「仕事」になるかが決まる。

会社の仕事が「雑用」ばかりでつまらないという人は、自分の仕事への取り組み姿勢を見直した方がいいでしょう。なぜなら、**会社での用事を雑用にするか仕事にするかは自分次第**だからです。

たとえば、お客様に**お茶を出すことを「湯呑みにお茶を注いで運ぶこと」と考えれば雑用**です。しかし、**「お客様にリラックスしていただき、商談をスムーズに進めるための営業活動」と考えれば立派な仕事**になります。

このようにお茶を出すことを考えることができる人は、当然**お湯の温度や茶葉の量、お茶を出すタイミングなどにも気を配る**ことができるでしょう。

このような人は必ず社内で評価されるようになりますし、実際に仕事もできる人です。**物事に取り組む際は「目的を考える」ことが、あらゆる用事を雑用ではなく仕事にする第一歩**なのです。

さらに、物事を雑用にするか、仕事にするかを分けるのは、**相手に喜んでいただけることに自分が喜べるか、どうせ提供するなら、ベストなものを提供したいと考えられるか、イヤイヤ取り組むことは、自分にとっても相手にとってもマイナスになると理解できるか**ということです。

これらはあらゆることに当てはまります。言い換えれば、**物事にどのように取り組むかで、私たちは生き方そのものを問われている**と言ってもいいかもしれません。「誰かを喜ばせたい」「ベストなものを提供したい」「イヤイヤ取り組むのではなく、イキイキ・ワクワクした気持ちで取り組もう」、そう考えることが幸せな人生につながることは、自明であると思います。

MEMO

086/365

Life

成長は真似ることから始めよう

自己流にこだわっていると、いつまでもたいした成長を遂げることができない。いいと思ったことはどんどん真似、その上で自分なりの工夫を重ねていこう。

世界中で使われている慣用句に、「車輪の再発明」[※1]というものがあります。これはすでに世の中で確立されている技術（たとえば運搬に役立つ「車輪」）を使わずに、イチから生み出そうとすることを言います。似たような話に、ある貧しい少年が数学の才能があったものの教育を受けられず、独学で勉強を続けた結果、大人になってから「どんな二次方程式でも解ける方法を見つけた！」といって自慢したのが、中学生なら誰でも知っている「解の公式」だったというものもあります。

このようなことにならないよう、**初心者のうちは優れた人から学び、どんどん真似をするべき**です。スポーツでも最初はうまい人の真似をすることで強くなれますし、仕事でも仕事ができる人の真似をすることで、自分も仕事ができるようになるからです。あえて自己流にこだわって、回り道をする必要はありません。

芸能の世界に「守破離」という言葉がありますが、これも**師匠を真似るうちにその意味が理解できるようになり、やがて自分自身の工夫で成長し、自分の流派をつくることもできるようになる**、ということです。

家庭用プリンターは本体価格を抑え、消耗品であるインクカートリッジで利益を出していると言われています。最近では、小型のカプセルをセットするコーヒーメーカーが人気ですが、これも本体の価格を抑え、カプセルで利益を出しているものでしょう。

これらはもともと、替刃式カミソリのビジネスモデルを参考にしているそうです。

真似る対象は同じ業界だけに限りません。いいと思ったことは、どんどん取り入れていきましょう。

MEMO

※1：先人の知恵をきちんと学び、その上に自分なりの工夫や研究を積み重ねるべきという意味。「巨人の肩の上に立つ」という言葉もある。

087/365

Sports

自分の外側にも「目」を持とう

スポーツでもビジネスでも、不調の原因や問題解決の糸口を自分では見つけられないことがよくある。そういうときは、冷静な第三者の助言を求めよう。

スポーツの世界でもビジネスの世界でも、何らかの理由で不調に陥ることがあります。たとえば卓球では、選手それぞれに最もいいプレイができる卓球台からの距離があるのですが、**不調のときは知らず知らずのうちにその距離よりも下がってプレイしていたりする**のです。そうすると、積極的な攻撃が持ち味の選手がうまく攻撃できなくなるといったことになります。

これは外から見ている監督やコーチにはすぐ分かることなのですが、選手本人はなかなか気付くことができません。私が卓球の日本代表チームで監督をしていた頃など、優秀な選手ほどそのことを分かっており、「自分がベストな位置からずれてプレイしていたら注意してください」と言ってきたものです。

これと似たエピソードは、ゴルフの松山英樹選手の例があります。彼は長年コーチをつけていませんでしたが、2020年末から目澤秀憲《めざわひでのり》氏※1にコーチを依頼しています。目澤氏はさまざまな測定機器を使った客観的なコーチングに定評があり、それが松山選手のマスターズ優勝に大きく貢献したと言われています。

自分だけで悩んでいると、解決策があっても気付けないことはよくあります。問題の**当事者として問題に深くかかわっていればいるほど、冷静に物事を見ることができなくなっている**のです。そんなときは自分自身で客観的な視点に立とうとすることも有用ですが、やはり**冷静な第三者に協力を仰ぐのが早道**でしょう。素直にそういう存在に頼るのも、よりいい人生を生きる知恵なのです。

MEMO

※1：これまでに河本結選手、有村智恵選手、永峰咲希選手といった女子プロゴルファーをツアー優勝に導いている。

088/365

Life

「他責」の生き方で、人生が好転することはない

新型コロナのような問題が起きたとき、自分以外に責任を押しつける「他責」の考え方で事態は好転しない。問題解決は「他責」の道ではなく、「自責」の道にある。

新型コロナという想像もしなかった事象により、多くの業種が大変な不況に陥っています。産業というものは相互に関連していますから、**今後さらに多くの業種に不況の波が押し寄せてくる可能性**もあります。

この状況に対して新型コロナが悪い、政府の対応が悪い、会社が悪いと**自分以外のものに責任を押し付ける「他責」の考え方になっているとしたら、将来はさらに暗いものになってしまう**でしょう。他責の考え方は自分を無力な被害者の位置に置くもので、その状態では事態を好転させられないからです。

そもそも他責とは自分の責任を放棄するものですが、**私たちには家族がいれば家族に対する責任が、仕事をする者として取引先やお客様への責任がある**はずです。それらの責任を放棄して、「新型コロナが」「政府が」「会社が」と言っても始まりません。

新型コロナによってもたらされた**未曽有の不況を乗り越えるには、まず他責の考え方を捨てることです。「すべての責任は自分が背負っている」と自覚する**ことで、今の自分に何ができるのかを考え始めることができます。そうなればしめたもので、**他責のときの自分がウソのように頭の回転も良くなり、気力も湧いてくる**のです。

MEMO

089/365

Life

ピンチのときほど、「ありがとう」と言う

ピンチを迎えたときは、ピンチに対して「ありがとう」という感謝の気持ちを口にするといい。そうすることで、ピンチはチャンスに変わる。

人生において、ピンチは誰にでも訪れます。しかし、それらの**ピンチを迎えたときに、「なんで私ばかりがこんな目に」と考えるか、「これはチャンスだ！」と考えられるかで人生は大きく変わる**ものです。

玩具コレクターとして有名な北原照久氏[※1]は、**失敗したり困ったときほど「ありがとう」を言うようにしているそうです**。そうすると、その状況がいい方に変わっていくといいます。

私も起床時と就寝前に「ありがとう」という言葉の入ったスヴェンソンの社訓を唱え、いつも感謝の気持ちを忘れないようにしています。**そのおかげで人生の数えきれないほどのピンチをなんとか乗り越えられた**と思います。

ピンチに際して「ありがとう」という感謝の気持ちを持つと事態が好転する理由は、心にゆとりが生まれるからでしょう。ピンチになったときは誰でも焦り、本来の自分を見失ってしまうものです。しかし、そこに**「ありがとう」という感謝の気持ちを挟み込むことで、事態を冷静に捉え直すことができる**のです。

ピンチに対して「ありがとう」と言えば、もうそれはピンチではなく、自分や会社を成長させてくれる貴重なチャンスに見えてきます。日頃からさまざまな物事に感謝する習慣をつけ、ここぞというときには感謝の力でピンチをチャンスに変えていきましょう。

MEMO

※1：世界的なティントイ（ブリキのおもちゃ）・コレクターとして知られる。ブリキのおもちゃ博物館館長。

090/365

Business

人生に無駄なことは起きない

人生ではさまざまな挫折や失敗、回り道を経験することがある。しかし、それらはすべて私たちを成長させてくれるものであり、決して無駄になることはない。

人生ではいろいろなことが起きます。すべてが順風満帆に進むことはなく、さまざまな挫折や失敗があります。**不本意な回り道をせざるをえないこと、悔し涙を流すこともある**でしょう。

しかし、それらはすべて私たちの血肉となってくれます。**どんなスポーツの名選手や偉大な研究者、大企業の経営者であってもたくさんの敗北や失敗、倒産の危機を経験している**ものです。

私の場合で言えばスヴェンソンを創業してまもない時期のカーリン社買収は、倒産しかねないチャレンジでした。あの頃は毎晩、ほとんど眠れなかったものです。

それでも、**倒産の危機を経験することは経営における攻めと守りのバランス感覚を身につけることに役立ち、金融機関との付き合い方を学ぶいい機会**になりました。

それらはのちにスヴェンソンが長期にわたって増収・増益という安定成長を遂げる下地になったと思います。まさに無駄な経験ではなかったと言えるでしょう。

2000年に電気を通すプラスチックの開発でノーベル化学賞を受賞した白川英樹教授も、**ある実験で試薬を予定の1000倍も入れてしまった失敗**[※1]**がノーベル賞につながった**そうです。人生で起きることに無駄なことは何一つないのです。

MEMO

※1：白川教授は、指導していた学生が実験で失敗したときにできた物質に興味を持ち、その物質の正体や実験が失敗した理由を調査した。

99％の失敗は1％の成功で取り返せる

本当に高い目標を持っている人間の挑戦は、99％が失敗の連続である。しかし、諦めずに1％の成功までたどり着くことができれば、すべてが報われるほどの見返りがある。

ユニクロの柳井正《ただし》社長に『一勝九敗』という著書があります。最近の対談などでも、柳井社長は自身の**経営者人生を失敗が9割、成功が1割と評価**しています。私のスポーツの世界における感覚では、**「人間は99％の失敗を繰り返し、ようやく1％の成功にたどり着く」**というのが正直な印象です。

ただ、9割または99％失敗するということを悲観する必要はありません。**本当に高い目標を掲げているからこそ、それほどの失敗を繰り返す**のです。もっと低いハードルであれば、8割から9割成功することもできます。しかし、それで得られる結果はたかが知れたものです。むしろ**99％失敗する人は、それだけ高い目標を目指していることを誇りに思って良い**でしょう。

発明王と呼ばれる**トーマス・アルバ・エジソンは電球のフィラメントに適した素材を探し求め、6000種類**※1**もの素材で実験を繰り返した**と言われています。最終的に日本の京都で見つかった竹が最適だったのですが、それまでには「木綿の糸」や「人間のヒゲ（！）」まで試してみたそうです。

それこそ彼は99％を超える失敗を繰り返したわけですが、最終的に京都の竹を利用した電球は何百万個も生産され、世界中に販売されました。その売上が世界最大の電機メーカーGE（ゼネラル・エレクトリック社）の基礎となったのです。まさに1％の成功で99％の失敗は取り返せる好例ではないでしょうか。**何度失敗しようとも、諦めなければ最後に勝利が待っている**のです。

※1：実験に使われた素材は「1万種類以上」という説もある。

MEMO

何はともあれ、身体を鍛えておこう

健康な身体がなければ、どんなに優れた能力も発揮できない。そのために普段から体調管理に気を配り、適度な運動を習慣にしておこう。

どんな理屈をこねようとも、最終的に身体が動かなければどうにもなりません。スポーツの世界で**テクニックは一流でも、スタミナがなければ試合の後半に息切れして負けてしま**うのと同じことです。

仕事上で**どんなに素晴らしい提案や資料をつくることができても、いざそれをお客様にお伝えする日に風邪をひくようでは社会人として失格**です(もちろん風邪をひいてしまったら、大人しく家で寝ていましょう)。**日頃から体調を管理し、風邪をひかない免疫力をつけておくことも仕事のうちなのです。**

少々のことで**へこたれない身体をつくるためには、食事・睡眠・運動の3つが大切**です。栄養バランスの取れた食事を適量とること。毎日しっかりと睡眠をとること。特に気をつけてほしいのが、適度な運動をすることです。

最近はエレベーターやエスカレーターだけでなく、あちこちに動く歩道まで整備されています。タクシーも初乗り料金が安くなり、気軽に使えるようになりました。しかし、**便利な移動手段に頼り切っているとどんどん身体は鈍り、やがて肥満や身体の不調を引き起こす**のです。

私は**20年以上にわたって、会社のビルではエレベーターを使わず階段を使う**ようにしていました。現在も3階までの昇りと5階からの降りは、階段を使うようにしています。太もも[※1]は人間の筋肉でも一番大きなものなので、かなりの効果があったように思います。ぜひ皆さんも、身近なところから身体を動かす習慣を取り入れてみてください。

※1：人体で最大の筋肉は、太ももの前面にある「大腿四頭筋」。

MEMO

093/365

Life

間違いなく、「努力」は才能に勝る

才能のない人でも、集中して努力すれば才能のある人に勝つことができる。それはスポーツでもビジネスでも通用する世の中の原理・原則である。

「努力は才能に勝る」ということを、私はさまざまな機会に伝えてきました。というのも、**卓球の指導者として何千人もの選手を育ててきましたが、何の才能もない選手が素晴らしい才能を持つ選手に勝利するのを、何度も目の当たりにした**からです。

卓球では動体視力がいい、反射神経がいい、体力がある、瞬発力がある、度胸がある、身体が柔らかい、頭がいいといったものが有利な才能になります。しかし、これらがどれも人並みなのに、全日本卓球選手権大会で優勝した選手が私の教え子に二人います。

才能に勝るための努力とは、具体的に言えば「300日×7時間×3年＝6300時間」の努力です。人間が本当に集中して努力できる時間は、それほど長くはありません。食事や睡眠、休憩などの時間を除けば7時間くらいでしょうし、国際試合の前後には移動日もあります。しかし、それくらい**集中した努力を3年間、毎日続けることができればたいていのことが可能**になります。

「才能がない自分には無理」「才能のある奴には敵わない」といった言葉で諦める前に、「300日×7時間×3年」の努力に取り組んでみましょう。やれるだけのことをやらずに諦めてしまうのは、あまりにもったいないことです。皆さんの**人生はこれから3年間、本気で集中して努力するか否かにかかっている**のです。

MEMO

094/365

Business

朝礼暮改を恐れず、間違いはすぐに改めよう

どこの世界でも朝礼暮改は不評だが、極めて流動的な状況に対応するためには仕方のない面もある。間違いは素早く改めることで、損害を最小限にできる。

朝に発表された法律が、夕方には変更されてしまう……中国の古い故事から生まれた「朝礼暮改」という言葉は、一般的には良くない物であるとされています。しかし、私は会社の経営者として、朝礼暮改どころか、「朝礼昼改」をしたことがあります。

と言うのも、誰も経験したことがないような事態では刻一刻と状況が変化し、新しい情報が飛び込んできます。それこそ**朝の情報に基づいて判断した内容に別の角度の問題が見つかり、とにかく一刻も早くその内容にストップをかけなければならないこともある**のです。

ビジネスでは、そんな状況が数多く存在します。この方法で**いいと思われた戦略も、世間の動きによっては、ただちに変更しなければならない**ことはよくあります。むしろ「いったん決めたことだから」「ここで変更したら、今までのみんなの努力が無駄になる」などと判断をためらえば、より深刻な事態を引き起こしかねません。

たとえば**山道で迷ったらもとの場所まで戻るのが鉄則**であり、そのまま進めば遭難してしまいます。**過去に決めたことだからといって従来通りのやり方を続けるのは、深刻な「大企業病」**といってもいいでしょう。

だから私は、あえて朝礼暮改を恐れてはならないと思います。**間違いは素直に謝罪して改めてこそ、結局は損害を最小限にできる**のです。

MEMO

095/365

Life

「願晴った」ことで満足してはいけない

敗北や失敗をしたとき、「自分は十分に願晴った」と満足してはいけない。それは勝利に向かう成長の道ではなく、自分を甘やかすだけの考え方である。

できる限りの努力をしたのに試合で負けたり、仕事で失敗してしまったとしましょう。ここで**「もっと努力しよう!」と考えるか、「自分は十分努力した。よく願晴った※1」と満足するかで、その後の運命は大きく変わる**ものです。

日頃から自分を褒めること、自分を勇気付けることは大切です。しかし、試合に負けたり、仕事で失敗したときは別です。それは**単なる自分に対する甘やかし**にすぎません。**「願晴ること」は自分の目指す目的・目標のための手段であって、それ自体を目的・目標にしても意味がない**のです。

どんなに偉大な選手や優秀なビジネスマンでも、敗北や失敗は経験します。しかし、その**敗北・失敗から学び、よりいっそう努力を重ねるからこそ成長し、最終的な目的・目標に到達できる**のです。敗北・失敗という結果が出たときは、「次は絶対に勝つ!」「次は必ず成功してみせる!」という闘志を燃やさねばなりません。そして敗因・失敗の原因を分析し、次の試合や機会に備えるのです。

「自分は願晴った」という言葉は、簡単に「これくらいの努力で十分」という「まあ、いいか病※2」に変わる可能性があります。本来、人間の努力に限界はありません。さまざまな戦いに勝利する人生を目指すなら、「願晴った」ことだけで満足しないよう気をつけてください。

MEMO

※1：P.53 を参照。／※2：P.21 を参照。

096/365

Life

何事も、最後は練習量で決まる

効率よく物事を済ませたい、泥くさい努力はしたくない……という人は多い。しかし、結局は「どれだけの時間をかけてきたか」が実力の差となってあらわれる。

「短時間で」「ショートカット（＝近道）」「要領よく」「簡単に」「誰でもできる」「裏ワザ」……書店に行くと、そのようなタイトルの本が並んでいます。**地道に努力するよりも、必要なことだけを効率よく押さえて成功したいという時代**の風潮かもしれません。

しかし、長年数多くの卓球選手や社員を育ててきた経験からは、やはり**練習量の少ない選手は伸び悩み、仕事量が少ない社員も成長しない**ように思います。一瞬は素質や才能によって華々しく活躍することもありますが、長くは続きません。いずれメッキがはがれ、消えていってしまうのです。

卓球において、体力と精神の限界まで追い詰められる試合で頼りになるのは身体に染み込んだ実力だけです。そんな**本物の実力を身につけるのに効率のいい方法はなく、やはり地道な努力を続け、時間をかけるしかない**のです。

同様に、**仕事においても効率のいいやり方はあるかもしれませんが、手を抜いていればどこかで必ず伝わる**ものです。それでは上司や同僚、取引先やお客様に心から信頼されません。結局、**本物の仕事力を身につけることができないままで終わってしまう**でしょう。

人並み以上の努力を積み重ねることは、つらいことかもしれません。しかし、その**努力を通してしか得られないもの、得られない人間関係がある**のです。**そこには想像もできないような喜びや感動がある**ことを覚えておいてください。

MEMO

097/365

Life

自分の性格を生かせる道を選ぼう

負けず嫌いという性格は卓球というスポーツにおいて、非常に有利な性格だった。自分の性格を生かせることに取り組めば、楽しんで物事に打ち込めるものである。

私は自他ともに認める「負けず嫌い」です。身体の小さい私でしたが、子どもの頃から走るのも、跳び箱も、相撲もクラスで一番でした。どんなスポーツでも**絶対に負けたくないという気持ちが、そのエネルギーになった**のだと思います。

それから中学3年のとき、学校で見かけた卓球の練習風景を見て感動した私は、近所の卓球場に通い始めました。当時は町のどこにでも卓球場があり、大人も子どもも一緒にプレイしていました。私が通っていたところは卓球台が3台しかなく、一度負けると次に順番が回ってくるまで1時間は待たされます。しかし、ずっと勝ち続ければプレイし続けられました。

そんな勝ち続けている**卓球場の主のような人に勝つために、負けず嫌いの私は必死で練習した**ものです。高校進学時の春休みには朝の9時から夜の9時まで粘り続けました。

ついに私はその卓球場の主に勝てるようになり、高校で卓球部に入ると東京都代表に選ばれました。**卓球を初めて2年半しか経っていませんでしたが、普通の人の5年分くらいの練習をしていた**と思います。

そんなことができたのも、自分の負けず嫌いな性格のおかげでした。試合で負ければ悔しさのあまり眠れず、次は絶対に勝とうと猛烈に研究と練習を重ねていたのです。このように自分の性格を生かせる道を選び、それを好きになれば、どんどん成長することができます。反対に性格に合わないことをすると、苦労ばかりで益が少ないものです。何か物事に取り組むときは、自分の性格を念頭に置くのがいいでしょう。

MEMO

098/365

Sports

個人戦と団体戦はどちらも面白い

卓球は個人戦と団体戦があり、それぞれに達成感がある。仕事にも個人戦と団体戦の側面があるので、それぞれの醍醐味を味わいたいものである。

卓球には「個人戦」と「団体戦」があります。**野球やサッカー、ラグビーなどは個人戦がなく、自分一人の力ではどうにも勝敗を左右できない**面があります。またいくらいいプレイをしても、なかなか勝てない弱小チームにいたのでは個人の評価も高まりません。

一方、**卓球の個人戦は自分の実力次第で勝利することが可能**です。見事勝つことができれば大変な達成感がありますし、いい成績を残せばその評価は個人成績として正当に評価されます。

しかし、意外に思われるかもしれませんが、**卓球の世界では団体戦の成績の方が個人戦の成績よりも重視される**ことがあります。国際大会の団体戦[※1]は、3人の選手が決められた順番で相手チームと5試合を行います。先に3試合勝ったチームの勝利となるので、結局チームが勝つためには自分が勝たねばなりません。**チームとして勝ったときの喜びと達成感は、個人戦に勝るとも劣らない**ものがあります。

これは会社の仕事によく似ています。**社員はそれぞれの仕事で個人戦を戦っていますが、その結果が会社全体の業績となりますから、まさに団体戦とも言える**でしょう。さらに、社員それぞれの仕事も社員一人で完結しているわけではありません。大勢の仲間たちが**それぞれの役割を果たすことで仕事は完成するわけですから、そういう意味でも団体戦**なのです。

卓球の個人戦・団体戦と同様に、仕事の個人戦・団体戦にも、それぞれの面白さがあります。ぜひ、どちらの醍醐味も味わいつつ、成長していきましょう。

MEMO

※1：国内で行われる団体戦は、4～6名で1チームとなる。また、試合の中に二人組同士で戦うダブルスが組み込まれることもある。

099/365

Business

人生の「小さな波」を大切にしていこう

人生の「小さな波（＝小さな幸運。小額の仕事など）」を大切にする人は、やがて「大きな波（＝大きなチャンス。金額の大きな仕事など）」に乗ることができる。

人生にはいくつもの波のようなものがあります。この波とは、運気の揺れのようなもので、普段は小さな波ばかりがやってきます。しかし、**この小さな波をしっかりとつかんでいくことで、やがて大きな波に乗ることができる**のです。だからこそ、普段から小さな波（＝小さなチャンス）を大切にしなければなりません。

具体的なビジネスで言えば、**小さな波とは「金額の小さな仕事」のこと**です。

たとえば、あるシャッターの製造・販売と修理を行っている会社では、先代社長の**「金額の大小でお客様を区別するな」**という教えが守られており、それこそ数百円〜数千円といったレベルの修理でもイヤな顔一つせずに対応していました。

そういう風に**小さな仕事にコツコツ対応していたら、数百万円かかるシャッターの更新工事を真っ先に発注していただけた**そうです。しかも、「あなたの会社にはお世話になっているから」「信頼しているから」ということで、まったく工事費を値切られることもなかったそうです。

これなどはまさに、普段から小さな波を大切にすることで、大きな波に乗る好例でしょう。ビジネスマンで言うならば、**普段の仕事をおろそかにせず、しっかりと取り組んでいくことで大きな仕事のチャンスがやってくる**ということです。ぜひ、人生の小波をおろそかにしないようにしてください。

MEMO

100/365

Life

強運を招くために、書き初めをしよう

強運に恵まれるには、自分の夢や目標をありありとイメージする力が必要。そのために自分の夢や目標を文字に書いて、目立つところに貼り出しておくといい。

「強運」とは読んで字のごとく強い運勢のことであり、ここぞという勝負時に力強く成功を引き寄せる運勢のことです。このような強運やツキというものは一般的には偶然のものだと考えられていますが、そうではありません。**その人の心のなかにどれだけ強い思いがあるかにかかっている**のです。

人間の脳は「絶対に成し遂げたい」「自分なら必ずできる」と思ったことに対して、自動的にその実現に向かって動き出すようにできています。つまり、そういう**強い思いがある人は、普通の人が見逃すような出来事に気がついたり、願望を実現するためのアイデアが突然浮かんだりする**のです。

この**思いの力とは「イメージ力」**です。自分の夢や目標を、どれだけありありと自分の脳の中で思い浮かべることができるか。そのためには、**自分の夢や目標を文字に書き出すのが一番**です。それもノートに小さく書く**のではなく、大きな書き初め用の紙に大きな墨字で書き、部屋の目立つ場所に貼り出しておけば、常に意識できる**ようになります。そうすることによってイメージ力は強まり、**夢や目標の実現を後押しする強運にも恵まれる**でしょう。

多くの人にとって書き初め[※1]は小学生か中学生までしか縁がないと思いますが、これは別に「書き初め」である必要はありません。思い立ったその日に、ぜひ書いてみてください。

MEMO

※1：著者は長年、新年の書き初めを習慣にしている。

本当に尊いのは陰で支えてくれる人

一流の人ほど、陰で支えてくれる人への感謝の気持ちを持っている。私たちも、さまざまな分野で社会を陰から支えてくれる人への感謝を忘れてはならない。

ゴルフのマスターズ優勝を果たした松山英樹選手は優勝直後、表彰式の合間を見つけて自分のゴルフクラブを担当してくれている住友ゴムの宮野敏一氏に感謝の電話を入れたそうです。私はこの話を聞いて、とても感動しました。やはりマスターズで優勝するような人は、自分を陰《かげ》で支えてくれている人への感謝を忘れないのです。

サザンオールスターズの桑田佳祐氏も、ライブ会場をセッティングしてくれるアルバイトスタッフにまで丁寧に接し、スタッフが恐縮するほど腰が低いと言います。やはり長年、日本の音楽シーンのトップを走る人はそういう姿勢から違うのでしょう。

私もスヴェンソンの社長を退いた際、**世の中を陰で支えている方の「見えない努力」を讃えるために「未来のいしずえ賞」**[※1]**という賞をつくった**経緯があります。「いしずえ（礎）」とは建物の基礎、いわば「縁の下の力持ち」のことです。

ファッションデザイナーのコシノジュンコさんに実行委員長とトロフィーのデザインをお願いし、2018年から毎年5部門の方を表彰しています。選ばせていただいたのは、たとえば福原愛のお母様、スピードスケート小平奈緒選手のご両親、iPS細胞の研究開発に多大な貢献をされた高橋和利准教授、日本の栄養学の基礎を築いた神奈川県立保健福祉大学長の中村丁次《ていじ》学長といった方たちです。

私たちを感動させてくれるスポーツ選手には、陰でその選手を支えてきた方がいます。また、私たちの命を支えてくれている医療関係の方たちの多くも、光が当たることはありません。私たちはそういう方たちにこそ、感謝を捧げるべきだと思います。

※1：詳細はP.390またはKODAMA国際教育財団ホームページ（https://www.kodama-mirai.org/）を参照のこと。

MEMO

102/365

Life

人類の未来は子どもたちが担っている

未来を担う子どもたちへの教育投資は、スポーツと勉強の両面で欠かせない。その投資は巡り巡って、私たち全員の幸せにつながっている。

これまで日本の教育予算は少なすぎる[※1]と言われてきましたが、最近になって幼稚園・保育園の無償化や高校授業料の無償化、大学における授業料減免制度などが導入され、少しずつ改善されているようです。

私も**未来を担う子どもたちへの教育投資は惜しむべきではない**と考えており、たとえば**国内では7歳以下の子どもたちを対象とした卓球選手育成事業**[※2]に取り組んでいます。将来、彼ら・彼女らの中から、世界で勝てるトップアスリートが生まれることを願っています。

また、**東南アジアのラオスではご縁に恵まれて現地の劣悪な教育環境を知り、妻の「発展途上国の恵まれない子どもたちの役に立てることはないか」という願いもあって、学校建設**に取り組みました。このプロジェクトは2015年に一つ目の学校が、2021年には二つ目の学校が完成しています。

日本や世界の未来は、私たち大人ではなく子どもたちによって担われるものです。だからこそ、**子どもたちが夢や目標を持ち、たくましく成長できる環境を私たち大人が整える必要がある**と思います。それはかつて私たちが先人にしてもらったことであり、その責任は今を生きる私たちにあるのです。

最近のニュースでは社会から余裕がなくなるにつれ、子どもを大切にしない風潮が少しずつ忍び寄っているような印象を受けます。しかし、**よりいい未来をつくり出すためにも子どもたちへの投資をさらに増やし、彼らが成長できる機会を積極的につくっていくべき**でしょう。それは**巡り巡って、私たち全員の幸せにつながる**はずです。

MEMO

※1：欧州諸国、米国、日本などを含む34カ国の先進諸国によって構成されるOECD加盟国の平均で見ると下位に属する。
※2：詳細はP.371を参照。

103/365

Life

潜在意識を思うように動かすには？

人間の意識は「95%の潜在意識」と「5%の顕在意識」からできている。大部分を占める潜在意識に自分の目標が実現したイメージを刷り込むことが、成功の秘訣である。

人間の意識は「95%の潜在意識」と「5%の顕在意識」からできていると言われています。※1 この比率からも分かる通り、潜在意識の方が顕在意識よりも強いため、顕在意識だけで何かを変えようとしても、潜在意識が変わっていなければ、人は無意識のうちに、これまでの状態を維持してしまいます。そこでやってみていただきたいのが、次のような潜在意識を動かす方法です。

1. イメージの力を使う：自分が目標をすでに達成している様子を思い浮かべる

2. 言葉の力を使う：目標を達成したかのような言葉を、繰り返し自分自身に聞かせる

この2つの方法は、どちらも**自分がイメージした未来を脳の中で経験する**ということです。そうすると、潜在意識はそれが本当のことだと思い始めます。すると、現実がそのイメージと違うことに違和感を感じ（これを「認知的不協和の状態」といいます）、イメージが本当になるように潜在意識は勝手に働き始めるのです。

この変化を起こすために重要なポイントは、**イメージしたことが少しでも成功したりうまくいったときに、今までの何倍もの気持ちを込めて自分を褒めてあげる**ことです。そうすると**潜在意識は快感を覚え、そのイメージを現実化するためにさらに力を発揮する**ようになります。

しかし、**多くの人は失敗したことを厳しく分析するのに対し、成功したことは簡単にスルーしがち**です。それでは失敗のイメージの方が、強く潜在意識に刷り込まれてしまいます。**これは潜在意識の変化や、確固たる自信を築く上で大きな弊害となる**ので注意してください。

※1：潜在意識とは普段は自覚できない意識の領域のこと。顕在意識は日常的に考えたり、行動したりするときに使っている意識の領域を指す。

MEMO

104/365

Business

上司をやる気にさせる部下とは?

卓球の指導者としての私をやる気にさせた選手たちの特徴を10項目にまとめた。これらの項目は、そのまま「上司をやる気にさせる部下の特徴」にもなっている。

長年卓球の指導者をしていると、私も人間ですから「今日はやる気が出ないな……」という日もありました。しかし、そんなときでもこちらをやる気にさせてくれる選手との出会いがあり、それをきっかけにまとめたものが次の内容です。

〈監督をやる気にさせる選手とは〉

①諦めずに全力で努力している

②負けず嫌いで、考え方が上向きである

③明るくて元気で積極的である。他人の悪口を言わない

④人間的にも成長の様子がよく分かる

⑤人の見ていないところで、黙々と努力していることを他の人から聞かされる

⑥やる気のなかった選手が、何かのキッカケをつかんで燃えてくる

⑦素直で、人の話をよく聞き、研究熱心である

⑧日誌やメモをしっかりつけている

⑨教えたことを早くマスターしてくれる

⑩試合で結果を出してくれる

こういう選手に出会うと監督やコーチはやる気になり、「何とか強くしてあげたい」と思うものです。また、これらの項目は、会社における上司と部下の関係にも当てはまります。是非、⑥やる気のなかった選手が、何かのキッカケをつかんで燃えてくる、⑧日誌やメモをしっかりつけているあたりから始めてみてください。根気よく続けているうちに、上司や周囲からの評価はまったく変わってくるはずです。

MEMO

105/365

Life

決断を「実行できるか」どうかで結果が決まる

「こうしよう」という決断までできる人は多いが、それを本当に実行できる人は少ない。迷いを忘れて思い切って実行できるかどうか、それが成否の分かれ目となる。

卓球の試合で、あと一点で勝敗が決まるという場面を想像してみてください。それまでの試合の流れや相手のプレイスタイルから、「よし、自分は絶対に3球目を思い切り強打するぞ」と決断したとします。しかし、その3球目に難しいボールが返ってきたので、つい慎重に返球してしまったら、これでもう負けてしまいます。

なぜなら、**決断をぶれさせると勢いが止まってしまう**からです。私の経験では、90%から95%の人が決断まではできます。しかし、**決断したことを本当に実行に移せる人は非常に少ない**ものです。**直前になって迷い、慎重になってしまう人がほとんど**です。しかし、それによってチャンスはすり抜けてしまいます。

一度決断したら、どんなに難しいボールが来ても決断した通りに実行しなければなりません。**「絶対入る」と信じ、決断した通りに思い切り打てば、案外ギリギリ通るもの**です。それが勝者と敗者の差になります。

これは仕事や人生でも同じです。**これ以上は検討しても仕方がないというところまで考えた決断ならば、実行の段階でためらってはならない**のです。どんな不測の事態、本当にこれでいいのかと迷わせるようなことが起きても、「必ず成功する」と信じて思い切って取り組めばなんとかなるからです。

「決断」と「実行」の間には、深い谷があると言ってもいいでしょう。飛び越える直前に迷えば、谷底に向かって真っ逆さまに落ちてしまいます。自分の決断を信じて、**思い切って飛ぶものだけが谷の向こう側に行ける**のです。

MEMO

106/365

Business

組織を動かすために「納得目標」を立てよう

組織を動かす場合、リーダーが勝手に目標を決めてもメンバーは動いてくれない。組織の目標はメンバーにも議論に参加してもらい、納得の上で立てた方がいい。

個人の夢や目標は大きければ大きいほどいいと言いましたが、組織を動かすときは少し異なります。**組織内部の事情や考え方はそれぞれ異なりますから、やみくもにリーダーだけが大きな目標を立てても、誰もついていけない**ことになってしまいます。

私の社長時代、毎年スヴェンソンでは**経営計画を立てる際、全国の店舗や各部署・部門の話し合いから出てきた売上目標を一堂に集め、その場で議論して内容を調整し、全社員が納得できる数値を設定する**ようにしてきました。これを**「納得目標」**[※1]と私たちは呼んでいます。

納得目標は全社員が決める際にかかわり、納得した上で決まるものですから、いわば社員にとっては会社や仲間の社員と交わした約束のようなものです。だからこそ、必ず守らねばならないという意識が全社員に浸透していますし、それに向かって各部署のメンバーが力を合わせることができます。

人間は誰かが立てた目標を押し付けられても、それに対して責任感を持ち、必ず実行しようとは思えないものです。だからこそ組織全体の目標は、組織に参加している全員がかかわって決める必要があります。

「自分自身が決めた目標である」「仲間と約束した目標である」という意識は、組織のメンバーの行動を確実に変えるものです。組織を動かすリーダー的な立場の人は、ぜひ覚えておいてください。

MEMO

※1：「納得目標」の仕組みがつくられたのは、ここ 20 年ほどである。

107/365

Business

経営に必要なことはすべて卓球から学んだ

著者は卓球から「思いは叶う」「努力は才能に勝る」「量は質に転換する」「絶対諦めない執念を持つ」ことを学び、それらをすべて経営に活かしてきた。

私の経営者としての根幹は、すべて卓球から学んだことです。簡単にまとめると、以下の6つになります。

1. 思いは叶う
2. 努力は才能に勝る
3. 量は質に転換する
4. 絶対諦めない執念を持つ
5. 熱意は自分を動かし、人をも動かす
6. 感動は次の感動を生む

どれも卓球選手や指導者として大切にしてきたことですが、これらをビジネスの現場では次のように活用してきました。

1. 目標（経営計画）を立て、絶対に実現させるという強い思いを持つ
2. 目標（経営計画）達成に向かって、たゆまぬ努力を続ける
3. 誰にも負けないくらい働く
4. どんな問題も必ず乗り越える方法はあると信じて、諦めない
5. 熱意を持つと想像以上の行動力が発揮でき、やがて周囲に熱意が感染する
6. 何事にも感動する心を持つことで、お客様を感動させられるような仕事ができる

これらは卓球選手が「日本一になりたい！」「オリンピックで金メダルを取りたい！」といった大きな夢や目標を持ち、それに向かって自分で緻密なスケジュールを組んで、「自分は何年後にはこうなりたい」と決めること、そして日々それに向かって頑張り[※1]、どんな障害も乗り越えられると信じ、心に熱意と感動を宿すのと同じだと思います。まさに**卓球こそが、経営者としての私を育ててくれた**のです。

※1：P.53 参照。

MEMO

108/365

Business

心と心が触れ合う仕事はこれからも残る

リモートワークで直接的なコミュニケーションは不要と考えたり、AIに仕事を奪われると心配する人もいる。しかし、人間同士の心の触れ合いは今後も求められ続ける。

新型コロナの感染拡大によって外出が制限され、プライベートやビジネスの現場で人と接する機会はかなり減ったと思います。なかにはリモートワークが浸透し、社内で他の社員と顔を合わせるのも月に数回という方もいるでしょう。そのため、**人と人との直接的なコミュニケーションは不要だと考える人が増えている**ような気がします。

また、近年は**AIやビッグデータの進歩により、人間の仕事は大部分がなくなるのではないかと心配する意見**[※1]も出てきています。たしかに海外における自動車の自動運転の進歩や無人店舗の普及などを見ていると、これからの人間の役割はなんだろうかと考えてしまいます。

しかし、**どんな時代がきても人と人が接する仕事はなくならない**と思います。たとえば、スヴェンソンはお客様に店舗にお越しいただき、スタッフが対話をしながらウィッグのメンテナンスを行っています。この時間はお客様にとって、大切なくつろぎの時間となります。そのような**「心と心が触れ合う時間」を演出できるのは、明るい笑顔と温かいサービスを提供できる人間だけ**でしょう。

つまり、**スヴェンソンの事業の根幹には心と心の触れ合いがある**わけです。そういう点で、どれほどAIが進歩し、5G技術によって一層テレワーク環境が進んだとしてもなくならない仕事だと思います。そんな**「人間ならではの価値」を提供できる人は、これからも仕事を失うことはない**はずです。

MEMO

※1：2014年に発表されたオックスフォード大学の研究論文によれば、20年後までに人類の仕事の約50%がAIなどによって代替され、消滅すると予測されている。

109/365

Business

成功者の本は「失敗談」に注目しよう

成功者の本を読むときは、失敗談に注目するのがポイント。特に成功者が自らの失敗をどのように生かし、成功につなげたかを学ぼう。

世の中で成功した方々の本を読むというのは、非常に人生の参考になります。成功した人たちは本の中で、なぜ成功したのかということはあまり書きません。たいてい「運よく」「たくさんのご縁で」「多くの方に助けられて」という書き方をしています。

その一方、**成功者の本は「こういうことで失敗して、自分はそれをこのように乗り越えてきた」という失敗談の方が多い**のではないでしょうか。この失敗談が私たちにとって大変役立ちます。

ポイントは、**成功者の失敗談が失敗のままで終わらない**ことです。成功者は必ず、「その失敗から学んだこと」「失敗を生かして始めたこと」「失敗のおかげで新たな展開が生まれたこと」というように、**失敗をバネにして成功への道を歩んでいる**のです。

たとえば、「真似のしやすい商品の通信販売で失敗したおかげで、誰にも真似のできない付加価値の高い仕事に会社の経営資源を集中することができた」「会社で落ちこぼれたおかげで、不動産投資という天職に巡り合えた」といった内容です。いずれの場合も、失敗がなければその次の成功のステップに踏み出すことはできなかったでしょう。

私は**人間がやることは99％くらい失敗する**と思っています。しかし、**成功者の失敗談から学ぶことで、失敗を失敗のままで終わらせないこともできる**のです。

MEMO

110/365

Business

優先順位を見誤らないようにしよう

忙しい人ほど、自分のやるべきことの優先順位を明確にした方がいい。そうすると自分の目指す目標（イメージ）がはっきりし、効率よく仕事ができるようになる。

最近は新規採用を抑えたり、リストラをして社員の数を減らす会社が多く、**プレイングマネージャー**[※1]**が増えている**印象があります。自分が担当している顧客のことを考えながら、部下の相談にも乗らねばなりませんし、共働き家庭ならば家事の負担もあるでしょう。**まさに目の回るような忙しさ**だと思います。

そんな**忙しい人にとって一番大切なのは、優先順位を見誤らないこと**です。やらなければならないことがいくつかあるとして、そのどれから対応していくか。それを決めなければたちまち仕事が渋滞し、大混乱が起きてしまいます。

私は**前日のうちに、必ず翌日の用事の優先順位を決める**ようにしています。「明日はこれが一番大事だな」と思えば、それを一番に。「これは割合と早く片付くから、先にやろうか」という調子で優先順位をつけることもあります。

当日の朝ではなく前日の夜にやる理由は、**当日やるとそれだけ朝の出足が遅れる**からです。卓球でもそうですが、わずか半歩の差が決定的な違いにつながるのです。さらに**前日のうちに翌日の予定をチェックすることで、眠っている間に潜在意識が状況をより整理してくれる**こともあります。そのため、朝起きると「あの仕事を先にやっておこう！」とひらめくことがあります。

結局、**優先順位を決めるということは翌日の目標、すなわち自分の望む姿（イメージ）を明確にすることで**す。そのイメージがあれば効率良く仕事を進められますし、自分が立てた計画を確実にやり切ることを積み重ねれば、仕事のクオリティーも自分自身の能力も高まっていくのです。

※1：自分でも担当業務を持ちつつ、管理職として部下をマネジメントする人。

MEMO

どうしてもダメな場合は総入れ替えしよう

スヴェンソンを始めたばかりの頃、著者は社内の人材を一新している。必要ならば、悪影響を及ぼすメンバーには辞めてもらうという決断をしなければならない。

今でこそ1000名近くの社員がいるスヴェンソングループも、私が始めたばかりの頃はスヴェンソン・インターナショナルのメリンガー社長[※1]と日本人責任者、そして技術者と合わせて5～6名という陣容でした（この日本人責任者はのちにスヴェンソンを離れました。そしてスポンサーを探して勝手にスヴェンソンの技術を使ったウィッグ事業を始め、メリンガー社長と特許訴訟になるというトラブルを起こしています）。

当時の日本人技術者は、お客様のウィッグの編み込みをするのに3～4時間もかかることが普通でした（現在の技術者なら1時間半で完了します）。しかも、お店にお客様が来ているにもかかわらず、ほったらかしにすることもあったのです。それを見つけた私が「お客様を待たせてどうするんだ！」と叱ると、「お客様が勝手に時間前に来たからいいんですよ」「今は昼休みだから、みんな休め、休め」などという社員ばかりでした。

仕方なく彼らには辞めてもらい、新しい技術者を採用しました。そしてドイツから技術者を招き、教えてもらいながら仕事を続けました。しかも契約前にメリンガー氏から既存のお客様が数百人いると聞いていたのですが、実際はわずか60人しかおられなかったので、3年間は赤字続きで大変な苦労をしたものです。しかし、新しく採用した社員たちと努力を重ねた結果、今日のように発展することができました。

どうしても改善が見込めない場合は、**人材を一新するしかない**こともあります。**悪影響を及ぼすメンバーには辞めてもらう（チームから外れてもらう）のも、リーダーが決断するべきこと**なのです。

※1：メリンガー社長との出会いについてはP.95を参照。

MEMO

112/365

Business

計画はゴールからの逆算で立てよう

仕事やスポーツで欲しい結果を出すためには、最終的な期限・目標を定め、やるべきことや必要な時間を逆算しながら計画を立てるのがいい。

仕事で目指す結果を出すために大切なことは、何よりもまず「しっかりとした計画」を立てることです。そして計画を立てる際には、いつまでにこの仕事をやるという期限を決めて、そこから逆算していきます。

たとえば3年後に自分はこういう仕事を完成させると決めたなら、そこから逆算して1年後にはここまでやっている、1カ月後にはここまでやっている、1週間後にはここまでやっているというように、**細かく未来からさかのぼって計画を立てていく**のです。

特に最終期限を決めることは重要です。この最終期限を決めなければ、計画全体がズルズルと伸びてしまいます。

逆算で計画を立てるという手法は、スポーツの世界でも有効です。全日本学生卓球選手権を例に取ると、「チャンピオンになりたい」「なんとかベスト8に入りたい」「ランキングに入って推薦入学したい」など人によって目標は違いますから、その**目標に沿った計画を立てる**必要があります。この計画を立てている人と、立てていない人ではまったく成長が違います。

目標に沿った計画を立てるのは、目標によって「やるべきこと」が違うからです。もし目標がチャンピオンになることならば、現在のチャンピオンを分析し、勝つために必要な力を身につけなければなりません。それはたとえば、最初の3カ月にここまでのサーブ[※1]力をつける、次の3カ月ではフォアハンド[※2]の強打をここまで高めるといったことになります。

MEMO

※1：試合における第一打のこと。ちなみに東京オリンピック・男子混合ダブルス金メダリストの水谷隼選手は20種類以上のサーブを持っている。
※2：利き腕側でボールを打つこと。利き腕と反対側で打つ場合はバックハンド。

113/365

Life

進歩が早い人は「盗む」のがうまい

成長するには、優れた人のやり方やノウハウを自分のものにする（＝盗む）ことが欠かせない。与えられるのを待つのではなく、自ら観察し、考えることが大切である。

仕事で早く一人前になる人となかなか進歩しない人の違いは、先輩や上司が長年にわたって培《つちか》ってきたやり方やノウハウをいかに自分のものにできるかにかかっています。いわば先輩や上司の技術を「盗める」かどうか、ということです。

卓球でも同じです。一流の選手の試合や練習を見て、「なるほど。私はあそこができていないのか」「ああいうときはあんな足の動かし方をするのか」といったことを盗んで自分のものにできるかどうか。それができる選手は伸びが早くなります。

一方、ただ**教えられたことだけを学び、与えられた練習だけをしている選手はなかなか伸びない**ものです。**自分で観察して考えること、つまり成長するために必要なことをどんどん盗み、自分のものにしていくことが大切**なのです。

京セラの経営者である稲盛和夫さん[※1]も、仕事や人生の結果は「考え方×熱意×能力」で決まるとおっしゃっています。これは仕事や人生の結果は、単純な能力の優劣だけで決まるのではないということです。まず、どれだけ情熱を燃やして物事に取り組むか、という熱意が能力に掛け合わせられます。この能力と情熱は0からプラス100である、と稲盛さんは言われています。そして、「考え方」はポジティブなプラスの考え方から、ネガティブなマイナスの考え方まで、マイナス100からプラス100まであります。まさに**上司や先輩のやり方・ノウハウを貪欲に盗んでいこうという積極的な姿勢（＝考え方）を持つ人と持たない人とでは、プラスとマイナスの真逆の数字が掛け算される**ため、天と地ほど成長スピードが異なるのです。

※1：京セラやKDDI（現在のau）を創業し、経営破綻したJALの再建を果たした名経営者。「盛和塾」という経営哲学を学ぶ会を主催し、数多くの経営者を育てた。

MEMO

114/365

Life

他人の悪口を言いたくなったら、どうするか？

他人の悪口を言うことは誰のためにもならない。かえって自分の身を滅ぼしてしまうこともある。悪口は人前ではグッと飲み込み、一人になったときに吐き出そう。

他人の悪口を誰かに言うと、その悪口は回り回って自分自身に返ってきてしまうものです。これは光を反射する鏡の原理とよく似ています。

悪口を言えば必ずその本人に届き、悪口を言われた方は自分のことを当然良く思わないでしょう。仮にその悪口が正当なものだとしても、その悪口を誰かから聞いて、言動を変える人はいません。結局、**悪口は誰のためにもならないものですから、悪口は言わない方がいい**のです。

悪口を人前で言わないためには、世の中の多くの反面教師から学ぶといいでしょう。たとえば、お酒を飲んだら必ず他人や会社の悪口、愚痴ばかりという人が大勢いますが、そういう人が反面教師になります。

「ああいうふうに悪口や愚痴を言っても、ちっとも人生は良くならないな」「自分はああいうことをしたくないな」と考え、自分はそうしないぞ、と思うことが大切だと思います。

だから私は**他人の悪口を言いたくなったときは、その場ではグッと飲み込み、一人になってから言葉にしてその悪口を吐き出す**ようにしています。

そうすれば誰にも迷惑をかけることなく、スッキリと忘れることができます。

また、最近は「アンガー・マネジメント」[※1]というメンタル・トレーニングが有名です。「怒りの感情と上手に付き合うためのさまざまなテクニック」[※2]を学ぶことで、不必要な怒りの感情に振り回されることがなくなるというメリットがあります。関心がある方は、まずは関連する本を読んでみると良いでしょう。

MEMO

※1：アメリカでは1970年代から提唱され、スポーツの分野や犯罪者の矯正、夫婦間のカウンセリングの現場で活用されている。／※2：例として、怒りを感じたら「数字を数える」「深呼吸を繰り返す」「目の前にある物を観察する」などの方法がある。

115/365

Life

大きな夢は「小さな約束」を守ることから

大きな夢を実現するには、途中で設定した「自分との約束（＝小さな目標）」をクリアするのが大切。その積み重ねで、大きな夢にたどり着くことができる。

　大きな夢・目標を持つことはとても大切ですが、少し補足しておきたいことがあります。それは**自分で設定した一つ一つの目標、すなわち自分が可能だと思うより少し上の目標を一つ一つクリアして、小さな満足を得ていくことも大切**だということです。

　このような**「自分との約束を守る」という満足感や達成感を重ねていくことが、いつか大きな夢にたどり着くためには欠かせない**のです。「素晴らしい理想の女性と結婚したい」「大邸宅に住みたい」「大金持ちになりたい」など大きな夢はなんでも構いませんし、できるだけ大きな夢を持ってほしいと思います。しかし、**大きな夢を持つだけではなくて、一つずつ小さな目標をクリアしていくことが大切である**ことを忘れないでほしいと思います。

　人間は自分との約束を一つ一つ守っていく、その繰り返しで成長していくものです。スポーツでも仕事でも、「3年後にこうなりたい」という大きな夢を達成するためには、1年後にはこうなる、半年後にはこうなっているという自分の姿をしっかりイメージしながら取り組むことが大事なのです。

　そして、半年後のイメージができたら3カ月、1カ月、1週間で達成可能な目標をつくっていくのです。最終的に1日単位の目標をつくれば、それをクリアすることで「自分との約束を守った！」という達成感を毎日味わうことができます。

　こうなれば人間は現金なもので、予定を実行しないことが気持ち悪くなってくるものです。ぜひ、**大きな夢を持つとともに、それを自分が実行できる小さな約束にまで細かく計画をつくり上げる**ようにしてください。

MEMO

Sports

陰の恩人を忘れない生き方をしよう

明治大学卓球部の躍進は、貴重な練習場所をつくってくれた平沼鶴吉さんのおかげだった。私たちはそんな世の中の「陰の恩人」の存在を常に忘れてはならない。

私が明治大学の学生で卓球部に所属していた頃、ＪＲ三鷹駅の近くに平沼鶴吉さんという方がいらっしゃいました。この方は自分の土地で卓球台が３台ある小さな卓球場をされていて、練習場所がなかった私たちはいつもそこに通っていました。

するとあるとき、平沼さんが卓球台を10台も置ける卓球専門の体育館「平沼園」[※1]をつくってくれたのです。さらにその体育館の２階に寝泊まりできるようにしてくれ、明治大学卓球部の選手はそこから学校に通い、合宿をするようになりました。この方は明治大学に特別な縁はない方でしたが、君たちが本当に命がけで卓球をやるなら応援するよということで施設を整備してくださったのです。

平沼鶴吉さんの息子の平沼昇さんと私は同い年ですが、その二代にわたるおよそ50年、明治大学卓球部は本当にお世話になりました。**現在、オリンピックや世界選手権の主力選手はこの40年以上にわたってほとんど明治大学出身ですが、それはまさに平沼さん親子のおかげ**なのです。

のちに平沼鶴吉さんが亡くなられたときや、明治大学卓球部が新しい合宿所に移転した際には、日本全国から大変な人数が集まってお別れ会をしました。それこそ**お金には代えられない感謝の気持ちがあった**のです。

世の中の成功の陰には、必ずそういった目に見えない支えがあるものです。私たちは、決してその恩を忘れないようにしたいものです。

MEMO

※1：2004年、明治大学卓球部は東京都調布市の新たな卓球合宿所に移転した。その後はフットサル施設として生まれ変わったが、2020年３月末に施設の老朽化に伴い閉館している。

117/365

Business

リーダーは常に現場に声をかけよう

著者は年に一度は全国の自社店舗（＝営業所）を回り、新型コロナ後はすべてに電話をかけた。危機のとき、リーダーは自分の声でメンバーを励ます義務がある。

私はスヴェンソンの社長時代、年に一度は全国約80拠点にある自社の店舗をすべて回るようにしていました。そうして**社員と対話することにより、どうすればもっとお客様に喜んでいただけるか、私たち経営者がどういう接客をしてほしいのかを社員一人一人に考えてもらう機会をつくろうと**したのです。また、**会社の経営理念や哲学を伝えるには、やはり顔を見せ、声を聞いてもらうことが必要だった**と思います。

新型コロナの最中は、80カ所すべての店舗に電話をかけました。コロナで大変だろうけどとねぎらいつつ、いろいろな話をすることができました。当社は新型コロナの状況下でも、お客様に切実に必要とされています。「やっていてくれて本当にありがとう」とお客様に言っていただけたとのことで、現場の社員も「大丈夫です。私たちもやりがいを持って取り組んでいます」と返答したとのことでした。

緊急事態宣言中も営業[※1]するため、現場には特別手当を出しましたが、それでも社員の不安や心配、気苦労は大変なものだったと思います。それを少しでも励ましたいという思いから電話をしたのですが、やはり**リーダーは常に現場に声をかけ、メンバーを励まさなければならない**と思います。**危機にあるとき、メンバーはリーダーの顔と声にいつも以上に注目する**からです。

※1：スヴェンソンの店舗は「美容室扱い」となり、営業自粛に該当しない業種とされていた。

MEMO

118/365

Business

「大局観」を持つには、どうすればいいのか？

仕事の意義や全体像など、俯瞰で物事を見たければ、どのような形で社会貢献につながるかを考えよう。その観点から物事を見ることが「大局観」となる。

私たちが大局観を持つ、すなわち物事全体を俯瞰で見て、正しい判断をするにはどうすればいいのか。それは**自分たちがやっていること、それが仕事ならば、その仕事が最終的にどのような社会貢献につながっているかを考える**といいでしょう。

たとえば、当社のヘアウィッグ事業を通じて、お客様は本当に若々しくなり、思い切って仕事に打ち込んだり、人生を楽しむことができるようになります。**お客様が自信を持って明るく前向きに仕事ができるようになれば、その人を通じて社会貢献ができること**になるわけです。

また、お茶を一つ出すにしても、そのお茶を出すことでお客様に喜ばれ、その方が明るく楽しい気持ちになれば、これも社会貢献です。このように**小さな仕事でも大きな仕事でも、どのような社会貢献につながるかという視点を持てば、大局的な判断を誤ることはなくなる**のです。

どんなことにも**大局観を持って取り組めば、ムダなことも省ける**ようになります。今はこの仕事について積極的に動いた方が社会貢献になると考えれば、その方針に沿った選択肢を選べるようになるでしょう。つまり**大局観を持っていると仕事の意義や全体像が見え、大事な部分に集中できる**のです。

この仕事がどのように世の中の役に立つのだろうかという観点を持つと、その観点が大局観につながるのです。ぜひ、自分の仕事に取り組む際にも考えてみてください。

MEMO

個人の目標を達成することで世の中を良くする

個人の目標を立てるとき、それがどのような仕組みで社会貢献につながるか考えてみよう。これがはっきりと理解できれば、より一層目標の達成に意欲が湧いてくる。

個人の目標を達成することで、世の中を良くすることは可能です。たとえばスヴェンソンの場合は店舗ごとに毎月の売上目標があり、最終的な年間売上目標があります。これを達成すると、全社員の前で店舗のマネージャーとその店舗スタッフ全員は表彰されることになります。

大勢の人に壇上で祝福され、「目標を達成できたのはスタッフの皆さんのおかげです。また、管理部門の方たちにも大変お世話になりました……」などと挨拶をします。この**華やかな舞台に立つことをイメージして、それを個人の目標にする**こともあるでしょう。

この**目標を達成できるのは、最終的には来店されたお客様のおかげ**です。そして**お客様が当社の「ヘアケアサービス」**[※1]**によって人生が明るく、心も豊かになっていい仕事をしていただくことは、立派な社会貢献**です。

個人が目標を達成し、会社の業績が伸びるということはそれだけ幸せなお客様が増えたということであり、これも社会貢献につながると言えるでしょう。さらに会社が上げた利益から税金を納めることによって道路や橋がつくられ、日本という国にも貢献できます。

会社が利益を出せば、さらに店舗をつくってお客様を増やすこともできます。このように個人の目標の達成が、社会貢献という形につながっていく形が理想と言えるでしょう。この仕組みを理解していれば、より一層自分の目標達成に意欲が湧いてくるのです。

※1：ドイツで培われたスヴェンソン独自の特許技術による増毛法。自毛を活用し、極めて自然な仕上がりとなる。

MEMO

120/365

Life

自分を支えてくれる座右の本を持とう

人生の壁にぶつかったとき、自分を支えてくれる座右の本ともいうべき本を持つのはとてもいい。また、経営者としての軸をつくってくれるような本との出会いもある。

私は乱読家ですが、ぜひおすすめしたい愛読書が二つだけあります。それが『徳川家康』（山岡荘八・著　講談社[※1]）と『道をひらく』（松下幸之助・著　ＰＨＰ研究所[※2]）です。

『徳川家康』の第8巻に家来や領民は天からの預かりものであり、大切にしなければならないと書かれていました。これを読んで**私は経営者として、会社の社員や社員の家族、お客様やお客様の家族という何万人ものつながりのある人を幸せにしなければならないという気持ちを持つようになった**のです。「なるほど、こういう考え方が大事なのだな」と深く印象に残りました。また、徳川家康が竹千代と呼ばれていた時代、本当に苦労しながら我慢を重ね、ついに天下を取って３００年も徳川幕府が続くさまは、やはり圧巻です。

松下幸之助さんの『道をひらく』は、私が人生で壁にぶつかるたびに、何度も読み返してきました。なにか悩んだときに開いて、「ああ、そうだ！」と確信を得て、壁をぶち壊すための糧《かて》にしています。ぜひ、皆さんもそんな素晴らしい本との出会いを求めてください。また、「座右の本」として生涯をともにするだけでなく、人生の大きな転機・ヒントになる本もあります。それは私にとって、『メガトレンド』（ジョン・ネイスビッツ著　三笠書房）という本でした。

１９８２年に書かれたこの本には、世の中の技術が高度化すればするほど、人間的なかかわりや人間性を重視した製品・サービスが求められるというハイ・テクノロジーとハイ・タッチが共存する未来予想図が描かれていました。それが、まさにスヴェンソンという企業を創業するきっかけとなったのです。

MEMO

※1：1950年から1967年まで、17年にわたって東京新聞などに連載された歴史小説。全26巻。／※2：雑誌PHPに掲載されていたエッセイ集。初版は1968年、累計500万部のベストセラー。著者は29歳で購入した初版本を今も読んでいる。

121/365

Business

リーダーが果たすべき役割とは何か？

リーダーには「進むべき方向性を示す」「成長のための刺激を与え続ける」「チームの一体感をつくり出す」という役割がある。いずれも日頃の努力や言動が肝心である。

リーダーには「方向性を示す」「刺激を与え続ける」「一体感をつくり出す」という3つの役割があります。順に説明していきましょう。

まず、優れたリーダーは絶対にメンバーやスタッフに対して、指針を与えられなければダメです。そのためにリーダーは、メンバー以上にアンテナを張って正確な情報を得たり、異業種の指導者との交わりを持ったり、世の中で成功した人の話や本を読んだり、あるいは自分で経験したことを消化して、自分自身を磨く必要があるのです。

また、メンバーの成長のために刺激を与え続けなければなりません。その刺激も一人一人必要なものが違いますから、**リーダーは一人一人のことをきちんと理解する必要がある**と言えます。たとえば私は、**スヴェンソンの店舗に行くときには事前に名簿をもらい、スタッフの名前や入社時期、およその性格や営業成績をしっかり頭に入れる**ようにしています。

そして現場では「こういうことで今年は成績が良かったね」「こんなことで本社の部長がすごく褒めていたよ」というような話をします。**いい加減な褒め方はすぐに分かってしまうため、きちんと事実に基づいて褒めなければ刺激にならない**のです。

最後にリーダーは、チームに一体感をつくり出さなければなりません。そのためには、リーダーがどれだけメンバーのことを思っているかが伝わる必要があります。そこで**大切なのは、やはり言葉だけではなく心と心の触れ合い**です。スポーツの世界でもビジネスの世界でも、**リーダーがメンバーのことをどれだけ思っているかというのは、日頃の言動から分かる**ものなのです。

MEMO

122/365

Life

スピーチをするならテーマを全力で考えよう

人前で話をするときに、紋切り型の挨拶で済ませるのは聞く人に申し訳ない。聞く人の役に立つスピーチをするために、日頃からテーマを探しておこう。

人数が多い場合でも数人であっても、話をする場合は聞く人の参考になるテーマを考えるべきだと思います。これは自分の体験ばかりを話してもダメで、新しいニュースや世界の動向にも関心を持つ必要があります。

また、**聞く人の参考になるというのは聞いた人に「気付き」を与えることです。そして気付きとは、話を聞いた人に考えることを促すもの**です。私はいつもそういった話をしたいと考えています。スポーツの大会などで良くスピーチを依頼されますが、「素晴らしい大会になることを願っています」などという**ありきたりの内容では、話をする意味がない**と思うからです。

おかげさまで選手の皆さんから、「今年はどんな話をされるのか楽しみにしていました」「今日のお話はものすごく参考になりました。ありがとうございました！」と言っていただけることが多く、励みになっています。

そのかわり**テーマは毎回かなり考えますし、決めたあともスピーチ原稿の完成までかなり時間がかかる**ことは仕方がありません。たとえば「情熱」をテーマにして話をしようと考えたときは、**いろいろと調べ、さらにそこに自分自身の経験も盛り込む**ようにしています。

スピーチのテーマを考える上では、日頃からアンテナを立てておくことも重要です。誰かとの会話の内容や、新聞・テレビを見たりして、気になったことはメモしておきます。その中から、スピーチを頼んでくれた人、スピーチを聞いてくださる人の役に立つという観点からテーマを選ぶのです。

MEMO

123/365

Business

人前で堂々と話せるようになる方法とは？

著者は人前でまったく話せない性格だったが、あるときスピーチを依頼され、猛烈に練習して臨んだ結果、高い評価を受けた。それから人前で話せるようになった。

昔の私は大変な話ベタでした。人前に出ると顔が真っ赤になり、思ったことも話せなくなるような人間だったのです。今は1000人くらいの講演会でも平気ですし、むしろ多ければ多いほどやる気が出て、2～3時間も立ったまま皆さんを飽きさせずに話ができるようになりました。

そのきっかけは、26歳で関東学生卓球連盟の理事長の重責を担わなければならなくなったことでした。その初仕事が関東学生卓球リーグ戦の開会式の挨拶だったのです。

200名以上の選手や役員関係者が参加する開会式では、あがってしまうのが分かっていたので、スピーチに大切な「間」も含めてつくった原稿を1日に何十回も練習して暗記しました。そして当日は一点を見据え、丸暗記した通りに話をしたのです。

すると開会式が終わったあとに卓球界の大先輩が、「児玉君、君の挨拶は良かったね。君にあんな挨拶ができるとは思わなかったよ。これからも頗晴りなさい」と言ってくださったのです。その言葉は今でも忘れられません。自分は感じていなくても、多くの視線が黙って自分に注がれていたということを知った驚きと喜びで胸が熱くなったことを覚えています。このときから、私は常に背中を見られている思いで仕事はもちろんのこと、何事にも打ち込む癖がついたような気がします。

人前で話すのが苦手だという人は、とにかく**事前に徹底的に準備をし、本番では聞いている人の顔は見ないで一点を見据え、練習通りに話す**ことをおすすめします。その結果、思いがけない高評価を受けるかもしれません。

MEMO

124/365

Life

準備をしないスピーチは、失礼である

事前に準備をせず、行き当たりばったりでスピーチをするのは、依頼した人にも話を聞く人にも失礼。きちんとテーマを決め、原稿を準備して当日に臨むべきである。

私はいろいろな機会にスピーチを依頼されますが、聞く人にとって得るものがあるテーマというのは、なかなか見つからないものです。それでも毎回苦心して、なんとか役に立つテーマを探してお話しするようにしています。

一方、よく結婚式のスピーチなどで「今日は突然指名されまして、行き当たりばったりで喋ります……」という人がいます。私はそういう人を尊敬できません。やはり**頼まれた以上、依頼してくれた人や聞く人たちのために、一生懸命やるべき**ではないでしょうか。それが頼まれた人の責任だと思います。

だから私は、**スピーチを前もって必ず準備**します。特に弔辞はスピーチまでに依頼から1～2日しかなく、準備する時間がほとんどありませんから大変苦労しますが、それでも**10回くらいは原稿を書き直す**ようにしています。そして**必ず、その内容を実際に話す練習もしている**のです。これらの努力のおかげで、多少なりとも私のスピーチに対して評価をいただけているように思います。

とはいえ、突然の指名を受けて、スピーチをしなければならない場合もあります。私はそんな場合、**その場の参加者と目的にマッチした内容で、自分自身が体験したこと・経験談を中心にお話しする**ことにしています。

準備する時間がある場合は、時事的な話題や自分で調査した情報などもスピーチに盛り込みますが、時間がない場合にそれらを使うと、話のテーマがあやふやになってしまいかねません。一方、自分自身の話であれば十分に内容を理解しており、その場にマッチした話にアレンジすることも容易です。もしそのような機会があれば、ぜひ活用してみてください。

MEMO

125/365

Life

定期的に自分の考えをまとめる機会を持とう

著者は毎月、「児玉語録」というエッセイを発信している。定期的に文章を書く習慣には、「勉強の習慣がつく」「考える時間ができる」などの効果がある。

毎月1回、私は世の中の出来事や自分の経験、お会いした方から学んだことなどをまとめた「児玉語録」[※1]という短い文章を発信しています。かれこれ30年以上、一度も休むことなく続けてきました。

最初は卓球界の選手たちに少しでもいい示唆を与えることができればという気持ちで始めたのですが、最近は学校の先生方や経営者の方たちに見ていただくことが増えました。スヴェンソンの社長を退任した際に一度終わりにしようと思ったのですが、「朝礼や挨拶の参考にしています」というようなメールを多数いただくようになり、現在も続けています。

さて、この短い文章の発信を続けてきて、良かったことがいくつかあります。まず、**毎月続けることが自分の意思力の確認になる**ことです。海外出張のときなどの「今月はパスしようか」という気持ちを乗り越えることで、自分の意志力を鍛えられたのは非常に良かったと思います。

また、**情報に対する感度が高まる**ことや、**毎回書くためにいろいろな情報やデータを集めるので、継続的な勉強の習慣ができる**というメリットもありました。

最後に、**定期的に文章を書くことでそのときの自分自身の考えをまとめられる**という点も見逃せません。多くのビジネスマンは忙しく、なかなか立ち止まって考える時間がないと思います。しかし、文章を発信する習慣を持つことでいったん立ち止まり、じっくり考えることができるのです。

MEMO

※1:「明治大学卓球部公式サイト(http://www.meiji-tt.net/topics_list2/)」や「一般財団法人 KODAMA 国際教育財団公式サイト(https://www.kodama-mirai.org/blog/)」で読むことができる。

126/365

Business

コミュニケーションはリーダーの仕事である

チームを率いるリーダーは、日頃からメンバーに声をかけ、コミュニケーションを図らねばならない。その積み重ねが、いざというときの「チーム力」になる。

新型コロナによってリモートワークや隔日出勤が普及し、世の中の学校や職場のコミュニケーションは大きく変化しました。これからのリーダーはそのような変化を踏まえつつ、**メンバーの状況を把握できるよう意識的に行動する**必要があります。

たとえば、私は会社の様々な部署を時々ぐるっと周り、「お、元気か?」「元気でやってるか?」と声掛けをするようにしています。また、指導している卓球の選手や社員に直接会って話をするときは事前にいいところを見つけ、その部分を徹底的に褒めます。

特に選手や社員が壁に突き当たっているときは、「心技体」のどの分野の壁なのかを探ってアドバイスをするようにしています。たとえば「体」であれば健康の問題または心理的・精神的な問題であり、「技」であれば卓球や仕事の技術的な問題となって、それぞれ話すべき内容は変わるからです。

成績を上げて天狗になっている人には、「いいよいいよ、どんどん出る杭になりなさい。でも、ここに気をつけるともっといいね」という言い方をします。**「こんなことで満足したら伸びが止まっちゃうよ」「ここまでうまくいったのだから、もっと高いところを望みなさい」とアドバイスをする**わけです。

リーダーの仕事は**メンバーをよく見て、声をかけ、とにかく理解しようとすること**です。そういう日頃の積み重ねがあってこそ、いざというときにチーム全員が力を合わせることもできるのです。

MEMO

127/365

Business

アフター・コロナに求められるリーダー像

新型コロナ以降、リモートワークなどによって働き方は変化した。しかし、リーダーシップにおける「人と人の心の触れ合いこそが最も大切」という基本は変わらない。

新型コロナ以降、すなわちアフター・コロナの時代でもリーダーの基本・原点は変わらないと思います。もちろんオンラインの活用が進み、社会環境も大きく変わっていくため方法論のレベルでは変化するでしょう。それでも**「人と人の心の触れ合い」をベースにしたリーダーシップの大切さは変わらない**のです。

むしろハイテクノロジーな時代になるほど、ビジネスにおける「ハイタッチ（人間による、丁寧で人間らしい関与や対応のこと）」な部分が、最も貴重で大切な時代になるはずです。

スヴェンソンの事業のベースになっているのも、店舗にいらっしゃるお客様とスタッフの心の交流です。スタッフの明るい笑顔と元気な挨拶は、優れた技術だけではない当社の強みでしょう。ハイテクノロジーな時代における貴重なハイタッチ事業として、ますます発展することも可能であると思います。そんなハイタッチな事業におけるリーダーの役割は重要です。メンバーの明るい笑顔や元気な挨拶も、リーダーの心がけ・取り組み次第だからです。

つまり、社会環境やテクノロジーの変化によってコミュニケーションの方法論は変わっても、**人と人の心の触れ合いの大切さは変わらず、それを支えるリーダーシップはますます重要になっていく**ということです。

しかし、人間同士が接触する機会が減ると、どうしても人の心は離れ離れになってしまいます。そんな中、**どうやって心の結びつきを保ち続けるか。これからのリーダーにはさまざまな工夫が求められる**[※1]と思います。

MEMO

※1：スヴェンソンでは新型コロナが発生するまで毎年２回、全国すべての社員が集まり、丸一日さまざまな形で交流する「全体ミーティング」を開催していた。

128/365

Life

「ゴール」と「ビジョン」を持つことが成長の秘訣

「ゴール」と「ビジョン」が人間を成長させてくれる。明確なゴールを設定し、そこに到達した自分の未来像（＝ビジョン）をリアルにイメージすることが成功には欠かせない。

ビジョンとはゴール（＝目標）に到達したときの自分の様子、そのリアルなイメージのことをいいます。実はこのゴールとビジョンは、スポーツでもビジネスでも成功するには欠かせない要素です。

ゴールを持っていると、そのゴールに到達するために必要なことが分かるようになります。ゴールを持っている人も最初から完璧なわけではなく、さまざまな不足・欠点があります。

しかし、**ゴールを持つことで、ゴールに到達するために必要なことに集中して時間を費やせる**のです。さらに**ゴールに到達したときのビジョンがあれば、取り組むべき課題の優先順位も見える**ようになります。あとはその通りに取り組んでいくだけです。

また、人間の成長は階段のようなもので、途中で壁にぶつかったり、成長が感じられない踊り場もあります。ときには敗北から学ぶこともあるでしょう。**最終的なゴールとビジョンがはっきりしていれば、そういった浮き沈みにいちいち落ち込まずに済み、不必要にくよくよすることもなくなる**のです。

そして、脳は「よりリアルに感じる」イメージを現実化しようとします。**毎日ゴールを達成した自分になりきる（＝ビジョンをイメージする）うちに、ビジョンの方がリアルに感じられるようになれば、脳はそのビジョンを現実化するために働き始める**のです。

このような脳の仕組み上、イメージが人間の限界となります。人間は「イメージできないことはできない」のです。

MEMO

129/365

Life

今、この瞬間を全力で生きよう

筋ジストロフィーという難病と闘う櫻井理さんから、今この瞬間を全力で生きることを学ぼう。私たちが生きる時間は、一瞬一瞬がすべてかけがえのないものである。

ある雑誌で筋ジストロフィー[※1]という難病と闘いながら、障害者の就労支援を目的とするNPO法人[※2]を設立した櫻井理《さとる》さんのお話を知り、大変感銘を受けたことがあります。

櫻井さんは6歳のときに発病され、現在は24時間ずっと人工呼吸器を必要とされています。しかし、寝たままの状態で特殊なマウスを両足で挟み、親指でスイッチを操作しながら音声変換機能を駆使し、文章やデザインを作成されています。

彼の最大のピンチは東日本大震災でした。全面的な停電で人工呼吸器が止まってしまったのです。最後の手段としてお母様が手動で空気を送り込む救急蘇生バッグで呼吸をつなぎ、その間に停電から復旧した地域に移動して一命を取りとめられました。

この経験で自分に何ができるだろうかと考えたことが、のちのNPO法人立ち上げにつながったそうです。足の指しか動かせない僕でもできることがある、命ある限り精一杯生きていこうと語る櫻井さんは今を生きることに感謝し、全力でさまざまな物事にチャレンジされています。

私たちにとっても、「いざそのとき」というものは、いつか突然来るものではありません。まさに「今がそのとき」であり、「そのときが今」なのです。この自覚を持って日々、全力で生きていきましょう。

※1：筋肉組織が壊死と再生を繰り返す病気の総称。全身の筋力の低下などをもたらす。
※2：NPO法人 LiFESET（http://www.lifeset.jp/）

MEMO

130/365

Life

成功者が「思いは叶う」と言うのはなぜか？

成功者は強力な「イメージ力」を持っており、その力によって、思いが実現するまでイキイキと努力できる。これが「思いは叶う」と言われる仕組みである。

一般的に「ツキ」や「幸運」は偶然のものと考えられています。しかし、世の中には途方もないツキや幸運に恵まれているように見える大成功者もいます。その理由は一体、なんなのでしょうか？

それは、**頭の中にある「思いの差」**です。人間の脳は本気で「できる」と思ったことに対してそれを実現すべく全力で動き出すようにできています。そして脳が全力で動き出せば、目標を達成するためのアイデアがどんどん浮かんでくるのです。

大成功する人は人並みはずれたイメージ力を持っており、細部まで夢や願望をリアルに思い描くことで、夢を実現しやすくしています。このリアリティのある成功イメージによって、目標を達成する前から達成してしまったかのような喜びを味わうこともできるのです。

そういう人はもう夢が実現したかのように、イキイキ・ワクワクと仕事ができるようになります。**成功したからイキイキ・ワクワクするのではなく、イキイキ・ワクワクしながら仕事をするから成功する**のです。これが成功者の「思いは叶う」という仕組みです。

成功者は自分の成功をリアルにイメージできるからこそ、自分のツキや運を信じることができ、困難な壁も肯定的に捉えてチャレンジできます。**ワクワクしながらチャレンジしているから何度失敗しても諦めることがなく、最後には不可能だと思うようなことも実現してしまう**のです。

MEMO

131/365

Life

「道」という文化を大切にしよう

単なるテクニックではなく、懸命に打ち込むことで自己の精神を高めてくれるのが「道」である。私たちはこの日本独特の文化を大切にしなければならない。

日本には**昔から「武道」「芸道」「商人道」というように、自分の選んだ業《なりわい》を「道《どう》」と名付ける習慣**があります。

この「道」という言葉がつくことで、それが単なるテクニックではなく「自己の精神を高める道」であるという意味が加わります。**どんなことでも一生懸命、精神を込めてやることが「道」につながる**ものです。この「道」という文化をつくったのは、世界に日本しかありません。

それこそ**私が長年取り組んできた卓球も「卓球道」という自分の精神を向上させ、真心を磨く道**に他なりません。このような「道」で真剣に努力することで、心・技・体が進化していきます。また、新たな創意工夫や知恵がどんどん浮かんでくるでしょう。

我々は昔から、「道」という文化を受け継いでいるのです。ビジネスや人生全般においても、この文化を生かしてみてはどうでしょうか？　身近なものとしても、「剣道」「柔道」「弓道」「空手道」「合気道」「華道」「茶道」「書道」……とさまざまな「道」のつく活動はあります。そんな自己の精神性を高め、人格形成にも良い影響を与えてくれる分野に触れてみるのもおすすめです。

また、道を極める上では、その道の師匠・ライバル・友人との出会い（縁）が大切です。私の知人には、「人生は『運』と『縁』の二つに尽きる」と言う人もいます。実際、どのような道も我流で到達できるレベルはたかがしれたものです。良き師匠、良きライバル、良き友人との縁は自ら求めなければ得ることができません。ぜひ、自分が進むべき道を見つけたならば、同時に縁も大切にしていきましょう。

MEMO

132/365

Life

性格は努力次第で変えることができる

いい習慣を身につけて繰り返せば、それが新しい「性格」になる。理想の人物を思い描き「彼（彼女）ならどうするか」を考えよう。

世の中には、自分の性格に苦しんでいる人もいます。**すぐカッとなってしまう、些細なことでクヨクヨしてしまう、なんでも悲観的に考えてしまう、自分の意見をはっきり言えず、いつも損な役回りを押し付けられるなど、いろいろな性格上の悩みがある**でしょう。

そんな方には、**「性格は努力によって変えることができる」**ということを知ってもらいたいと思います。その方法は以下の通りです。

- **明るく前向きな姿勢で、仕事（学生ならスポーツや勉強）に取り組む**
- **どんなことにも手を抜かず、精いっぱいの努力を惜しまない**
- **自分から人とのコミュニケーションを積極的にとる**

最初は「そんなことはとてもできない」と思われるかもしれません。しかし、**できるところから思い切ってやってみれば、意外なほど簡単にできる**ものです。それを繰り返せば**新しい「習慣」となり、さらに「習性」となり、やがて第二の天性とも言うべき「性格」になる**のです。

このように「心をよく働かせること」「人間性を磨くこと」「知能を使うと同時に心を使うこと」で、その後の人生は必ず開けてきます。ぜひ、**自分の思い描く理想的な性格の人物像を思い描き、その人が取るような「行動」をしてみる**ことを心がけてください。気がつけば、**あなたは自分が理想としていた性格になっている**はずです。

MEMO

133/365

Life

本当の頭の良さとは、どういうものか?

本当に頭がいい人とは特定の能力に優れている人ではなく、「知・情・意」のバランスを兼ね備えた人である。従って、誰もが努力次第で「頭のいい人」になれる。

私たちが誰かを「あの人は頭がいい」と評価するとき、その人の何を評価しているのでしょうか? たとえば記憶力がいい、計算が速い、難しい漢字の読み書きができる、判断が的確、思慮深い、独創的な発想をするといったことは、いずれも頭の良さとさされる内容です。

しかし、どれも頭の良さの必要条件ではあっても十分条件とはいえません。たしかに優れた能力ですが、このうち一つか二つを満たしていても、それで「頭がいい」とは言えないと思います。

特定の能力が優れていても、全体を把握する力がなければ頭がいいどころか「専門バカ」と呼ばれてしまいます。テストで高い点数をとり、学校の成績が良かったとしても、実際の仕事ができなければ「机上の秀才」と見られます。つまり、**頭の良さというものは限定的な範囲では捉えきれず、もっと総合的なもの**なのです。

記憶力や判断力。思考力や集中力。創造力や表現力。物事を意欲的に学ぼうとする姿勢。できるまで粘り強く願晴る[※1]執念。計画したことをすみやかに実践する行動力。人の気持ちを理解できる共感力。

つまり**頭がいいと評価されるのは、知性・感情・意思という「知・情・意」がバランスよく揃っている人物**です。

ですから、学校で勉強ができなかったからといって、「自分は頭が悪い」と悲観する必要はありません。これからの**努力次第で、いくらでも「頭がいい人」になれる**のです。

※1:P.53 参照。

MEMO

134/365

Life

「慣れる」ことは人間の偉大な能力である

どんな過酷な環境にも人は慣れる。
「慣れる」ことは困難を乗り越えるために人間に備わった能力だ。

太平洋戦争の終戦後、ソ連（現：ロシア）軍に囚われ、シベリアの極寒の地で過酷な労働を強いられながら生還した方たちの話※1を聞いたことがあります。その方たちは、「どうしてあんな環境で何年も生きてこられたのか、今考えてもどうしても分からない」と言っておられました。つまり**人間は、考えられないほど過酷な環境にすら「慣れる」ことができる存在である**と言えるでしょう。

私は戦時中、小学4年生の終わりに集団疎開しました。疎開先の食事はいつもお湯にご飯粒がパラパラと入っているような重湯《おもゆ》と、ほんの少しの漬物だけで、食べ盛りの私たちは常にひもじい思いをして、やせ細っていました。たまに畑仕事の手伝いに行ったとき、先生の目を盗んでサツマイモやジャガイモを掘り出し、土を手で払って生のままガリガリ食べるのを楽しみにしていたのです。

さらに寝るのはいつも大勢でザコ寝。肌着にはノミとシラミが大量に発生しているという生活を続けていましたが、当時はそれを当たり前のこととして平気で暮らせたのです。これも人間の「慣れ」という力のおかげでしょう。

極論すれば、**生きることは「慣れること」である**とも言えます。そして「慣れ」とは人間が環境の変化に対応し、不安を取り除くための一種の能力だと考えられるのかもしれません。**どんなに今が苦しくても、いずれ慣れることができると思えば、将来の希望も湧いてくる**のではないでしょうか。

MEMO

※1：この悲劇は「シベリア抑留」と呼ばれている。数十万人の日本人がシベリアをはじめとするソ連領内の各地へ連行され、マイナス30度を下回る厳しい環境で強制労働に従事させられた。衛生環境や食料事情は極めて悪く、飢えや病気によって約6万人が命を落としたと言われている。

135/365

Life

心を「活性化」させる方法とは

心を活性化させるには、「期限」「行動計画」「評価」を組み込んだ目標を設定するといい。そういう目標を目指している限り、人の心は活性化され続ける。

活動を活発にする、または沈滞していた機能を活発に動くようにすることを「活性化する」といいます。組織（チーム）というものは、人の集団によってつくり出されるもの。ですから、**所属する人の心が活性化した状態にあれば、結果として組織（チーム）も活性化する**ことになります。では、心を活性化させるにはどうしたらいいのでしょうか？

そのために必要なのは目標を持つことです。そして**心を活性化させるような目標を設定するポイントは、次の3つ**です。

1．期限

いつまでに達成すると決めていなければ、目標とは言えません。期限がない目標は単なる願望にすぎないのです。

2．行動計画

どんなに立派な目標を立てても、それを遂行・達成するための計画を立て、行動に移さなければ意味がありません。

3．評価

目標に対する進捗状況をしっかりチェックすることも大切です。場合によっては、途中で計画を変更することも必要です。

組織（チーム）においても個人の人生においても、このような目標の実現を目指している限り、その人の心は活性化し続けていることでしょう。ぜひ、皆さんも自分自身の目標を振り返ってみてください。

MEMO

136/365

Life

心を「活性化」させる「肯定脳」とは

何事も肯定的なイメージを持つ「肯定脳」になれば心が活性化し、能力を発揮できる。「肯定脳」は素直、明るい、前向きといった性格や姿勢から生まれる。

心を活性化させる方法には「目標を持つ」という方法の他に、「肯定脳」を持つという方法もあります。

人間は自分の将来について、肯定的なイメージを持っている人と否定的なイメージを持っている人に二分されます。**いろいろな分野で成功している人は、ほぼ例外なく肯定的なイメージを持っている**ものです。常識的に考えれば無理だと思うようなことも、「俺ならできる」と思い込んで本当に実現してしまうのです。これはまさに**「肯定脳」によって活性化された心の力**に他なりません。さらに「肯定脳」によって**物事をプラスに捉え、すぐに感動するのも脳を活性化させる要因**です。感動して人の話を聞けば、理解度が大きく向上し、独創的な発想も生まれやすくなるのです。

また、素直、明るい、前向きな性格や姿勢は脳の働きや考える力を高め、能力を伸ばす引き金となります。脳の「考える力」はドーパミン[※1]によって活性化される性質を持っていますから、**性格の明るい前向き思考の人はドーパミンが出やすいので、脳の考える力が活性され、思考力や知能も向上する**のです。まさに「肯定脳」は能力を伸ばすと言えるでしょう。そのために必要なのは下記のような心がけです。

- **何事も気持ちを込めて行う**
- **何に対しても楽しむ気持ちを持つ**
- **感動と悔しい気持ちを大切にする**
- **決断と実行を早くする**

こうした態度や行動を日頃から心がけることで、次第に「否定脳」が「肯定脳」に変化していくのです。ぜひ、皆さんもチャレンジしてみてください。

MEMO

※1：神経伝達物質の一つ。人間が「快さ」を感じる上で主要な働きをしている。

Sports

上手に脳を使いこなす方法とは？

脳は達成感を覚えた瞬間、思考と運動を結ぶ神経伝達経路を調整し、運動能力を一気に弛緩させる。従って、最後まで勢いを止めないことが大切なのである。

脳神経外科医である林成之《なりゆき》先生[※1]の著書『望みをかなえる脳』（サンマーク出版）に、上手な脳の使い方に関する解説があります。それは**スポーツにおいて、最後まで「勝った！」とか「やり遂げた！」と思ってはならない**ということです。

先生によれば、試合の最中に「勝った！」「やった！」という達成感や完結感を覚えると、それまで思考と運動の間で緊密に連携していた神経伝達路が調節され、運動能力が一気に低下してしまうそうです。これは人間の脳の弛緩現象と呼ばれ、ほとんど無意識のうちに起きます。

たしかに卓球でもあと1点で勝てるというところから逆転はよく起きますし、サッカーの試合などでも「2点差で勝っているときが一番危ない（逆転負けをしやすい）」という話を聞きます。それはこの**人間の脳の仕組みによるもの**なのでしょう。

林先生はこのようなワナに陥らないよう、**最後の1ミリまで力を抜かず、緊張感と集中力を保持することが大切**だと説きます。それが脳の弛緩を防いで能力を最大限に発揮する秘訣ということでした。

私はこれまで卓球の試合の前、選手たちに「試合終盤の勝負は慎重に行くな！　多少ムリでも、思い切れ!!」「リードしたら『勢い』に乗って、それまで以上に思い切れ!!」と伝えてきました。それが脳の働きの面から見ても正しかったと知り、うれしく思ったものです。ぜひ皆さんも、スポーツやビジネスの現場でこの**「最後まで気持ちを途切れさせない」「ゴールするまで勢いを止めず、一歩も二歩も踏み込んでいく」**という脳をうまく使うコツを覚えておいてください。

※1：北京オリンピック競泳日本代表チームに招かれ、上記のような脳の仕組みについてアドバイスを行った。結果、日本代表チームは金メダル２個、銅メダル３個を獲得している。

MEMO

138/365

Life

ビジョンを鮮明に思い描く方法とは？

夢や目標を実現するには、その過程や達成した状況を細部までリアルに思い描くことが有効である。いわば脳内で未来を体験し、現実化するための方法を学ぶのである。

夢や目標を実現するためには、その夢や目標を達成している様子を細部までリアルに頭の中でイメージすることが効果的です。たとえば卓球の場合、次のようにイメージします。

「大切な試合の最終局面。あと1点、先に得点したほうが勝利する。自分の得意なサーブで始まり、相手が打ち返してきたボール（試合開始から3球目）をフォア・ハンド（利き腕側）で強打し、勝利した」

・この最終局面における理想の動きを、スローモーションでいいので脳内に再現する

・試合に勝った結果、大会で優勝。チームメイト全員が感動し、お互いに讃え合っている姿をイメージする。そのとき、自分はどのような役割を演じているか？

このように**「ビジョン（＝理想的な状態）」を持つことで、その動きをしたときの感覚を覚えられる**ようになります。また、**今まで気付かなかった有効な練習方法・テクニックを発見する**こともできます。

これは卓球などスポーツだけで使える技術ではありません。ビジネスや人生全般において、**自分が思い描く理想の人物のように振る舞ってみたり、成功にいたる過程・結果をイメージしてみると、たくさんの「How to（＝理想に近づくための方法）」が見える**ものです。一生懸命にHow toを考えるよりも、まず頭の中で理想の状態をイメージすることの方が効果的とも言えるでしょう。**脳の中で未来を経験すれば、私たちの可能性は何十倍にも広がる**のです。

MEMO

139/365

Life

人生の変化は一瞬で起こせる

日々の良かったこと・うれしかったことを1週間ノートに書き留める、本の一文や上司の一言などにより、人生は一瞬でいい方向に変化することもある。

NHKの「ためしてガッテン」という番組で、日常で経験した良かったこと・うれしかったことを3つ、ハッピーノートという日記帳に1週間書き留めるという実験が行われました。この実験の参加者の実験開始前と終了後の気分を比べたところ、参加者はいずれも、毎日にこれほどいいこと・うれしいことがあったことに驚き、人生を前向きに考えられるようになりました。この結果から分かるのは、**人間の経験や感情は書き留めることで客観化され、心に深く残る**ということです。このハッピーノートを始めるにはお金も特別な道具も必要ありませんが、**たった1週間で人生を大きく変える可能性がある**のです。

人生に大きな変化を起こすものは、他にもあります。たとえば、たまたま読んだ本の一行が人生を変えることや、上司の一言が部下を一変させることもあるでしょう。

私の愛読書は山岡荘八の『徳川家康』（全26巻・講談社）※1という小説です。かつてそのなかの**領主にとって部下や領民は自分の持ち物ではなく、天から預けられている「大切な預かりもの」と思うべき**だという家康の思想に感銘を受けました。

この一文が、**スヴェンソンの社員やお客様、取引先とその家族、全国に広がるお店の地域の方々を含めて、みんな幸せになっていただかなければならないという私の経営観の基礎**となっています。また数十年にわたり、明治大学卓球部の監督・総監督として縁あって入学してきた何百人の選手たちが人間力を身につけ、立派に成長してくれるようサポートしていきたいと考えるきっかけにもなりました。人間が変化するには、一瞬あれば十分なのです。

※1：「歴史上の人物に経営を学ぶ」というブームの先鞭をつけた作品である。

MEMO

140/365

Life

人生のさまざまなリスクを受け入れよう

リスクを取らない人は成長が遅い。積極的に決断する経験を重ね、自分を挑戦する体質に変えていこう。またピンチは次の段階への通過点だと考え、チャンスにしよう。

数多くのスポーツ選手や社員を見ていて実感するのは、**「リスクを怖がる人は成長するスピードが遅い」**ということです。せっかく成長のチャンスがあっても、リスクを恐れて挑戦しなければ、積極的にリスクをとってチャンスをつかむ同僚・後輩に追い越されます。だから私は、常に**「リスクを取らないことは最大のリスクだ」**と伝えてきました。

「リスク怖い病」にならないためには、決断する経験を重ねて、自分自身を「挑戦する体質」に変えていくことです。若いときから決断の経験を多く持っている人は、必要なリスクを許容できるようになります。

さて、リスクへの耐性をつけるのに大げさな意識改革は必要ありません。**自分を主体とする意思を持ち、何事も自分で決断しようとする**だけでいいのです。これを「自助の精神」[※1]と言います。リスクの語源は「勇気を持って試みる」というイタリア語「Risicare(リシカーレ)」からきており、このリスクをいとわないチャレンジ精神を支えるものが自助の精神なのです。

また「ピンチ=リスク」と考える必要もありません。**努力の末に迎えるピンチはチャンス**だからです。**努力してきた末にピンチを迎えたということは、次の段階に進むための通過点に到着したようなもの**です。これまで努力してきたことに自信を持ち、乗り越える覚悟を決めれば、ピンチはチャンスに変わります。「ピンチだ!」というときは「これはチャンスだ」と見方を変え、**前向きに「どうしたらいいか」「自分は何をするか」と考えれば、解決策は自ずと見えてくるは**ずです。

MEMO

※1:「天は自ら助くる者を助く」という言葉で有名な、サミュエル・スマイルズの著作『Self-Help』で紹介されている。この本は1859年にイギリスで出版され、その後のイギリスやアメリカの基本的精神となっている。

141/365

Life

努力における「時間の質」を高めよう

成功するには努力した「時間の長さ」だけでなく、「時間の質」も重要である。一点に集中してフィードバックを受け、目標達成まで何度も繰り返さねばならない。

P.64で紹介した『GRITやり抜く力』という本では、成長・進歩するための努力には「時間の長さ」だけでなく、「時間の質」も関係しているとあります。つまり、**「どれだけ集中して質の高い取り組みを行ったか」が大切ということであり、楽な練習はいくら続けても意味がない**とも言えるでしょう。本書では「質の高い努力」として、以下のような条件が挙げられています。

1．一点に集中して高い目標を設定する

2．パフォーマンスが終わったら、すぐにフィードバックを求める

3．改善すべき点が分かったら、うまくできるまで繰り返し練習する

偶然ですが、私が卓球日本代表の監督だった時代の練習とよく似ています。当時は世界一になるため、一つ一つ目の前の課題をやり切ることに集中していました。さまざまな練習メニューに高い目標（連続1000回成功させる等）を設定し、練習メニューが終わるごとに気付いた点を選手に伝え、設定した目標に到達するまで繰り返し練習を続けたのです。これを習慣にしたことで、世界で闘える技術力と精神力が鍛えられたのだと思います。

「一途一心」[※1]という言葉があります。**ひたすら、ひたむきに一つのことに命を懸けるという意味**であり、あらゆる道、あらゆる事業を完成させる上で欠かすことのできない心の態度だと言えるでしょう。**物事を成就させるには、このような心のコア（核）を持った質の高い努力が不可欠**なのです。

※1：「一心一意」「一意専心」とも言う。

MEMO

142/365

Life

人生は短距離走だと考えよう

人生をマラソンだと考えていると、肝心なところで甘えが出る。50メートル走のような短距離競走だと考えて常に全力を出し切れば、大きく成長することができる。

人間学の名著として知られる『修身教授録』（致知出版社）で、著者の森信三《のぶぞう》先生[※1]は**人生をただ一回のマラソン競走にたとえています。**

そして勝敗の決は一生にただ一回、人生の終わりにあるだけであり、マラソン競走と考えている間は、まだ心にゆるみが出る。人生が50メートルの短距離競走だと分かってくると、人間もすごみが加わってくると言っておられます。

森先生がおっしゃるように、**人生をマラソンのようなものだと考えていると大きなチャンスが来たり、ここ一番で頑晴[※2]らなければならないときに全力を出し損ねる**ことがあります。

マラソンだと思うから、「まあ明日でもいいか」「この次に頑晴ればいいか」という甘えが出てしまうのです。

もし、普段から50メートル走で走るかのように人生の何事にも熱意を込め、全力でぶつかっていれば、あらゆる能力は少しずつでも成長していくでしょう。

そんないい習慣を続けていけば、それはいつしか習性となり、皆さんの第二の天性（＝性格）になっていくはずです。ぜひ、人生は短距離走だと考え、常に全力を出し切って生きましょう。

ちなみに、この人生はマラソンであり、短距離走でもあるという感覚は、私には非常に共感できます。卓球もまた持久力と瞬発力の双方が欠かせないスポーツだからです。

MEMO

※1：哲学者・教育者。多数の著書を遺し、「国民教育の師父」と謳われている。
※2：P.53参照。

143/365

Life

自分だけの揺るがぬ信念を築こう

人は誰しも、「これだけは守り続けたい」という信念を持った方がいい。その信念によって、私たちは自分の道を切り拓き、自分らしく生きていくことができる。

自分の道というものは、生まれたときからあるものではなく、自分自身で切り拓いていくものです。そのためにも、まずは「これだけは守り続けたい」という信念を築きましょう。

自らが正しいと考えることを堅く守り続け、信じる道を突き進む。そんな**強い信念をもって一心に努力を続けていれば、どんなことでも必ず成し遂げることができる**ものです。

「心頭滅却[※1]すれば火もまた涼し」とは、人間は心の持ち方次第でいかなる苦難にあっても苦痛を感じなくなるという意味です。このように、**信念が人生に与える影響は計り知れない**ものがあります。**信念の言葉が強いエネルギーとなって、現実をつくる**のです。信念にはそれほどのパワーがあることを知り、決して軽視してはなりません。

自分の人生は他の誰でもない、自分のためにあります。意見や批判は素直に聞き入れたとしても、自分自身の生き方を明るく、前向きに貫いていきたいものです。そんなふうに**自分らしく生きるには、やはり信念が必要**です。**信念を胸に、信念の行動で目標に向かう姿は本当に美しい**私はそう思います。

ここで言う目標とは、その人が到達を目指す「願い」ともいえるでしょう。たとえば、「自分はこうありたい」「こういう成績を上げたい」「必ずレギュラーになって優勝に貢献したい」といったものです。そんな目標への道のりは、容易なものではありません。しかし、一歩ずつ地道に努力すれば、それらは必ず達成することができます。そして、そのとき**最も大切なのは、「自分ならできる!」という信念**なのです。

※1:一切の雑念を排し、心が無に至った境地。「無念無想」とも言う。

MEMO

仕事における「誇り」と「やりがい」の大切さ

テッセイのエピソードから「誇り」と「やりがい」の大切さが学べる。自分の仕事に関しても、どこに「誇り」と「やりがい」があるのかを考えてみるべきである。

東海道新幹線の車両清掃業務を請け負う「テッセイ」[※1]という会社がありました。もともと同社は乗客から清掃の不備に関するクレームが多く、社員の離職率も高いという評判の良くない会社でした。そんな会社が、JR東日本から矢部《やべ》輝夫《てるお》さんという方が赴任してきたことをきっかけに大きく変わりました。

矢部さんは**「自分たちはしょせん清掃スタッフ」という意識が、テッセイ社員の間に蔓延している**と感じました。そこで彼は「清掃業務」という仕事の価値を根本から見直し、**清掃スタッフを「お掃除のおじちゃん・おばちゃん」ではなく、「世界最高の技術を誇る新幹線のメンテナンスを『清掃』という面から支える『技術者』である」と定義**しました。

もちろん、簡単に変化があらわれたわけではありません。それでも矢部さんは**社員の要望や提案一つ一つに丁寧に対応**していきました。すると、少しずつ社員たちから積極的に業務を改善する提案が出始めたのです。

その地道な改善を繰り返すことで、ついにテッセイは有名な「7分間の奇跡」[※2]を実現させ、素晴らしい会社に生まれ変わりました。**テッセイの事例のポイントは、清掃作業に視覚的な面白さを加えたアイデアだけでなく、社員が「誇り」と「やりがい」を持って仕事をしていること**です。

このテッセイの事例からも分かる通り、**「誇り」と「やりがい」を自覚することは、私たちのパフォーマンスを大きく向上させる**ものです。ぜひ、自分の仕事のどこに誇りとやりがいがあるか、じっくりと考える時間をとってみてください。

MEMO

※1：正式な社名は「株式会社 JR 東日本テクノハート TESSEI」。このエピソードの内容は『ハーバードでいちばん人気の国・日本』（佐藤智恵・著　PHP 新書）で紹介されている。／※2：その鮮やかな清掃業務は「新幹線お掃除劇場」とも呼ばれている。

145/365

Business

リーダーの言葉はどのようなものであるべきか

何かを相手に伝える場合、「指示・命令」「説得」「気付きを与える」の3つの方法がある。時間はかかるが、「気付きを与える言葉」が最もリーダーには求められる。

言葉で何かを相手に伝える場合、以下の3つの方法があります。

1. 指示・命令する（やってほしいことを伝える）

・反応　「はい、やります」
・効果　短期間で動かすことができる
・影響　自分で考えることがなくなり、指示されないと動かなくなる危険がある

2. 説得する（やってほしいことを理由や具体例を挙げて伝える）

・反応　「はい、そうですね。やります」
・効果　納得させて動かすことができる
・影響　説明された理由が理解できない限り、動かなくなる危険がある

3. 気付きを与える（質問を投げかけ、考えることを促して伝える）

・反応　「（えーっ、何だろう？あっ、そうか、それは大事なことだ！）やります！」
・効果　自発的にやる気を出して動くようになる
・影響　自分で考え、納得して動くので、進んで行動できるようになる

私自身もそうでしたが、「それではいけない」と思いつつ、リーダーと呼ばれる人たちは「指示・命令スタイル」を用いがちです。しかし現在の私は、できる限り「気付きを与えるスタイル」を心がけています。

リーダーの言葉は、何年も何十年も聞いた人の支えになる可能性を持っているものです。ぜひ、リーダー的な立場にある人は「気付きを与える言葉」をメンバーに贈ってあげてください。**それが巡り巡って、組織やチームを強くする**のです。

MEMO

不安や緊張の正体とはなにか？

不安や緊張は、大事な場面に対応するための生理現象から生じるものである。自分が大切な場面に取り組む準備ができている証拠とポジティブに捉えよう。

ここ一番という大事な場面でガチガチに緊張してしまい、思うような結果を出せなかった経験は誰もが持っていると思います。実は、この**不安や緊張は私たちを願晴[※1]らせてくれるサインである**という主張があります。心理学者のケリー・マクゴニガル氏[※2]は、次のように述べています。

・不安や緊張を感じるとき、体内ではアドレナリンが放出され、人間の活動をより活発にしている。その結果として心臓の鼓動が速くなり、脈拍が上がり、息が荒くなる。これらの症状はすべて「脳と体により多くのエネルギーを送るため」のものであり、**身体が緊張するのは、筋肉が次の行動を取るための準備をしているため**である

・不安を感じているときは五感の機能も高まっており、光をより多く取り込むために瞳孔は広がり、聴覚は鋭くなる。それは**私たちの注意が「今この瞬間」に集中している証拠**である

・**不安や緊張によって生じる身体の症状は、「チャンスを台無しにするサイン」ではなく、「これから待ち受ける問題に立ち向かうときだということを身体が理解しているサイン」**である

ケリー・マクゴニガル氏は、これらの身体に出る反応を**「チャレンジ反応」**とポジティブに表現しています。**「緊張で心臓がバクバクする」「喉がカラカラになる」といった状態になったときは、「身体の準備は万全だな！」と見方を変える**ことで、大事な場面でも思い切りのいい行動ができるようになるでしょう。

MEMO

※1：P.53 参照。／※2：『スタンフォードの心理学講義　人生がうまくいくシンプルなルール』（日経 BP）の著者。「プレゼンテーションの達人」としても知られている。

147/365

Life

どんなときも、自分との戦いに集中する

スポーツでもビジネスでも最大の敵は自分である。ライバルや環境、勝敗への不安を忘れ、自分と闘うことに集中することで、最高の結果を出せる。

スポーツや将棋・囲碁など、勝負の世界に生きるトップ・プレイヤーたちは口を揃えて**「最大の敵は自分である」**と言います。私自身の経験でも、自分との闘いに集中し、自分の心をコントロールできれば対戦相手や周囲の環境との闘いはさほど問題になりません。**雑念を捨て、自分のベストを尽くすことに専念できたときほど結果がいい**のはそのためでしょう。

逆に、**試合の最中に勝敗の行方を気にし始めたりすると、途端にミスが連続し、思い通りのプレイができなくなるもの**です。これは自分との闘いに集中せず、試合の結果に囚われる気持ちが不安を引き起こし、筋肉を緊張させ、集中力を失わせるからです。逆に自分との闘いに専念しているときに、イージーミスはほとんど出ません。

さて、スポーツやビジネスにおいて、「自分との闘い」に専念できたかどうかは次の方法でチェックすることができます。

1. どんな場面でも持てる力を100%発揮し、ベストを尽くしたか

2. 積極的に、思い切りよく取り組み続けたか

3. 行ったことの責任はすべて自分が取り、周囲に責任を転嫁しなかったか

この3つの質問に自信を持ってイエスと答えられれば、自分との闘いに専念し、勝利できたと言えるでしょう。**スポーツならば試合のたびに、ビジネスならば仕事の節目ごとにこれらのポイントを自問し、どれだけ達成できたかをチェックする**ようにしてください。それが自分のメンタルを鍛えるトレーニングになります。

MEMO

人間力を高めるには「他人の痛み」を知ろう

社会の中で幸せに生きていくには、人間力を高める必要がある。人間力とは「人の痛みを知ること」であり、私たちは他人の痛みに向き合う覚悟を持たねばならない。

私たちを取り巻く環境がどんなに変わろうとも、人間の本質は何も変わりません。**人間の本質とは「社会的な生物である」**ということ。すなわち、**人間は誰も社会にかかわりを持たず、一人で生きていくことはできない**のです。

では、その**社会の中で幸せに生きるには、周りの人から温かく接してもらい、自分の存在や立場が認められる必要がある**でしょう。そのためには「人間力」を鍛えなければなりません。

さて、この人間力とは一体何を指しているのでしょうか？　私が考える**人間力が高い人とは、やはり「他人《ひと》の心の痛みが分かる人」**です。人の気持ちと向き合うことは、簡単なことではありません。まして、それが喜びや楽しみではなく痛みや苦しみであれば、感情移入するほど自分の心が揺さぶられ、精神的に疲れてしまいます。しかし、**その苦痛に向き合う覚悟がなければ「人間力」は高まらない**のです。

私たちは日々、さまざまな人とかかわっています。そしてふとしたときに、誰かの心の痛みや、苦しみに触れることがあります。そんなとき、**「自分は相手の心に真剣に向き合っているだろうか？」**と問いかけてみてください。私自身の自戒を込めてですが、も**し自分の感情が強く動かされたにもかかわらず、それを無視し続けていれば、やがて人の痛みに気付かない人間になってしまう**でしょう。

人間力を高めること、すなわち**人の痛みが分かる人になることが、巡り巡っていい人間関係に恵まれる秘訣**なのです。

MEMO

149/365

Sports

「心と心の戦い」にまで踏み込もう

技術や体力だけでなく、心も鍛えなければ勝てない。心を鍛えることには、心理戦に強くなることも含まれる。人間の心理を理解することが一流への道である。

卓球選手のなかには、**いいフォームで、いい球を打っていれば、一流になれると思っている人**がいます。たしかに、優れた技術を身につけるのはいいことです。しかし、それが勝利に結びつくとは限りません。技術の進歩は勝利への大きな要素ですが、本当に勝つためにはそれ以上に学ばなければならないことがあります。

スポーツで鍛えるべきものとして「心・技・体」という言葉がありますが、なかでも**「心」を鍛えることが最も重要**です。心を鍛えることには、自分自身の心だけでなく、対戦相手との心理的関係を鍛える要素も含まれます。簡単に言えば、**「心理戦」「かけひき」に強くなる**、ということです。

これら**「心理戦」「かけひき」は「ゲームズマンシップ」**[※1]**と呼ばれる**ものです。言葉の印象から、相手の裏をかく卑怯なイメージを持つ人もいるかもしれません。しかし、試合は対人戦である以上、相手の精神状態から体調まで理解する必要があります。そして相手に弱点があれば徹底的に突き、相手の強い点はうまく受け流さなければなりません。つまり、**真のゲームズマンシップとは、相手を理解することから出発した正々堂々たる全人格的競争であり、決していかがわしいものではない**のです。

一口で言えば、**戦う者は相手の心の中にもっと踏み込まねばならない**ということです。ビジネスで言うならば、優れた商品・技術を提案すればいい仕事ができると考えているビジネスマンは「二流」と言うことです。お客様の心に迫り、真に求められているニーズを満たそうと努力してこそ、「一流」への道が開けるのです。

MEMO

※1：定められたルール内で最善を尽くす精神のこと。単純にゲームのルールに反しない限り、何をやってもいいと解釈されることも多い。

熱意は人生のすべてを動かす原動力である

熱意は物事を成し遂げる上で最も大切な要素であり、周囲に感染して仕事を成し遂げる原動力になる。その土台は心であり、心を鍛えればどんなことも苦にならない。

「熱意」とは天が助けたくなるほどの思いを持って、その事柄に打ち込んでいる熱心な意気込みのことをいいます。そんな熱意には自分を動かし、他人を動かし、人生を変えてしまう力があります。

物事を成し遂げる上で、熱意は最も大切な要素です。リーダーが熱意を込めて方針を語り、全力を尽くせば、社員や選手もその熱意に動かされずにいられません。**熱意は目に見えない力となって周囲の人を引きつけ、思わぬ加勢を呼び、一人では成し得なかった仕事を成し遂げることも可能にする**ものです。この誰かの熱意に反応して、周囲に熱意が広がることを、心理学者は「感染反応」と呼んでいます。

この**熱意の源は「心」であり、心こそが肉体の主人**です。その証拠として、人は心が弱くなると失敗したり、思うようにいかなくなったり、病気になったりして、物事を成功させることができなくなるものです。

心の強さは物事を成就させる絶対条件です。どんなに努力をしていても、心に不安な気持ちがあり、目標を達成しようという熱意がなければ失敗してしまうものです。目や耳といった五感も手足もすべては心が統率しているわけですから、やはり**心を鍛えていくことがどんな分野でも成長する上で最も大切**なのです。

考えてみれば、人間の心というのは本当に不思議なものです。心を鍛え、熱意を持って取り組むことで、どんなことも苦にならなくなります。このことについて、荒了寛《あらりょうかん》※1師は次の言葉を遺されています。「苦しみがなくなるのではありません。苦しみではなくなるのです」

MEMO

※1:天台宗ハワイ別院を創立。『こだわらない　とらわれない』(フォレスト出版)をはじめ、数々の著書と仏画を遺されている。

151/365

Life

幸運の種をまくような生き方をしよう

明治時代の文豪、幸田露伴は幸運を招く方法論として「惜福・分福・植福」という説を唱えた。このうち最も大切なのは、将来のために幸福の種をまく「植福」である。

基本的に、人間は誰でも幸福になりたいものです。**「幸福」こそ、人間にとって最大のテーマ**と言えるでしょう。そこで明治時代の文豪、幸田露伴[※1]は成功者と失敗者を徹底的に観察し、「人間の幸福」をテーマにした本を書きました。しかし、幸福をテーマとした本なのに、『努力論』（岩波文庫）というタイトルなのが面白いところです。

このタイトルになったのは、幸田露伴が「どうすれば幸福になれるか」という考え方よりも、「どういう心がけで生きれば人生を肯定的に生きられるか」を中心に説いているからでしょう。そして**肯定的に生きるための心がけとは、「他責ではなく自責で考える」「日々、努力を重ねること」**だと述べています。

さて、本書のなかで幸田露伴は「幸福三説」という考え方を主張しています。

1. 惜福《せきふく》：福を使い尽くさないこと。
2. 分福《ぶんふく》：自分に来た福を、他に及ぼしていくこと。
3. 植福《しょくふく》：将来にわたって幸せであり続けるために、今から幸福の種をまいておくこと。

上記の3つはいずれも幸運を招く方法論ですが、幸田露伴は最も重要なのは植福であると言っています。たしかに、今の自分は過去に自らまいた種が芽を出した結果です。過去を書き換えることはできませんが、今から**いい種をまき、努力し続ければ望ましい未来につながる**ということでしょう。まさにそれこそが、福（＝幸運）を招く最良の方法なのです。

※1:明治時代に活躍した小説家。代表作に『五重塔』『風流仏』などがある。

MEMO

152/365

Life

世界初の栄光よりも「1400日の努力」が尊い

女性として世界初のエベレスト登頂を果たした登山家・田部井淳子さんは、登頂の栄光よりも、それを支えた多くの人の1400日におよぶ努力の方が尊いと教えてくれた。

生前、親しく交際させていただいた田部井淳子さん[※1]は、1975年に女性として世界初のエベレスト（チョモランマ）登頂に成功されました。このときの登山隊は女性のみで構成されており、田部井さんは副隊長として参加しています。

当時のエベレスト登頂は国家的事業であり、億単位の経費が必要と言われていましたが、なんの後ろ盾もない田部井さんたちは登頂日を4年後に定め、その登頂日から逆算してやるべきことをすべてリストに書き出しました。そして毎月1回の全体ミーティングを行いながら、徹底的な調査と工夫を重ね、ついにエベレスト登頂を果たしたのです。

そんな彼女はエベレスト登頂よりも、その一瞬のためにさまざまな職業を持った女性が集まり、1400日にわたって準備してきたことのほうが大切だと思うということを語っていました。

それはたとえば、『絶対に叶えよう』という強い意思があったからこそ、長い準備に耐えられたこと。その意思はお金で買うことはできず、人からつくってもらえるものでもなく、**本当に自分の心の中から、なにか燃え上がるような、ファイトが湧いて意志となる。**それだけに意志は尊い。意志こそ力であるといった内容でした。

私たちはオリンピックの金メダルの栄光や、ビジネスの大きな売り上げ達成に目を奪われがちですが、**本当に大切なのはそこに至るまでの努力なのです。**そして、**その努力の裏にある熱意・情熱こそ、私たちは見習わねばならない**と思います。

MEMO

※1：日本の登山家。女性として、世界で初めて七大陸最高峰の登頂に成功したことで知られる。

目標があって初めて、人は動くことができる

人類初の月面着陸は、ケネディ大統領が「月に人間を着陸させる」という目標を掲げたことで実現した。人間は目標があって初めて努力し、行動できるのである。

アメリカ合衆国第35代大統領のジョン・F・ケネディは、人に目標を与えることが大変うまかったと言われています。ケネディには「月に人間を着陸させたい！」という強い思い[※1]があり、この思いに共感した人たちによって「月」への挑戦が始まりました。

その挑戦からおよそ10年後の1969年7月20日、アポロ11号から切り離された月着陸船イーグル号は月面の「静かの海」に着陸しました。そしてアームストロング船長が、人類の歴史に残る月での第一歩を踏んだのです。

このように、**目標があるのとないのとでは、人の意気込みはまったく違います。**

たとえば、かつて私が卓球の全日本代表監督として選手たちと猛練習ができたのは、「打倒中国」という巨大な目標があり、人類の文化の向上のために卓球に取り組み、人類の進歩に貢献するという使命感があったからでした。また、スヴェンソンの事業に全力を注ぐことができたのは、当時のウィッグに不満を抱える日本のお客様に、ドイツの優れたウィッグ技術をお伝えしなければならないという使命感を含んだ目標のおかげでした。**目標を持たず、漠然と仕事をしているうちは何の面白味もなく、努力することもない**でしょう。「一生懸命やること」というお題目で尻を叩いても、人は動きません。まず、目標を決めましょう。そうすることで、**人はその目標に向かって走り出せる**のです。

※1：ソビエト連邦（現：ロシア）は1957年に世界初の人工衛星打ち上げ、1961年に世界初の有人宇宙飛行を成功させており、アメリカは宇宙開発競争に後れをとってしまうという危機感を覚えていた。

MEMO

154/365

Life

「あのことが起きたおかげで」と言うために

ベートーベンは聴力を失ったが、その後も素晴らしい楽曲をつくり続けた。挫折を味わったときは「そのおかげで未来が拓けた」と言うために、諦めず努力を続けよう。

人生の転機には、その人にとって一番大事なものを奪われると言われます。たとえばベートーベンは、いよいよこれからというときに、音楽家には欠かせない耳が聞こえなくなってしまいます。しかし、ベートーベンにとって、耳が聞こえなくなった4年後からの10年間が黄金期[※1]となりました。

大きな挫折を味わったときの気持ちの持ちようについて、作家の曽野綾子さんは、ある対談で次のようなことを語られていました。

神様はその人のためになるように計らってくださるので、何年か経って、「あのことが起きたおかげで」と思う日が必ず来る。そして人間の苦しみがあるところには、それを乗り越える力もまた与えられていると。

ちょうど同じ頃、明治大学卓球部の選手たちから届いたその年の所感には、**前年度に大きな大会に負けて本当に悔しい思いをしたことが、今年度の必勝を誓う強い決意になった**と書かれていました。

その手紙を読んだ私は、きっと**前年度の敗北が今年度に生かされ、曽野綾子さんのおっしゃる「あのことが起きたおかげでと思う日が必ず来る」ということの実証になる**と感じました。

一瞬一瞬、目の前に起こる出来事には意味があり、必ず未来は拓ける。そう信じて、やるべきことを精一杯やっていく。それもまた人生で成功する秘訣なのです。曽野綾子さんは、次のようなこともおっしゃっていました。

海でおぼれている時は、あがけばあがくほど苦しくなる。ところが、一度海底まで沈んでしまえば一気に浮上する。大きな挫折や苦しみに出会ったとき、ぜひ思い出してほしい言葉です。

MEMO

※1:1804年から1814年までの10年間のこと。この時期に「運命」「田園」などの代表作やピアノソナタ、オペラ用楽曲など、ベートーベンが生涯に遺した作品の半数が製作されている。

155/365

Life

心のレジリエンスを大切にしよう

人間は「タフな精神」と同時に、「ストレスから立ち直る力」を持たねばならない。ネガティブな感情を消すことは、大切なメンタルマネジメントである。

最近、メンタル予防策として導入され、注目を集めているのが「レジリエンス」です。もともと生物学で「復元力」を意味する**この言葉は、心理学では、逆境やストレスに適応して立ち直る力という意味で使われる**ようになりました。

人間がイキイキと活動するためには、「精神的なタフネス」と「ストレスから立ち直る力」の両方が必要です。どんなにタフな精神を持っていても、ストレスから立ち直る力がなければ、いつか負荷に耐えられずポッキリと折れてしまうからです。

さて、ストレスから立ち直る力の基本はネガティブな感情を管理することです。そのために最適な方法は、「3分間呼吸法」です。**ゆっくりと8秒ほどかけて息を吸い、5秒ほど息を止め、8秒ほどで息を吐く**。この深呼吸を繰り返します。これを**3分も続けると、心に落ち着きが戻って来る**はずです。

また、ネガティブな感情が自分でコントロールできなくなるのは、感情のネガティブ連鎖（ネガティブな連想[※1]）が起きているからです。従って、適度にネガティブ感情を解消する習慣を持っているかどうかが、人生において健康にイキイキと働き続けられるかどうかを左右します。

気持ちを切り替え、ネガティブな感情を解消する方法には、自分が好きで没頭できるものを選ぶようにしましょう。運動したり、音楽を聴いたり、瞑想をするなど、いろいろな方法が考えられます。こういう習慣を持っていれば、感情の切り替えがうまくできるようになります。ぜひ、自分に合った方法を見つけるようにしてください。

※1：一つの悪い想像から、次々と関連する悪い想像が浮かんでくること。

MEMO

156/365

Life

感謝の心を持つと、ストレスに強くなる

周囲への感謝の気持ちを持つことがストレスへの耐久力を高め、ストレスからの回復力も高めることになる。また必要なときは、遠慮なく周囲に頼れる準備をしておこう。

MEMO

私の経験上、あらゆることに感謝の気持ちを持つ人は、人との出会いを大切にすることで幸運に恵まれ、どんどん新しい縁がつながっていきます。自然に日々の生活は楽しいものとなり、ストレスの少ないものになっていくのです。反対に感謝の気持ちが少ない人ほど運に恵まれず、ストレスの多い生活をしていると感じます。感謝の気持ち次第で、人生の幸せや楽しさはまったく異なるものになるのです。

精神的な回復力の高い人ほど、自分の限界を理解しているものです。そういった人は自分一人の力ですべての問題を解決しようとは考えず、積極的に周囲の助けを求め、その助けに感謝します。結果として、**ストレスが溜まった場合は周囲の助けを得てストレスを解消し、精神を回復させる**ことができるのです。

私たちも彼らを見習って、**気軽に相談したり、支援をお願いすることのできる相手を普段から見つけておく**といいでしょう。

また、最近の心理学の研究では**「感謝の感情」が豊かになると、ストレスへの耐久力がつく**ことが分かっています。さらに感謝の感情は対人関係の潤滑油になりますから、いい人間関係を保つのにも役立ちます。

ここまでの話をまとめると、**感謝の心を持つ人はストレスに対する耐久力があり、助けてくれる人も周囲にいるので、ストレスからの回復力も高まる**ということです。さらに**対人関係も円滑ですから、そもそも余計なストレスが溜まることも少ない**でしょう。

まさに**感謝の心がストレスに強くなるための秘訣**なのです。

157/365

Life

「多聞」の心で自分を磨いていこう

「多聞」とはたくさんの知識を覚えておくことではなく、知識を求め、その本質を理解しようとすることである。この努力こそが自分を磨き、高めてくれる行為となる。

仏教に「多聞《たもん》」という言葉があります。辞書的な意味では「正しい教えを多く聞いて心に留めること」とされていますが、これを単に「たくさんの知識を聞いて覚えておくこと」と考えるのは、正しい理解とは言えません。多くの知識に触れながらも言葉や表現に惑わされず、起こった事象に疑問を持ち、納得するまでそのことを探求していく。見聞きした事柄の意味をよく考え、理解しようと努力することが大切なのです。今のように情報が氾濫する時代だからこそ、「多聞」という大切な教えを正しく理解していきましょう。

さて、世の中にはあらゆるものを糧にして自分を磨く人と、対照的になにもアクションを起こすことなく自分を錆びつかせてしまう人がいます。この両者は同じ目標に向かって、同じ環境で、同じ仕事をこなしているにもかかわらず、なぜか明らかな差が出てきてしまいます。

その理由は、日々の生活で「多聞」を実践できているかどうかです。多くの知識を求め、人との交流に積極的であるかどうか。一つ一つの行動が積もり積もって山となり、次第に大きな差となっていくのです。伸び悩んでいる人や今の自分に満足できない人は、新しい刺激に触れ、自分を磨くための行動を怠っているのです。

私は今も人から話を聞かせていただいたり、本や雑誌、ニュースで見聞きしてなるほどと思ったことを書き留めたり、切り抜いたりして参考にしています。こんな簡単な方法でも「多聞」という自分を磨く方法になります。ぜひ、自分を磨く方法を見つけ、自分を高める努力を続けていきましょう。

MEMO

158/365

Life

情熱のタイプで人間を分類すると？

人間には5種類があり、自分だけで情熱を燃やせるタイプは少ない。情熱に火をつけてくれる存在に積極的に近づき、自分の「やる気・情熱」に点火しよう。

かつて私に人間についてさまざまなことを教えてくれた船井幸雄先生※1は、**人間には次の5種類のタイプがいる、**と言われていました。

①自ら燃える人間
＝自燃性
②他人に火をつけられれば燃える人間
＝他燃性
③状況によって燃える人間
＝選燃性
④まったく燃えない人間
＝不燃性
⑤人のやる気を消してしまう人間
＝消燃性

このうち**最も多いのは②と③のタイプ**でしょう。**私自身も元々は②のタイプでしたが、大学の卓球部時代に一年上の津内口弘志さんという先輩に火をつけられ、②から①に変わった**という経緯があります。人は「なるほど、そうか！」と膝を叩くような感覚を得ると、がぜん力が湧き、潜在能力まで活性化されていきます。それが情熱が燃え始めた状態です。

今の**自分が②、③、④の状態にあると思うなら、積極的に火をつけてくれる人や組織に近づく**ことをおすすめします（⑤の人は、まず一人で生き方を反省するべきです）。焚《た》き火でも太く湿った木に火をつけるのは難しいですが、次第に乾燥していくことでいずれは火が点《つ》きます。一度点火してしまえば、あとはその火が自分を乾かし、燃やしてくれるものです。情熱を燃やして充実した人生を送りたいなら、ぜひ、この5つの分類を意識してみてください。

MEMO

※1：P.45 参照。

159/365

Life

創造的な人生を歩むために、直感を磨こう

創造的な人生を歩むには、目標に対する動機を強く意識することと、常に新しい考え方や情報に心を開き、直感を活用することが大切である。

「原因と結果の法則」[※1]というものがあります。これは**「結果は原因から生まれ、原因が結果を生じさせる」**という法則です。たとえば、なんらかの目標を達成したいと考えたとします。その場合、「目指す目標」が結果であり、その「目標を達成したいと考えた動機」が原因となります。

ですから、原因と結果の法則に基づき、**なぜその目標を立てたのか、立てようと思ったのかという動機をはっきりさせ、そこを強く意識する**ことで、モチベーションを維持し、行動力の源にすることが可能になります。

さて、目標や夢に向かって**創造的な人生を歩むためには、優れた発想力（＝直感力）も重要**です。発想力（＝直感力）を磨くには、常にメモ帳やノートを持ち歩くようにして、見聞きしたこと、「ハッ」としたことなどを、どんどん書き留めておく習慣が役に立ちます。

直観力が高まってくると、不思議なことが多くなります。「ふとスマホを見た瞬間に、メールが届く」「友人のことを久しぶりに思い浮かべていると、その友人から電話がかかってくる」といったことが増え、ビジネスでチャンスを得たり、素晴らしい出会いに恵まれるなど、絶妙なタイミングでいろいろなことが起こります。

このような**直感、ひらめきを得るためには、常に新しい考え方や情報を受け入れる姿勢が大切**です。新しい情報を得ることに対して常に積極的な姿勢を取り、どんどん直感力を活用していきましょう。

※1：「因果律」とも呼ばれる。

MEMO

Life

新しい習慣が悪い思い出や習慣を消す

「悪い思い出や習慣」は、「新しい良い習慣」を身につけることで消せる。そのためには、まず繰り返し「新しい良い習慣」の情報を潜在意識に刷り込む必要がある。

頭でいくら過去に経験した嫌な思いや良くない習慣を消そうとしても、疲れてしまうばかりです。そのようなときは、無理に変える必要はありません。**まずは新しい考え方に基づいた新しい習慣を、少しずつ身につける**ことから取り組んでみましょう。

新しい習慣をつくるには、新しい情報を繰り返し取り入れることが大切です。繰り返し意識することによって、新たな情報は潜在意識に刷り込まれ、新たな行動パターンをつくり出します。**新しい習慣や思考パターンを潜在意識が受け入れるまで、繰り返す**ことがポイントです。

たとえば、ポジティブに生きるための新しい習慣には**「周囲の人に笑顔で接する」「落ち込んだときにすぐ気分転換をする」「波動のいい人[※1]と付き合う」**などが考えられます。このような**いい習慣を身につけることだけに集中することで、気がつくと自分のマイナス面が消えている、あるいは、まったく気にならなくなっているということが起こる**のです。

人は新しい考えや行動に対して、最初は抵抗を感じるものです。頭では納得ができても、なかなか習慣を変えられないのも事実でしょう。しかし、**新しい情報には心の習慣を変え、思考パターンをも変える力がある**のです。まずは古い習慣に囚われず、素直な心で繰り返してみてください。

MEMO

※1：会っていて気持ちのいい人、人間力が高い人、尊敬できる人などが当てはまる。

161/365

Sports

「考えてプレイせよ」とは、どういう意味か？

スポーツでも仕事でも、自分で考えることは極めて重要である。自分で状況を分析し、課題・仮説を立て、そこを集中的に訓練する人だけが一流になれる。

スポーツ選手ならコーチや監督から「もっと考えてプレイしろ！」[※1]、会社員なら「もっと考えて仕事しろ！」「ちょっと考えれば分かるだろう！」と言われたことがない人は、ほとんどいないと思います。

スポーツの指導者や会社の上司が選手や社員に考えてほしいと言う理由は、いつも近くにいられるわけではないからです。たとえば試合に出たり、取引先に向かうのは選手や社員だけです。そこで頼りになるのは自分自身だけですから、普段から自分で考えて解決できるようになってほしい、という思いなのです。

何を考えればいいのかということについては、卓球を例に取りましょう。私が日本代表チームの監督時代に調べたところ、1点が入るまでのラリー（打ち合い）回数は平均4・5回でした。現在はボールも大きくなり、用具も進歩しているので、ラリー回数は増えていますが、それでも日本卓球協会の宮崎義仁《よしひと》強化本部長[※2]によれば、平均4・7回で勝負がついているそうです。

つまり、**相手の選手を徹底的に分析し、3打目〜4打目くらいで勝負をつけるシステムをつくり、訓練することが重要になってくる**わけです。こうした分析をすることによって、試合の流れのイメージが湧き、対応力が身についてきます。このように**考える習慣を持った選手がさらに努力することで、一流になっていく**のです。

ビジネスの場合でも同じです。この提案をしたらお客様の反応はどう変わるのか。その反応に対してどのように対応し、どう社内を調整していくか。たとえ**最初は間違っていたとしても、まずは自分で考える習慣を身につけることが成長の第一歩になる**のです。

MEMO

※1：サッカーの試合などでも、「もっと自分で考えて動くプレイをしてもらいたいですね」という解説者の言葉を聞くことが多い。どのような分野でも共通した課題なのである。／※2：2001年〜2012年まで卓球日本代表・男子チーム監督を務める。その後も日本のトップ選手育成に尽力してきた。

162/365

Life

人に伝わる文章を書くために大切なこととは?

文章を書くためには、読む人のためにという思いと日頃の情報収集、執筆と推敲にかける十分な時間の3つが必要である。

私が物を書くことにある程度自信が持てるようになったのは、藤井基男さん[※1]のおかげです。藤井さんは私が卓球の日本代表監督を務めていた時代、さまざまな大会で指導陣に加わっていただいた方です。

その藤井さんが、1年間の予定でサウジアラビアへ卓球指導のため出掛けられたことがあります。その間、何度となく手紙のやり取りをしたのですが、あるとき、これほど児玉さんに文才があるとはまったく知らなかった、日本の経済環境や卓球界の情勢が手に取るように分かってとてもありがたいというお返事をいただいたのです。藤井さんはさまざまな形で日本の卓球史をまとめあげ、『卓球知識の泉』『卓球まるごと用語辞典』など、数々の著書を出版されている方でした。そのような専門家から褒められたことが、大きな自信につながったのです。

それ以来、私は1970年代後半から今日までの間、ピーク時には年に100回以上のスピーチを依頼されましたが、それほど苦にせず毎年こなしてきました。私は能力がないので、その場の思い付きで話すことはできません。また「同じ話はしない」ということをモットーにしているので、毎回しっかり文章を準備する必要がありました。しかし、そのことが逆に日々の勉強につながり、文章の訓練になったと思います。**文章を書くために必要なものは、「聞く人・読む人の役に立ちたい」という思いと日々の情報収集、そして落ち着いて文章を書き、書き上げたものを何度も推敲《すいこう》するための時間**です。この「思い」と「情報収集」そして「時間」さえあれば、ちょっとしたきっかけで誰でも文章は書けるようになるのです。

MEMO

※1：のちに日本卓球協会専務理事、日本卓球リーグ実業団連盟事務局長などを歴任されている。

163/365

Life

人間にとって、最も大切な素質とは何か？

素質に恵まれながら、努力できずに消えていく人が大勢いる。反対に才能に恵まれないのに、努力して大成する人もいる。「努力は才能に勝る」は真理である。

「あらゆる素質の中で最も大事な素質は、努力することができるかどうかという素質である」これが卓球の指導者として、また会社経営者として何百人もの選手や社員を育ててきた私の結論であり、持論です。

たとえば卓球において、体力がある、頭がいい、足が速い、カンがいい、俊敏など、**これだけの素質に恵まれれば日本チャンピオン、いや世界チャンピオンの可能性もあると思って期待した選手が、努力が足りないためにあまり伸びず、途中で消えていく**のを何人も見てきました。

一方で、体が固い、足が遅い、カンが鈍い、積極性がないなど**素質の面では普通並みなのにこちらの頭が下がるほどの努力を重ね、とうとう日本チャンピオンになった選手**もいます。

ビジネスにおける素質・才能を分析すると、「知識力」「洞察力」「理解力」「分析力」「計算能力」「記憶力」などがあります。しかし、どれだけ**これらの素質に恵まれていなくても、必死に仕事を覚えよう、お客様のお役に立つよう成長しようと努力し続ける社員の方が、素質・才能に恵まれた社員よりも素晴らしい結果を残し、出世する**のです。

どんな分野でも、一度や二度は成功した経験を持つ人は多いものです。しかし、継続して成功しようとすることは困難です。それは素質や幸運による成功体験から、いつまでも同じやり方を繰り返していたり、知らずしらずに慢心の気持ちが芽生えているからなのです。

やはり人生を決めるのは能力ではなく性格、それも「決して諦めない」という性格なのです。まさに「努力は才能に勝る」と言えるでしょう。

MEMO

164/365

Sports

努力はどんな才能や素質にも勝る

ドイツ代表チームにも入れなかった青年が、遠い日本で必死に努力をした結果、1年8カ月後には世界選手権で優勝した。努力はどんな才能よりも優れた力なのである。

「努力は才能に勝る」という私の持論の実例として、一つのエピソードをご紹介します。私の監督時代の選手で、元・卓球日本代表監督の野平孝雄さんから伺ったお話です。

世界選手権まであと1年8カ月というある日。ドイツから一人の無名選手が日本代表候補の合宿所にもぐりこんできた。ドイツ代表チームのメンバーですらなかった18歳の彼の夢は、世界選手権でチャンピオンになることだという。

親に3年間卓球をやる許可をもらい、6カ月アルバイトをして40万円ほどのお金を貯めた。そして日本行きのチケットを買い、残りのお金でビデオデッキを買った。

彼は水道水で空腹をみたし、なけなしのお金で買ったビデオで自分のプレイを録画し、研究した。食事で日本選手やコーチ陣が少しでも肉や野菜を残すと、彼は「これ、もらってもいいか？　これで一食助かる」と言って、食べていた。日本に滞在した2週間の間に、大学ノート7冊にびっしりとアドバイスや反省を書き込んでいた。

それから1年8カ月後、ドルトムント世界卓球選手権の男子ダブルス表彰式。なんとその彼が金メダルを胸に、「ボス、ありがとう」と日本選手団のいる観客席に声をかけてきた。

彼の名は、ステファン・フェッツナー。ドイツに卓球ブームを巻き起こし、のちにバルセロナオリンピックで銀メダルを獲得した男である。

このエピソードからも、**努力は間違いなくどんな才能より優れた力だ**と言うことができると思います。

MEMO

165/365

Life

自分だけの得意技をつくり出そう

「秘すれば花」とは、勝負のために秘密の技を持てという意味である。また、一つの技に慢心せず、新しい技を産み出すことに取り組む大切さも含まれている。

以前、NHKの「100分de名著」という番組で、能楽師・世阿弥[※1]が書いた『風姿花伝』が解説されていました。この世阿弥の言葉として有名な「秘すれば花」は、一般的に女性の美しさを語るときに使われていますが、世阿弥の意図はそういうことではなかったそうです。

あらゆる芸能分野において、そこには門外不出の秘伝とされるものがあります。そして、この秘伝の技や秘密の芸があれば、いざというときにそれを使って相手の意表を突き、勝負に勝つことができるわけです。つまり**秘すれば花とは、「秘伝は秘密にされることで役に立つ」という意味だった**のでした。

また、**一度使われた秘伝は秘密ではなくなるので、もう使えなくなる。そこでまた新しく秘するもの（＝秘伝）をつくる。**つまり、秘すべき花というものは、常に新たにつくり続けていかなければならないものであり、**「秘すれば花」という言葉はイノベーション（＝技術革新）の大切さも訴えている**、という解説でした。

スポーツやビジネスでも、競争相手に勝つには相手の想像を超えるものを繰り出す必要がありますから、一つの技術に慢心することなく、さらに工夫を重ね、新しいものを産み出していかなければなりません。

世阿弥は650年以上も前の時代から、そのことを語りかけてくれているのです。

MEMO

※1：室町時代の能楽師。父である観阿弥《かんあみ》とともに、ほぼ現在の形の能楽を確立した人物。

166/365

Life

「勝負」には「潮目」というものがある

勝負事には相手側に勢いのあるときもある。その間はじっと耐えながら攻めるための準備をし、こちらに有利な波が来たところで一気に勝ちに行くのが有効である。

室町時代の能楽師・世阿弥《ぜあみ》は、著書『風姿花伝』の中で刻々と変化する「場」の「機」を捉えることの大切さを、「男時《おどき》」と「女時《めどき》」という言葉を使って説いています。

世阿弥の時代、能は「立合」という競技形式で上演されていました。複数の役者が同じ日に同じ舞台で芸を披露し、勝負を競っていたのです。この一日の勝負のうちには必ず「勝負の波」のようなものがあり、世阿弥はこちらに勢いがあるときを「男時」、相手に勢いがあるときを「女時」と表現しました。そして、男時と女時があることは努力ではどうにもならないものだ、と言っています。

その上で、世阿弥はこう続けます。

「勢いの波が相手に行っていると思うときは小さな勝負に徹し、あまり力を入れない方がいい。そこで負けてもあまり気にすることなく、大きな勝負に備えなさい」

すなわち、「女時」のときにいたずらに勝ちに行っても、決して勝つことはできない。「男時」を待って自分の得意な芸を出し、観客を驚かせて一気に勝ちに行くのだ。これが世阿弥の説く戦略でした。

たしかに卓球の試合でも、相手が波に乗っているときに対抗して何かをしようとすると、たいてい失敗します。あるいは、やってもほとんど意味がなかったりします。そういうときは、じっとチャンスを待った方が良い。そうすれば、必ずまた自分の方に波が来る。そのときに、自分なりの新しい手を繰り出して波をつかまえる。勝負とはその繰り返しなのです。

MEMO

167/365

Life

「うまくいかない方法」にこだわらない

あらゆる資源に恵まれ、どんなに情熱を傾けて努力しても、うまくいかないこともある。その場合は、そもそもの努力の方向性を見直してみることも必要である。

20世紀初頭に活躍した天文学者で発明家、そして航空力学の権威でもあったサミュエル・ラングレー博士という人をご存じでしょうか？　彼は優れた知力とアメリカ陸軍省からの豊富な資金援助、さらにスミソニアン博物館館長という立場から最高の頭脳との人脈に恵まれていました。それらを活用し、人類初の動力飛行機の開発に取り組んでいたのです。

しかし、1903年に二度の試験飛行に失敗した結果、非難の嵐が巻き起こり、彼は何十年も追求し続けた飛行への夢を諦めます。その数日後、教育もなければ資金もない、まったく無名のライト兄弟が製作した「フライヤー号」が人類初の動力飛行機として有人飛行に成功したのです。

この違いは、いったい何だったのでしょうか？　どちらも飛行機を飛ばすために、最大限の努力をしたはずです。しかし、以下の決定的な違いがありました。

ラングレー博士は、成功しない方法[※1]に全財力・全精力を注ぎ込んだ。

ライト兄弟は、成功する方法を見つけ出し、そこに全精力を注ぎ込んだ。

つまり、**物事にはうまくいく方法もあれば、どんなに願晴[※2]ってもうまくいかない方法もある**のです。もし、今の人生において思い通りの結果が得られないのであれば、それは自分の願晴りが足りないのではなく、方法が間違っているという可能性はないかということも疑ってみましょう。

今の方法を続けていて、望み通りの結果が得られるのだろうかと考え抜き、柔軟な視点で創造性のある方法を編み出していくことも、ときには必要なのです。

MEMO

※1：ラングレー博士の飛行機に搭載されたエンジンは、ライト兄弟の飛行機の4倍もの出力を誇っていた。しかし、操縦性に問題があり、それは操縦性を重視したライト兄弟の飛行機のコンセプトとは真逆のものだった。／※2：P.53参照。

168/365

Life

「行動」が先に立ち、「やる気」は後から来る

「やる気」が起きてから行動しようとすると、人間は行動できない。「やる気」は行動で生まれるからだ。思い切って行動すれば、どんどん「やる気」は湧いてくる。

「やる気になったら……」と言い訳をして、なかなか行動を起こさない人がいます。しかし、やる気とは突然に起きるものではありません。**やる気が起きてから行動するのではなく、とにかく先にやってしまうことが大事**なのです。まず行動を起こすことで「やる気」が生まれ、物事を継続させるのも簡単になります。**行動することの副産物が「やる気」**なのです。

脳の研究をしている池谷《いけがや》裕二教授[※1]も、著書『脳には妙なクセがある』（扶桑社）のなかで、感情によって行動を起こすというよりは、行動に感情がついてくる場合の方が多いということを述べられています。

つまり、やった方がいいと思ったことは、やる気が起きる前に何でもやってみればいいのです。**思い切って行動を起こしてしまえば、「こんなに簡単なことだったのか!」と思えてくる**でしょう。

そして行動によって「やる気（＝本気）」が生まれてくれば、見えてくる世界は大きく変わります。最後にそのことを教えてくれる詩人・坂村真《さかむらしん》民《みん》[※2]の詩を紹介します。

「本気」
本気になると
世界が変わってくる
自分が変わってくる
変わってこなかったら
まだ本気になっていない証拠だ
本気な恋
本気な仕事
ああ
人間一度はこいつを
つかまないことには

MEMO

※1：東京大学薬学部教授。糸井重里氏との共著『海馬』（新潮文庫）のほか、『できない脳ほど自信過剰』（朝日新聞出版）などの著書がある。／※2：熊本県出身の仏教詩人。『念ずれば花ひらく』『鳥は飛ばねばならぬ』などの作品で知られる。

169/365

Life

「自分で決めた限界」という小さなビンから飛び出す

ビンの中に入れられフタをされたノミのように、自分の可能性に限界があると信じている人は多い。現実にそんなフタは存在せず、限界は必ず突破できるものである。

「ビンの中のノミ」とは、次のような実験の話です。

小さなビンの中にノミを入れると跳ねて飛び出すが、フタをするとぶつかって出られなくなる。すると、そのうちノミはフタにぶつからないように飛び跳ねるようになる。そうなってからフタをはずすと、ノミはビンから飛び出そうとせず、ひたすらビンの中を飛び跳ね続ける。

まだまだ大きな可能性があるにもかかわらず、過去の経緯や挫折から、「これくらいできれば十分」「ここまでやれば十分」と考えている人が数多くいます。しかし、その人たちも**存在しない自分の心のビンのフタを忘れ、大きく飛躍しようとすれば、今の何倍も成果をあげられる**のではないでしょうか。

先般、ある会合で為末大《ためすえだい》氏※1が次のような話をしてくれました。陸上競技の1600mレースで、1920年代にイギリスのロジャー・バニスタ選手が人類で初めて4分を切ったそうです。

実は当時、4分を切ることは身体に問題が起きるため不可能と言われ、それまで世界記録はずっと止まっていたのです。興味深いのはその後で、バニスタ選手は1年もしないうちに世界記録保持者ではなくなりました。なんと23人もの選手が4分を切ったのです。**人間がいかに自分たちの限界を「社会の常識」で縛っているか**ということが、よく分かるのではないでしょうか。スポーツやビジネスでも、このようなことは多いものです。私たちは**常識を疑い、「できない」「無理だ」と思われていることを可能にできると信じて行動するべき**なのです。

※1：世界陸上選手権大会 400m ハードルで二度の銅メダルを獲得。男子 400m ハードルの日本記録保持者（2021 年 4 月現在）。

MEMO

170/365

Life

自分だけの道を見つけ、歩いていこう

私たちはそれぞれ違う人間であり、他人の真似ばかりすると自分を見失う。他人との違いを認め、自分の運命を受け入れて努力すれば、必ず大きく成長できる。

人は十人十色、1億2千万人の日本人がいても、みな顔も体付きも性格も違うものです。このことを誰もが知っているにもかかわらず、なぜ人は他人と同じようなことをやりたがるのでしょうか？　本来、自分は自分です。そこに自分の誇りと自信がなければいけません。

自分を見失った人間は、それこそ烏合《うごう》の衆です。自己を認識し、主張しないで他人の真似ばかりしたがっていては、何の誇りも湧きません。**人は自分が他人と違うところをよく考え、自分の道を自分の力で歩んでいくべきなのです。**

私たちの人生には困難なこと、苦しいこと、つらいことがいろいろあります。しかし、**逆境というのはその人だけに与えられた尊い試練**であり、この試練にもまれながら、不屈の精神で生き抜いてきた偉大な成功者は数多くいます。

しかし、**逆境でなければ人間は成長しないと思い込むのも良くない**でしょう。**逆境は尊いが、順境もまた尊い**のです。どちらであれ、自分だけに与えられた境遇に素直に、謙虚な心で生きること。素直さを失うと逆境は卑屈を生み、順境はうぬぼれを生むことになります。**逆境も順境も、そのときの自分に与えられた一つの運命であり、素直に受け入れ生きることが大切**なのです。

困難を困難とせず、思いを新たにして、強い決意で一歩を踏み出せば、その困難は必ず飛躍の土台となるでしょう。

MEMO

171/365

Life

気持ちを切り替えるための3つの方法

気持ちを切り替えるには、「笑う」「身体を動かす」「感情にひたる時間を決める」という3つの方法がある。日頃から自分に合った方法をいろいろと用意しておくといい。

卓球の世界やビジネスの世界でも、気持ちの切り替えはとても大切です。失敗によって焦ったり、落ち込んでいる気持ちをリセットし、逆転を狙っていかねばならないからです。ここでは気持ちを切り替える方法を3つご紹介しましょう。

まず、**「笑うこと」**は気持ちを切り替える上で非常に有効です。中途半端な笑いではなく、お金を払って落語・漫才・喜劇映画など腹の底から笑える場所[※1]に出かけたり、笑いながら一緒に食事ができる仲間に会うといいでしょう。

次に、**「身体を動かすこと」**です。モヤモヤしたものを体外に出すイメージで身体を大きく動かしてみましょう。手や足を組んでいたら外す。手のひらを握っていたら開く。大きく息を吐いてみる。指先から悪い「氣」を体外に出すようなイメージで、手をブルブルと振ってみる。これらのことをするだけで、かなりスッキリするはずです。最後に、**「時間を活用する」**方法もあります。怒りや悲しみからすぐに心が切り替えられないと思ったとき、あえて時計を見て「あと10分間は怒っていよう」、「あと30分くらい泣こう」などと「怒っている時間」「落ち込む時間」のことを考えるのです。その瞬間に少し面白さを感じ、気持ちも切り替わり始めます。

このように**気持ちを切り替える方法を、普段からいくつか用意しておく**といいでしょう。「これがあれば元気になれる」音楽やビデオ、食べ物などを身の回りに用意しておけば、どんなことがあってもすぐに対応できます。とにかく**何か行動を起こせば、その前に起きた出来事の印象は薄れていく**ものです。ぜひ、いろいろと試してみてください。

※1：特に東京・大阪は「お笑い」の場所が豊富なので活用したい。

MEMO

172/365

Life

経験に打ち克つ勇気を持とう!

人は経験を重ねるに従って判断に迷い、常識に囚われがちになる。ベテランになるほど、それらに打ち克つ勇気が大切。また、ベテランこそ直感を大切にしよう。

実力を発揮していくには、やはり経験が必要です。経験を積み重ねていくことで分かることもありますし、いたずらに恐れを抱かず、落ち着いて物事に立ち向かうことができるからです。

しかし、それは同時に成功した経験も失敗した経験も積み重なっていくということですから、かつての苦い経験が思い出され、判断に迷う要因にもなります。**自分の中に積み重なっている常識が顔を出し、そちらの判断に引きずられそうになる**わけです。

ベテランになればなるほど、**そういうものに打ち克《か》つ力、踏み込む力が大切**になっていきます。石橋を叩いて渡ることばかりを選んでいると、そのときは賢明な判断に見えても、長い目で見れば活気や勢いを失っていくことになるのです。責任が重くなるに従って、常識的な判断に頼ろうとする気持ちをどう振り切っていくか。本当に今なすべきことは何かを考えることが、重要になってくるのです。**新しいことに挑戦するということは、自分の持っている経験や身につけてきた力、そして常識に囚われない勇気を総動員して決断し、実行していくことの連続**になります。

ベテランへのアドバイスですが、いざというときの判断は直感に頼りましょう。自分が今まで努力して積み上げてきたすべての力が働いて、無意識の中からパッと出てくる判断。そういう直感には従っていいと私は思います。このような場合、その決断の理由を説明しろと言われてもできません。「ただ直感で」というしかなく周囲を説得しにくいですが、それでも経験上、**土壇場の直感の7～8割は正しかった**ように思います。

MEMO

173/365

Life

夢は通過点にしたときに叶う

多くの格闘技の日本チャンピオンにとって、日本チャンピオンは通過点にすぎなかったから日本一になれた。夢の先を描き、夢を通過点にすることで夢は叶うのである。

作家の森沢明夫さん[※1]が、格闘技雑誌の連載でキックボクシングや柔道、空手などの日本チャンピオンになったことのある選手たちを取材したときのこと。チャンピオンベルトを見せてくださいと言うと、多くの日本チャンピオンたちが「ベルト、どこやったっけな?」と答えたそうです。みんなチャンピオンベルトをどこにしまったのか覚えていなかったのです。

森沢さんは不思議に思いましたが、次第に謎が解けてきたと言います。それは**多くの日本チャンピオンがベルトの置き場所を忘れるのは、日本チャンピオンに執着していないから**でした。日本チャンピオンになるような選手たちは、最初から世界チャンピオンを目指している。つまり、**日本チャンピオンは通過点にすぎないので覚えていない人が多かった**のです。

ここから夢の叶え方のコツが分かります。多くの人は、叶えたい夢を目標のゴールにしています。しかし、**夢はゴールではなく通過点にしたときに叶う**のです。夢のその夢の先を描いて、いつかたどり着く「ゴール」ではなく「通過点」にしてしまえばいいのです。

夢が叶うと、その先はどうなるのか? その先にどんなワクワクする世界が開けているのか、夢の先を描くのです。

ソフトバンクグループ創業者の孫正義さんも、**3メートル先を見ていると船酔いするが、100キロ先を見ていれば景色はほとんどぶれないものだ**と言ったそうです。これが夢を叶える人の考え方なのです。

※1:『ラストサムライ 片目のチャンピオン武田幸三』(角川グループパブリッシング)で第17回ミズノスポーツライター賞優秀賞を受賞。心温まる小説、絵本も人気が高い。

MEMO

174/365

Life

脳が出すストレスサインを抑えよう

普段と違う行動をとると、脳は不快な感情をもたらすストレスサインを出す。これが夢の実現に向かう行動を妨害するので、それを脳に出させない工夫が大切。

夢を叶えるため、綿密な目標と計画をつくってスタートしたものの、なかなか行動が伴わず、挫折する人は多いものです。そして「自分は意志が弱い」「やはり誘惑には勝てない」と、続かない理由を自分の意思や精神力のせいにするのです。しかし、実は物事が続かない理由は、自分の意志とはまったく関係がありません。**脳の仕組みに基づく続け方を知っているかどうか**、ということだけなのです。このことについて、「七田《しちだ》式」※1の情報誌「右脳開発」に次のようなヒントがありました。

まず、私たちの**脳は基本的に現状維持を好むため、これまでにない行動を取ると「いつもと違うぞ?」と脳はストレスサインを出す**そうです。このストレスサインがもたらす不快な感情により、私たちは現状維持しようとするわけです。従って、**これまでの行動・習慣を変えるには脳が出すストレスサインを最小限に抑える必要があります**。そのための最もシンプルで強力な方法が、「イメージを利用すること」です。

先ほどの例であれば、**ダイエットに成功した幸せなイメージをありありと想像しながら行動する**と、脳も気持ちがいいのでストレスサインを出しません。やがて**気持ちのいい行動をすることが習慣となり、気がつけば継続している状態**になるのです。

同時に、**「ライバル行動を避ける」ことも大切**だと指摘されています。ダイエットであれば、目の前に好物があるのに食べずに我慢すること(=「ライバル行動」)は脳にとって大きなストレスですから、ストレスサインを出してしまいます。そこで**好物が目の前にない環境をつくってしまえば、脳が刺激されなくなり、ストレスサインを減らすことができるので**す。

※1:七田眞氏が長年の幼児教育の研究を通じて構築した教育法。右脳開発および健康、食育などを重視している。

MEMO

175/365

Life

日本人らしい「和の心」を大切にしよう

人生はドラマのようなもの。自分のドラマの主役は自分だが、他人のドラマでは自分が脇役となる。お互い支え合い、ともに栄えることを願う「和の心」が大切である。

人生をドラマにたとえるなら、自分の人生の主役は自分です。しかし、ドラマに脇役が欠かせないように、人生もさまざまな人との出会いによって花ひらくかどうかが決まります。Aさん、Bさん、Cさん……人生にはさまざまな脇役が登場しますが、その**脇役を大切にしてサポートしてもらわなければ、人生というドラマの成功はありえない**のです。

また、**Aさんから見れば自分が脇役**です。AさんにはAさんの人生の目標や実現したい夢があり、Aさんの人生が自分との出会いによっていいものになるかどうかで脇役としての自分の価値が決まります。

この**「誰かの脇役になれる」ことこそ、「俺が俺が」と自己主張するのとは正反対の「和の心」**です。この和の心は人間として非常に大切な考え方です。

日本人として初めて国際宇宙ステーション[※1]の船長を務めた宇宙飛行士の若田光一さんは、国籍の異なる5人の乗組員に常に気を配り、日本人らしい**和の心をモットー**に心を通わせていました。そんな彼を慕って、「コーイチのためなら労を惜しまない」と言う関係者は大変多いそうです。

世の中は人と人とがつながりあって成り立っています。一人だけ繁栄したり、何事もうまくいくということはあり得ません。「自分さえ良ければいい」という考え方は思ってもみない対立を生んでしまうのです。**お互いがそれぞれの力を活かし合い、ともに栄えることを願って努力すれば、心も豊かになり、自分もチームも夢が実現する**ことでしょう。それが「和の心」なのです。

MEMO

※1：地球の上空約400kmに浮かぶ宇宙実験施設。1984年以来、アメリカ、日本、カナダ、イギリス、フランス、ドイツ、イタリア、スイス、スペイン、オランダ、ベルギー、デンマーク、ノルウェー、スウェーデン、ロシアの15カ国が協力して計画を進め、利用している。

176/365

Life

自分の脳を「気付き脳」にする方法とは?

計画の失敗は自分が100%悪いと考えれば深い反省ができ、「気付き脳」がつくられる。計画を楽観的に構想し、悲観的に検討することで「気付き脳」はさらに鍛えられる。

物事を成し遂げる上では用意周到な計画さえ立てることができれば、ほとんど失敗することはないと言っても過言ではありません。ほとんどの失敗はなすべきことをしっかり考えていないか、あるいは考えていても実行していないところに多くの原因があるからです。

さて、**計画がうまくいかなかった場合、原因は100%近く自分自身にあると考える**ようにしましょう。**「運が悪かった」「あいつがミスをしなければ」などと自分に都合のいい理由を考え、自分を慰めているようではダメ**なのです。

自分に100%の原因があると考えれば、「あのとき、こうしておけば良かった」「あれはやる必要はなかった」と反省点が次々に出てくるものです。しかし、そのような**反省点に「気付く」こと**ができれば、今後も大きく成長できます。なぜなら、**それこそが「気付き脳」をつくること**につながるからです。

「気付き脳」を鍛えるには、「ポジティブ・プランニング」と「ネガティブ・シミュレーション」[※1]**が有効**です。

すなわち、発想するときはお祭り的に「いいね、それ最高!」と考え、計画する段階になったら、「これで本当に勝てるのか?」と徹底的にネガティブに検討する。**これを繰り返していけば、どんどんいろいろなことに気付く**ようになります。そうして気付いたことを実行に移していけば、必ず人生は拓けていくでしょう。

MEMO

※1:京セラ創業者の稲盛和夫氏は、これを「楽観的に構想し、悲観的に計画し、楽観的に実施する」と表現している。

177/365

Life

伝統的な日本人の心をもっと大切にしよう

日本人には「辛抱強さ」「潔さ」「モラル」「感謝中心の行動」「チームワーク」など、世界に誇るべき心がある。それらを忘れず、自信を持って人生を歩もう。

「日本人の心」について、ルース・ジャーマン・白石氏[※1]は著書『日本人が世界に誇れる33のこと』（あさ出版）で次のようなエピソードを紹介してくれています。

職場のエレベーターホールに、『落とし物のお知らせ。中身、現金』という貼紙があった。これはお金を拾った人が管理人室に届け、管理人はその落とし物を帳簿に記録して貼紙をしたということであり、海外ではあり得ない。東日本大震災の被災地で見つかった現金や金庫が次々と役所に届けられ、48億円もの現金が返却されたことにも共通する、**日本の誇るべきモラルのあらわれ**である。

日本には「すみません」「ありがとう」「恐縮です」「恐れ入ります」「助かりました」「お世話になりました」「ごちそうさまでした」「お疲れさまでした」と**感謝を表現するさまざまな言葉**がある。こうした表現を大切にしていることは本当に素晴らしい。

日本人の連携力は、お互いを信頼していることから生まれている。**たった一人で達成するのではなく、チーム全員で達成したほうがいいという考え方を潜在的に身につけていることこそ、日本人の強さ**である。日本人は「支えあう人間関係」の大切さを再認識し、もっと他の国の人に伝えてほしい。孤立し、一人だけで頑張らなければならないと思い込んでいる外国人にとって、大きな救いとなるだろう。**自分より相手を先に考えられる能力は日本人の特別な財産**である。

このように、**日本人には世界に誇れる素晴らしい慣習が数多くあるので**す。「日本人の心」を忘れず、誇りと自信を持って明るく人生を歩んでいきましょう。

※1：1988年に来日以来、日本滞在歴は30年以上に及ぶ。

MEMO

178/365

Life

傲慢になると、運は逃げていく

「自分は運がいい」と思い込むのはいい。しかし、そのために周囲への感謝を忘れ、傲慢になってしまえば、いつしか運は逃げていくものである。

スヴェンソンを創業して間もない頃の私はとにかく負けず嫌いで、謙虚でなく、素直さがなく、自分が言い出したことはとことん最後まで我を張り通す典型的な傲慢人間でした。そんな私にガツンと強い衝撃を与えてくれたのが、船井総研ホールディングスの創業者である船井幸雄先生[※1]でした。

船井先生は私の想像をはるかに超える懐の深さで私を包み込み、いろいろなことを教えてくださったのです。人間は大自然の力や周囲の人間関係、物理的な諸条件によって生かされている。この**「生かされている心」になりきれば感謝の念が湧き、真の幸せが得られる**ということ。

また、**成功する人の特性はプラス発想・素直・勉強好き・挑戦好き・謙虚で笑顔・長所伸展・執念・強気・思いやり**があるということ。逆に否定・批判・傲慢・不遜・短気などの持ち主は、いずれ運の神が逃げてしまうといったこと。

こうした先生のお話は、私の心に沁《し》み込んでいきました。そして、自分でも驚くほどの短期間で心を入れ替えることができ、社員に対しても周囲の人々に対しても感謝することを覚えたのです。

「自分は運がいい」と思い込むことはいいのです。しかし、そのことによって周囲への感謝を忘れたり、傲慢に振る舞えば、周囲から人は離れていきます。**「幸運」とは人と人とのつながりからもたらされるもの**ですから、**人が離れれば「不運」になるのは当然のこと**でしょう。つまり、「傲慢は運を悪くする」のはこの世の真理なのです。

MEMO

※1：P.45 参照。

179/365

Business

組織の成功も失敗もトップで決まる

企業や組織はトップ次第でガラリと変わる。つまり、企業や組織の成功はトップで決まる。成功するトップは「素直」「勉強好き」「プラス発想型」である。

1994年に開催されたスヴェンソンの10周年記念式典で、船井総研ホールディングスの創業者である船井幸雄先生に「これから10年の生き方」という演題でご講演いただいたことがあります。船井先生は当時、世界一儲かっていたIBMがたった10年で世界一儲からない会社になったこと[※1]を例にとり、企業というものはあっという間にだめになるということを強調されていました。

そして経営コンサルタントとして理由を考えた結果、**成長する会社・衰退する会社はトップで決まる**ということが分かった、とおっしゃっていました。なぜならアメリカのような大国でも大統領が変われば大きく変わり、東京都も都知事が変わればコロッと変わります。当然、それらより小さな会社や組織は、トップが代わればガラリと変わるでしょう……ということでした。

そして、会社を伸ばすトップには3つの条件があるということもおっしゃっていました。それは**「素直な人」「勉強好き」「プラス発想型」**というものです。これは企業のトップだけでなく、成功を目指すすべての人に当てはまるということでした。

先生がおっしゃる通り、**「素直な人」は多くのことを素早く吸収し、それを実際に役立てる**ことができます。その結果、ますます情報が入ってくるようになり、周囲に人も集まってきます。**「勉強好きな人」は好奇心が強いので、それが成長のスピードアップになる**のです。また**「プラス発想の人」は自分に起こることに感謝し、常にプラスの方向に考えるので、運とツキを引き寄せる**ことができるのです。

MEMO

※1：IBMは米国のIT企業。1980年代、IBMは「IT業界の巨人」と讃えられていた。ところが1990年代には業績が大幅に悪化し、大規模なリストラを余儀なくされた。

180/365

Life

最高の敵は最高の友である

プロ野球のイチロー選手は4000本安打達成までに、その倍以上の失敗を味わっている。失敗や挫折、敵や壁は自分を成長させてくれる「最高の友」と考えよう。

2013年にプロ野球のイチロー選手が日米通算4000本安打を達成[※1]したとき、彼が出塁したスタジアムの一塁ベースには国籍も年齢も試合も関係なく、大勢の仲間が祝福に集まりました。イチローの驚いた表情、そして半泣きになった顔は印象的でした。

彼は**4千本のヒットのために、8千回以上の悔しさと向き合ってきた**といいます。また、この数年前に彼は次のようなことも語っていました。

「以前は相手のミスを待っていたけれど、今は相手のベストを待っている。自分が本当にベストだったと思うためには、自分だけでなく相手のベストも必要だ」頂点を目指す**イチロー選手にとって、まさに最高の敵は最良の相手（＝友）**だったのでしょう。そして、成功するためには多くの苦難を乗り越えなければならないことも彼は知っていました。**進歩するためには、ときには挫折を経験しなければならないことを理解していた**のです。

多くの人も、このことを頭では分かっています。しかし、挫折を乗り越え、努力を続けることはやはり難しいものです。そこで成功するために、この考え方をもう一歩進めてみてはどうでしょうか？ **逆境を喜んで受け入れ、失敗を「人生にはよくあること」だと考える余裕を持つ**のです。

スポーツやビジネスの**逆境や障害、失敗にはさまざまな教訓と恩恵がある**ものです。だからこそ逆境や障害を受け入れることで、それを乗り越える力も鍛えることができます。つまり、**逆境や失敗は私たちの友であり財産になる**のです。

MEMO

※1：アメリカ・大リーグで4000本安打を記録したのは、ピート・ローズとタイ・カッブに続いて3人目。

181/365

Business

社内コミュニケーション活性化には卓球が効く

アメリカ・シリコンバレーのＩＴ企業や国内の先進的な企業では、卓球を社員のコミュニケーション活性化・ストレス発散に役立てている。

グーグル、アップル、フェイスブック、アマゾンが生まれたアメリカ・カリフォルニア州**シリコンバレーにあるＩＴ企業に欠かせないものは、実は卓球台**だそうです。実際、シリコンバレーの株価は卓球台の売り上げと相関関係があるという記事もあるくらいです。

株式会社スヴェンソンのグループ会社スヴェンソン・スポーツマーケティングでも、企業のチームビルディング・ツールとしてオフィス向け卓球台「T4 OFFICE（ティーフォーオフィス）」※1を販売しています。

この卓球台は普段は通常のテーブルとして使用でき、それを2つ組み合わせることで、フルサイズの卓球台になります。同社のアンケート調査によると、卓球台をオフィスに導入した企業の80％以上が卓球台を置いたことで「期待していた効果があった」と回答しており、**卓球が社内コミュニケーション・交流の増加や社員のストレス発散に役立っている**ことがうかがえます。

卓球はFace to Faceの真剣勝負でありながら、誰でも楽しめるスポーツです。また、身体を動かすことで全身に酸素が行き渡れば、社員に活気が出てくるでしょう。それは必ずお客様にも伝わるはずです。

さらに、卓球は生涯スポーツ※2としても、近年注目を集めています。子どもから高齢者まで、自分なりの実力で楽しむことができ、脳と身体を刺激してくれるからです。年齢に応じた適切な運動は、健康寿命を伸ばす上で欠かすことができません。まさに卓球は、人生の幸福度を高める力があるスポーツだと思います。

MEMO

※1：「T4 OFFICE」公式ホームページ（https://t-4.jp/t4-office/）／※2：文部科学省が提唱する「生涯を通じて、健康の保持・増進やレクリエーションを目的に、だれもが、いつでも、どこでも気軽に参加できるスポーツ」のこと。

182/365

Business

徹底的に考えることでアイデアは生まれる

人間の思考は繰り返し考えることによって深まる。その力で人間はさまざまな技術やアイデアを生み出してきた。考え続ける限り、絶対に勝てないことはあり得ない。

思考とは、繰り返し考えることによって深まるものです。人類の歴史上、素晴らしい技術や独創的なアイデア、新たな発見は、さまざまな分野の無数の人たちが何度も何度も思考することによって生まれてきました。

たとえば1950年代、世界の卓球界の覇者として日本が君臨していた時代がありました。中国代表チームは同じようなものを食べ、同じような体格の日本人になぜ勝てないのか徹底的に考えました。当時の周恩来首相による中国政府のバックアップ体制のもと、日本に勝つためにはどうしたらいいか、数年間にわたって研究を進めたのです。その結果、開発されたのが「前陣速攻」[※1]というプレイスタイルでした。その後もさまざまなプレイスタイルが生まれ、過去のプレイスタイルを超えていきました。ビジネスにおいても、過去の技術・サービスは次々と塗り変わってきた歴史があります。音楽プレイヤーであれば、かつてはSONYのウォークマン[※2]からiPod[※3]、そして今ではスマートフォンで音楽を聴くのが当たり前になりました。小売の世界でもダイエー[※4]のようなスーパーマーケットから、イオンのようなショッピングモールへ、さらに現在はインターネットを使った通信販売が全盛を誇っています。**どれほど優れた製品やサービスであっても、必ずそれを上回る技術や製品、サービスは生まれてくる**ものです。いまだ卓球では中国が覇権をにぎって数十年が経ちますが、徹底的に考え努力することで、つけ入るスキはいくらでもあると私は確信しています。実際に東京オリンピックでは、水谷・伊藤ペアが中国チームを破って金メダルを獲得し、そのことを証明してくれました。ビジネスにおいても考え続ける限り、ライバル会社には絶対に勝てないということはないのです。

MEMO

※1：卓球台のすぐ近くに張りついて戦うプレイスタイル。／※2：1979年にSONYが発売した携帯型音楽再生装置。／※3：2001年にAppleが発売した携帯型デジタル音楽プレイヤー。／※4:1957年に創業し、20世紀の日本の流通に革命を起こした。

183/365

Life

「戦略」「戦術」「技術」の関係とは？

「戦略」は戦い方を決め、「戦術」は勝ち方を決めること。「技術」は戦術を実行するための要素と考えよう。特に「技術」の習得は時間がかかるので注意。

スポーツやビジネスの世界では、戦略・戦術・技術という言葉がよく使われますが、「戦略」とは目的を達成するための長期的な思考であり、大局的な判断です。**卓球の場合で言えば、どのようなプレイスタイル[※1]の選手を目指すかということが、「戦略」**にあたります。卓球においてプレイスタイルが違うと、戦う際の戦術も身につけるべき技術も変わります。これは主に本人の性格や身体的特徴から選びます。**ビジネスで言えば、どういう事業を選ぶのかが戦略**と言えるでしょう。

続いて「戦術」とは、自分の選んだ戦略のなかで勝利していくための戦い方です。試合であれば対戦相手、ビジネスであれば競合他社と戦って、どのように勝利するかということです。戦術は相手によって変えなければなりません。**さまざまな情報を整理して分析し、戦っている最中でも戦術を変更することが必要**です。

最後の「技術」は戦略や戦術を実行するための個々のテクニックです。テクニックを習得するには時間がかかりますから、**スポーツの練習やビジネスにおける業務時間の大部分は、このテクニックの習得や準備に使う**必要があります。

ポイントは、「戦略」と「戦術」と「技術」の関係をしっかりと把握しておくことです。特に、**「戦略」によって取れる「戦術」は限定されることと、必要な「技術」がなければ「戦術」は実行できない**ことが重要です。最初に「戦略」を決めたあと、重要な要素は「戦術」と「技術」になります。考える時間の大部分は「戦術」にあて、練習や準備の時間の大部分は「技術」にあてるといいでしょう。

※1：プレイスタイルの違いにより、プレイする際の卓球台との距離の取り方、使用するラケット、ボールの打ち方などが変わってくる。

MEMO

184/365

Sports

ゾーンに入るには、どうすればいいのか？

スポーツでもビジネスでも、極限まで集中力が高められた状態である「ゾーンに入る」ためには、日頃の練習や仕事に意識的に集中して取り組むことが大切である。

「ゾーンに入る」という表現があります。卓球だけでなく、野球やゴルフなどでもよく使われる言葉ですが、いわば一種の神がかり的な状態で、ラケットを振れば素晴らしいコースに決まり、バッターは全員三振の山、何メートルもあるロングパットが連続で決まるといった奇跡のようなプレイが現実になる状態のことです。仕事であれば、次々と大きな契約が決まるといった状態が当てはまるかもしれません。これは**人間の極限まで高められた集中力の成せるワザ**ですが、そうした状態まで集中力を高めるには一体どうしたらいいのでしょうか？

まず、**実際の身体の動きと頭の中の理想のイメージがピタリと合ったときに、観る人の想像を超えたワザが現実のものになる**わけです。そう考えると、練習量の少ない人が大事な試合でスーパープレイを実現させるということは、不可能だと言えるでしょう。練習量が少なければ、そもそも頭の中に理想のプレイのイメージは存在しないからです。つまり、集中力を高めて**ゾーンに入ることができるかどうかは、日頃の集中した訓練の質と量に比例する**ということです。

また、普段の練習から集中して一球一球ボールに立ち向かっていく選手は、自然と集中力を高める訓練をしているようなものです。これは普段の一つ一つの業務に手を抜かず、集中して取り組むビジネスマンも同じと言えるでしょう。その結果が「ゾーン」という形であらわれるのです。

MEMO

185/365

Sports

天才と呼ばれた人は、努力の人だった

「巨人・大鵬・卵焼き」と流行語になるほど強かった大相撲の大鵬。彼は天才ではなく努力の人間だった。最初から強い者はなく、ただ努力だけが人を成長させる。

私は昔からなにかと大相撲に縁が深いのですが、1960年代に「巨人・大鵬《たいほう》・卵焼き」※1と言われるほど一世を風靡した元横綱・大鵬をご存じでしょうか？　彼は横綱・白鵬関に更新されるまで、大相撲史上の最多優勝力士でした。

そんな彼は「どうしてそんなに強いのですか？」「天才ですね！」と言われるたび、自分は天才ではなく、努力の人間だと思っていたそうです。

実際、16歳で角界に入った彼の体格は身長183㎝、体重70㎏という力士としては貧弱なものでした。彼はその体格を「電信柱」とからかわれながら、必死で稽古に打ち込んだのです。

その後、出稽古で初めて戦った柏《かしわ》戸《ど》関※2にまったく歯が立たず、それ以降は柏戸関に勝つことを目標にしていました。この二人が切磋琢磨した結果、「柏鵬時代」と呼ばれる大相撲の黄金時代が築かれました。

大鵬は横綱になってからもケガや病気に悩まされ、何度も再起不能になったと報じられました。しかし、その度に苦境を跳ね返し、再び勝利を重ねていきます。むしろ大怪我の後は以前より「淡々とした相撲」を取れるようになったと喜び、**目の前に現れる困難や壁を常に自分の力に変えていった**のです。

勝つために努力した過程で精神面も鍛えられたのであり、最初から精神が強かったわけではないといつも語っていたそうです。彼の言葉は、今の私たちにとっても希望をもたらし、努力の大切さを教えてくれます。最初から強い人や、仕事ができる人はいません。**夢や目標を持ってひたすら努力し、逆境も自分の力に変えて前進する人が最後に成功する**だけなのです。

※1：当時の「子ども（および大衆）に人気のあるもの」の代名詞。特に長嶋茂雄・王貞治が所属していた読売巨人軍は、プロ野球史上初となる９回連続の日本シリーズ優勝を遂げていた。／※2：第47代横綱。大鵬と同時に横綱昇進を果たしている。

MEMO

186/365

Sports

豊かなイメージは人間の力を何倍にもしてくれる

エベレスト最高齢登頂者の三浦雄一郎さんは、「スキーは足につけた翼」というイメージを持っていた。創造性のあるイメージは私たちの可能性を広げてくれる。

2013年に80歳という史上最高齢でエベレスト登頂を成し遂げ、世界中の多くの人々に夢と感動を与えてくれた三浦雄一郎さん※1は、もともとプロスキーヤーであり、世界七大陸の最高峰からのスキー滑降を達成しています。そんな彼は**「スキーは足につけた翼」**と表現しています。

実に詩的な表現ですが、**このようなイメージは物事を成功させるための重要なポイント**です。

佐藤真海《まみ》さん※2は陸上走り幅跳びの種目で女性として初めて義足をつけ、これまでパラリンピックに3回出場しています。2004年のアテネ大会、2008年の北京大会では義足とは反対側の左足で踏み切っていましたが、彼女はロンドン大会に向けて、思い切って義足である右足で踏み切る決断をしたそうです。義足での踏み切りには、より多くの神経を使い、筋力やバランス感覚もそれまで以上に必要になったそうです。

今では義足の先端をまるで自分の足のつま先のように感じることができると語っていました。秘訣は練習の積み重ねで、義足に神経をつなげていくというもので、そのイメージがとても重要だったそうです。

三浦雄一郎さんは「スキーは足につけた翼」とイメージしました。佐藤さんも**義足に神経を通わせることをイメージし、飛翔《ひしょう》する自分の姿を何度も心に描き続けることにより、ついには義足を「足につけた翼」に変化させた**のでしょう。二人のエピソードは、**心の中で確信したポジティブなイメージを大切にすることが私たちの可能性を広げてくれる**ことを教えてくれます。

MEMO

※1：世界最高齢のエベレスト登頂者としてギネスブックに認定されている。／※2：谷真海さん（佐藤は旧姓）は、東京オリンピックにも女子トライアスロン代表として出場している。

187/365

Life

成功への道は十人十色である

人間は一人一人まったく異なり、どんな方法で成功するかは実際にやってみなければ分からない。成功への道は、それぞれが自分で考え、追求するものである。

元西ドイツ代表のサッカー選手フランツ・ベッケンバウアー[※1]**は、強い者が勝つのではない。勝った者が強いのだと言ったそうです。**

これは勝てば官軍、勝ったものが正しいのだということではありません。強いということが確実に勝利につながるわけではなく、勝つ方法は人の数だけ存在するということを教えてくれる言葉だと私は思います。

人は顔や体格が違うだけでなく、性格も好みも、物の見方・考え方も異なります。ですから、スポーツにおける強さやビジネスにおける能力も、どんな物を重視するかは人それぞれです。誰もがそれぞれの考えに基づいて、勝ち方を考えているわけです。そのどれが正しいかは冒頭の言葉通り、勝負してみるまで分かりません。

卓球であれば、それぞれの選手がこれだけは「絶対に一番になるぞ」と決心して、新しい技術に挑戦していますし、ビジネスでも「商品知識は誰にも負けない」「顧客訪問数は誰にも負けない」など、いろいろな方向性があるでしょう。特に**ビジネスは組織での勝負であり、自分一人で何でもできる必要はない**からです。

このようにスポーツでもビジネスでも**一人一人が自分の考えを深め、独自に研究し、知恵と力を一点に集中する雰囲気が充満する組織には、さらなる相乗効果が期待できる**ものです。それが素晴らしい結果につながることは間違いありません。

※1：そのリーダーシップから、「皇帝」と呼ばれた。

MEMO

188/365

Life

目標を高く掲げれば小さな悩みは消える

志（目標）を高く掲げることは、大きな鳥のように大空へ舞いあがる生き方である。目先の小さな悩みは消え、全体像と未来図を見ることができる生き方である。

「燕雀安《えんじゃくいずく》んぞ　鴻鵠《こうこく》の志を知らんや」ということわざ※1があります。小さな鳥が、どうして大きな鳥が抱いている志を理解することができようかという意味で、燕《つばめ》や雀《すずめ》のような地表近くを飛ぶ小さい鳥には、天高く舞う大きな鳥の考えていることは理解できない。転じて、**小人物に大人物の心は分からない**という意味です。

私たちも志高く、大空へ舞い上がる生き方をしていこうではありませんか。そうすれば、**今まで目先のことばかり考えていたことがバカバカしくなる**ものです。大空高く舞い上がり、はるか遠くを眺めることで、地上では見えなかった素晴らしい風景が見えてきます。

地上では見えなかった全体が見えてくる
地上では見えなかった未来が見えてくる

志とは「心指し」です。人は「心の指す方向」へ行くことができるようになっているのです。そのため**志を高く持つことで、何をすべきかもはっきり分かってくる**ようになります。

目先のことにあれこれ悩むより、志を高く持つ方がはるかに楽です。なぜなら未来が見え、上昇気流に乗れるからです。志が高い人のところには志の高い人が集まり、さらに切磋琢磨することができるでしょう。いい人脈とつながり、引き上げてもらえることもあるはずです。

まずは志を高く持ち、全体を見渡しましょう。目先のことに目を奪われないで、物事を大局的に見る目を養っていきましょう。そうすることで**小さな悩みは消え、大きく成長していける**のです。

MEMO

※1：出典は中国の歴史書『史記』である。

189/365

Life

「指導する者」と「指導される者」の役割

指導する者の役割は動機づけと刺激を与えることである。指導を受ける者の役割は指導者の指導や自分の逆境・ピンチから教訓を学び、努力することである。

スポーツでもビジネスでも、指導する者の実務として最も重要なことは、指導を受ける者に「動機づけを行う」ことと「適切な刺激を与えること」の2つです。スポーツでもビジネスでも、上から押し付けてやらせたことはあるレベル以上にいきません。ですから、**指導者は指導を受ける者が自発的に努力するような「動機づけ」をする**必要があります。

また、人の成長は決して右肩上がりにいくものではありません。ぐっと伸びては停滞し、やがて壁にぶつかるものです。その**壁にぶつかったとき、指導者が適切な刺激（アドバイス）を与える**ことで指導を受ける者は壁を破り、また成長していきます。それはちょうど、階段を登るようなジグザグのイメージです。

さて、指導を受ける側に伝えたいのは、以前弊社の全社員ミーティングでご講演いただいた北原照久さん[※1]のお話です。「命」という字は「人」が「一(度)」、「叩かれる」と書く。つまり、人は一回くらい叩かれてはじめて一人前の人となれるのではないか。親や、友人や、指導者が耳に痛いことを言う。あるいは健康そのものだった人が病気をして、苦しく痛い思いをする。しかし、考えてみれば、叩かれて痛い、苦しいと感じるのは命ある証拠、生きている証しではないか、というような内容でした。

北原さんの言葉は、**指導者の厳しい言葉や逆境・ピンチで苦しむのは生きている証拠**だと教えてくれます。そこから**教訓を学びとることで、私たちは成長できる**のです。

※1：P.108 参照。

MEMO

190/365

Life

否定的な錯覚より肯定的な錯覚をしよう

人は「肯定的な錯覚をする人」と「否定的な錯覚をする人」に二分される。肯定的な錯覚をする人は勘違いでチャンスをつかみ、大きく成長していくことができる。

人間は自分の将来について、「肯定的な錯覚をしている人」と「否定的な錯覚をしている人」に二分されています。肯定的な錯覚をする人は、「こういうときこそ、自分が活躍できるチャンスかも」「自分なら成功するかも」「自分ならできるかも」という**肯定的な「かも」によって自分をコントロールし、運とツキをつかんでいくの**です。

否定的な錯覚をする人は、「自分は活躍できない」「きっとうまくいかない」「自分にはできない」と否定的な「ない」で自分を縛り、運とツキを逃してしまいます。しかも恐ろしいことに、自分のやっていることがうまくいかないことを、他人や環境のせいにして自分を守ろうとします。他人を責めることで自分を守っていると、不安や不満といったマイナスの感情に脳が支配され、前向きな努力を怠るようになってしまいます。

ですから、まずは**「自分を信じる勇気」「根拠のない自信」「勘違いの才能」を持つことが大切**です。根拠がなくても、勘違いでもいいのです。過去の自分ではなく、未来の自分を信じて、前向きに進みましょう。

アメリカ心理学会会長のマーティン・セリグマン博士[※1]は、**毎日就寝前にその日にあった「良いこと」を3つ書き出すことを1週間続ける実験で、人間は極めて肯定的・楽観的な感情に満たされた、**と述べています。

肯定的な錯覚を続けるためには、常に前向きに明るく肯定的な「かも」で心を満たす必要があります。ぜひ、この「いいことを3つ書き出す」という習慣を活用し、どんどん「根拠のない自信」「勘違いの才能」を磨いていきましょう。

※1：ペンシルベニア大学心理学部教授。1998年に「ポジティブ心理学」を提供。

MEMO

191/365

Sports

トップを目指せば、まったく新しい未来が見えてくる

最近の日本人には、トップを目指さない勝負弱い気質が蔓延している。トップを目指せば自分の殻を破る努力ができ、まったく異なる未来が見えてくるものである。

マラソンや駅伝、プロゴルフやプロ野球の中継を見ていると、「現在2位（または3位）の好位置につけています！」という解説をよく聞きます。しかし、勝負の世界において優勝と2位はまったく見える世界が違います。ですから、私はたとえ途中経過であっても、**「トップ以外に好位置があるのだろうか？」**と思っています。

最近の日本人は「勝負弱い気質」があるように思えてなりません。トップを走るのはプレッシャーが大きくて不利だから後方に下がり、1位にはなれないけれど2位か3位を狙っていく。私はこんな弱気な姿勢は、勝負の世界であってはならないと思います。スポーツの世界だけではありません。ビジネスや研究開発の世界でも、トップにならなければ利益を総取りされる時代なのです。かつて**日本や世界の将来を担う科学技術研究に対して、「2番ではいけないのですか？」と言った政治家がいましたが、こんな考え方では日本の産業の未来はない**でしょう。

たとえば卓球の世界では、中国がトップに君臨しているのが当たり前という風潮が蔓延《まんえん》しています。しかし、たしかに大きな壁であることは間違いありませんが、絶対に勝てないということはありません。そのことは東京オリンピック卓球男女混合ダブルス金メダルの水谷・伊藤ペアが証明してくれました。※1 とにかく、中国には負けても仕方がないという風潮を打破することが重要です。**トップを目指すという気持ちになってこそ、質量ともに相手を超える努力ができる**からです。

今まで通りの発想では、今まで通りの結果に終わります。自分の殻を破りたいと思う人は、スポーツでもビジネスでも、どんな業界でもトップを目指すべきです。その瞬間、まったく次元の違う未来が始まるのです。

※1：後日、水谷選手と会話した際には、「『次の１本さえ取ればなんとかなる』と、自分でも驚くほど集中できました。弱気になったときも、思い切りよくプレイすることで流れを変えることができました」と語ってくれた。

MEMO

192/365

Life

いざというときはシンプルな原則が役に立つ

東日本大震災で多くの子どもたちの命を救ったのは「津波てんでんこ」というシンプルな言い伝えだった。私たちもいざというときのために、シンプルな原則を持とう。

2011年3月11日、多くの痛ましい被害があった東日本大震災のなかで、岩手県釜石市には素晴らしい判断により命が助かった子どもたちがいました。津波の襲来を知った中学生が「津波だ、逃げろ!」と叫び、それを聞いた**中学校の生徒と隣の小学校の小学生は一目散に逃げた**そうです。その結果、**校舎が津波に飲み込まれたにもかかわらず、登校していた子どもたちは全員助かった**といいます。これは「釜石の奇跡」として、当時マスコミに大きく報道されました。この子どもたちを救ったのが、「津波てんでんこ」という教えでした。これは東北方言で、「津波が来たら各自ばらばらに一人で高台へ逃げろ」という意味でした。逆にこの「津波てんでんこ」に反して集団で固まっていたり、家族を迎えに行ったりしたことで、大勢の方が亡くなられています。

「津波てんでんこ」は1933年の三陸大津波[※1]と1960年のチリ地震津波[※2]を体験したお年寄りたちが、津波が来たらとにかく何を置いても逃げろという教訓として、語り継いできたのだそうです。**生死の瀬戸際において、とっさの行動をとることができたのは昔からのシンプルな教えのおかげ**でした。

いざというときの対応やギリギリの場面で物事を判断するために、**私たちも普段からシンプルな原則(ルール)を用意しておくことが大切**です。あまり**複雑なルールを設けても覚えられませんし、対応に迷いが生じるばかりで大惨事を招くことになる**からです。ビジネスや人間関係などさまざまな場面において、「津波てんでんこ」のようなシンプルな原則を持っておきたいものです。

※1:死者・行方不明者あわせて3,000人以上と言われる。
※2:死者・行方不明者あわせて140名以上とされている。

MEMO

193/365

Life

組織の力は、「個」の力で決まる

チーム力は、メンバーの力によって決まる。「個」の力を認め合い、活かし合うのが理想のチーム。「個」の力を高めるには、成果を意識した計画性のある努力が必要。

日本人は団結力が強く、チームで戦うことが得意です。しかし、チーム力を高めるためには「個人の力」を伸ばさなければ限界があります。やはり**個々の力によってチーム全体のパワーは決まる**のです。

スポーツでもビジネスでも自分の「個」の力を伸ばすこと、そして**自分が持っている「個」の力を殺さず、むしろ自分の力を主張することでチームに貢献する方法を考えることが大切**です。組織の「個」と「個」が思い切りぶつかり合い、やがて長所・短所も含めて互いに認め合うようになるのが理想です。

この認め合うというのは、まず自分の「個」の力を周囲に認めさせることから始まります。そこから各自の持っているものを互いに活かし、助け合う精神や信頼関係が生まれ、素晴らしいチームとなっていくのです。そんな「個」の力を強化するには、下記の3つがポイントです。

1. 自分で全責任をとる覚悟で臨むこと

2. 何事も期限を決めること

3. 目標を明確にすること

「全責任をとる覚悟」とは常に成果を意識し、その達成はすべて自分の努力次第だと認識することです。その上で「期限を決めること」「目標を明確にすること」により、今やるべきことがはっきりと分かり、達成までの具体的な計画を立てることができます。

スポーツでもビジネスでも、この3つを実行すれば、必ず「個」の力は強化されます。また、学んだことを即実行に移す人は、必ず強い「個」になれるでしょう。

MEMO

194/365

Life

人間は何歳になっても成長できる

人間の成長を見るのは、とても楽しく幸せなことである。人間は何歳になっても成長できる。どんな些細なことでも過去よりいい方向に変化していれば、成長である。

私は毎月1回、「児玉語録[※1]」という文章を書いて発信しています。毎月欠かさず約25年間、300号以上にわたって書き続けてきましたが、これほど長く続けられた理由はなんだったのでしょうか？　それは明治大学卓球部の選手と、読んでくださる方の成長に少しでも役立ちたいという思いがあったからだと思います。

私は誰かが成長していることを見たり聞いたりするのがとにかく楽しみで、大好きです。成長というのはいい意味で「変化」していることです。特に**自分の立てた目標に向かって懸命に努力している人は、人間としても向上しているもの**です。

私とごく近しい人で、数カ月前は素直に人の話を聞くことができなかった人が、次に会ったときには急に素直になっていたことがあります。人としての器が一回り大きくなった姿は本当に格好いいと思いましたし、とてもうれしく感じました。**成長に年齢は関係ない**と断言できます。それこそ60歳や70歳を超えても会うたびに成長されている人もいます。それは**成長することに意欲を持ち、常に可能性にチャレンジするのが好きな人**だからでしょう。

成長というのは、過去の自分と比べて少しでもいい方に変化していればいいのです。自己紹介をするときにいつも蚊の鳴くような声だった人が、急に背筋を伸ばして腹の底から大きな声で話をしてくれる。ただそれだけのことでも本当に素晴らしいですし、私は手放しでうれしくなります。他人と比較して、自分はちっとも成長していないなどと思う必要はありません。**あなたの成長をそっと見つめ、わずかでも成長すれば心から喜んでくれる人は必ずいる**はずです。

MEMO

※1：もともと明治大学卓球部の選手たちに向けたメッセージだったため、当初はほとんど卓球に関する内容だった。やがて読者が卓球部以外の学校教育関係者や経営者にまで広がり、さまざまなテーマを扱うようになった。

195/365

Life

神頼みは合理的な行動である

科学の結晶である「はやぶさプロジェクト」でも、神頼み（お参り）は行われていた。それは「最善を尽くす」という自己点検と成功にかける思いである。

2010年、地球の引力圏外にある天体（小惑星「イトカワ」からサンプルを持ち帰る「はやぶさプロジェクト」が日本中を熱狂させました。「はやぶさプロジェクト」と言えば世界初のプロジェクトを成し遂げた最先端の科学プロジェクトです。

皆さんはそんなプロジェクトチームのメンバーが飛行機の安全を願ってお寺に「神頼み」しているとしたら、どう思いますか。実は、東京台東区にある「飛不動尊正宝院」というお寺は昔から航空業界や旅行者の安全を祈願するお寺として有名で、「はやぶさ」のプロジェクトチームでもここにお参りに来ていました。科学技術者たるもの神頼みなんて、と思う人もいるかもしれませんが、しかしこれはれっきとした合理的な行為なのです。

『はやぶさ　世界初を実現した日本の力』（川口淳一郎・著　日本実業出版社）によると、科学者たちは自分たちがやっていることの限界を知っている。だからこそ、やれることをやり尽くしたのかを確認するためにお参りをするのです。

「はやぶさ」には、何度も危機が訪れました。3億㎞も離れた場所で起きた「エンジンの燃料漏れ」「地球との通信途絶」「エンジンの故障」……数々のトラブルを、プロジェクトチームは執念と努力で乗り越えたのです。この偉業を成し遂げられたのは、最後は神頼みするほどプロジェクトに集中し、願いをかけていたからでしょう。

自分にできる限りの努力をしたならば、神頼みをした後は晴ればれとした気持ちになっているはずです。私たちも大切な試合や仕事の前には、「あとはお参りするだけだ！」というところまで、努力していきましょう。

MEMO

196/365

Life

心の柔らかさを大切にしよう

強い意志（固い決意）を持つことは大切だが、心の柔らかさを失ってはならない。本来の「強い意志」とは、子どもの好奇心のように自由で創造的なものである。

私はこれまで何度も目標を掲げ、それを達成するための強い意志（固い決意）を持つことが大切だと強調してきました。しかし、一つ誤解してはならないことがあります。**強い意志を持つのはいいことでも、それが視野の狭さや頑固さになってしまうと、ちょっとした弱点を突かれただけで倒れたり、些細なことで自分のプライドを傷つけられたような気持ちになってしまいます。「柔よく剛を制す」**※1 **という言葉もあるように、人は心身ともに柔らかい方がいい**のです。身体や心をガチガチに固くして力ずくで相手に向かっていくと、反射神経が鈍り、柔軟な対応ができません。特に心の柔らかさは大切です。一つのことに囚われ、その考えに固執してしまうと、他の考えをすべて否定してしまい、自分のためになるいいアドバイスも耳に入らなくなってしまいます。**強い意志（固い決意）を持つとともに心を開き、精神を柔らかくすることを忘れない**でください。

「強い意志」というのは、本来もっと柔らかく、のびのびとしたものです。人は子どものころ、誰でも目の前のことを「ただやってみたい」という気持ちから自発的に楽しんできました。次はもっとうまくやりたいと自分でハードルを上げ、より高く設定した壁を登ろうとしていたのです。

誰かに言われなくても自分からそういう気持ちになる、前向きな心が本来の「強い意志」なのです。**子どもは「なぜ」「どうして」という好奇心の塊であり、それがなくなるのは成長が止まった証拠**です。柔らかな好奇心を忘れず、チャンスやきっかけを自分で見つけ、創意工夫と向上心を持って、自分が志す道を迷わず突き進んでいきましょう。

MEMO

※1：同じ意味の言葉に「柳に雪折れなし」、反対の意味の言葉に「堅い木は折れる」がある。

197/365

Sports

「表の努力」と「裏の努力」をしよう

元プロ野球選手の桑田真澄さんは「表の努力」と「裏の努力」をしてきた。野球にかかわる努力に加え、良い行いをする努力が「運・ツキ・縁」をもたらしてくれる。

元プロ野球選手の桑田真澄さんが[※1]書いた『心の野球』（幻冬舎）という本があります。彼はそのなかで、体が小さく、絶対的な決め球もない自分が甲子園で20勝し、日本のプロ野球界でも活躍できた理由は「努力する才能」だけはあったからだと述べていました。著書で語られた彼の努力には、2種類ありました。彼はその努力を次のように説明しています。

「表の努力」とはランニングやピッチングなど、技術・体力をつける練習のこと。「裏の努力」とはトイレ掃除やグラウンドの草むしり、挨拶や返事、ゴミを拾うこと、靴やスリッパを揃えることなど、野球とはまったく関係のない努力のこと。

彼は**「裏の努力」をしたからといって野球が上達することはないが、それは「運」と「ツキ」と「縁」を貯金してくれる**と語っています。そして、**表の努力がすべてではなく、目に見えない裏の努力も含めてその人の実力になる**と言います。

彼はエースとして甲子園に5回出場し、優勝2回・準優勝2回という驚異的な成績を収めましたが「自分に実力があった」というよりも、何か見えない力が働いていたとしか考えられず、きっと日々の小さな積み重ね、「努力の結実」だったのだろうと振り返っています。

私も**スポーツやビジネスで頭角をあらわすには、やはり「表の努力」と「裏の努力」**の両方が必要だと思います。**「表の努力」**は誰もがやることですが、**「裏の努力」も必ず誰かが見ているもの**です。それによって周囲に応援され、チャンスをつかむ機会を得ることができ、大きく成長できるのです。

MEMO

※1：プロ野球選手時代は読売巨人軍および大リーグのピッツバーグ・パイレーツに所属。現在は読売巨人軍の投手コーチを務める。

198/365

Life

ベスト・コンディションを保つことの大切さ

脳は身体の一部であり、「身体の他の部分の状態」に影響される。体調不良を放置すると脳は身体のコンディション維持に使われ、本来の知能が発揮できなくなる。

創造力開発の世界的権威であるウィン・ウェンガー博士[※1]は、著書『頭は3週間で良くなる!』(三笠書房)のなかで次のようなことを言われています。

1. 脳も身体の他の部分と同じく、身体全体がベスト・コンディションで働ける状態でなければ、最良の状態で機能することはできない。

2. もし**少しでも病気であったり、具合が悪かったりすると、膨大な数の脳の回路は本来の思考回路を閉ざし、体調維持の目的にのみ使われる**ようになる

つまりウェンガー博士は、**脳を最高に働かせるためには健康でなければならない**と主張されているわけです。たしかに、たとえば右足首に痛みがあると無意識にその部分をかばってしまい、身体全体の動きがおかしくなります。同じく**脳も身体の一部なので、身体の別の場所の不調に影響を受ける**ということなのでしょう。このことを知っていれば、**体調が悪いのに無理をすることは意味がない**ことがよく分かります。

さらにウェンガー博士は、**身体の調子が悪いことに注意を払わなければ脳は身体のコンディション維持にエネルギーを使う習慣がついてしまい、本来持っているはずの高い知能を大幅に低下させてしまう**とも指摘しています。不健康を放置することで本来の能力が発揮できないとすると、これほどもったいないことはありません。**健康はスポーツやビジネスに限らず、すべての物事の土台**なのです。

MEMO

※1:知力研究およびモチベーション分野の世界的権威としても知られる。

Sports

卓球は頭が良くなるスポーツ

脳の「最大能力」を引き出すには、大脳皮質からの命令や決定を送り出している「中脳」が鍵となる。この中脳を鍛えるのに最適なスポーツが、「卓球」なのである。

ウィン・ウェンガー博士[※1]によると、**脳の「最大能力」を引き出す鍵は「中脳」を鍛えることにある**そうです。中脳は大脳皮質[※2]からの命令や決定を受け取り、それをおのおのの筋肉別に何百万もの命令に細分化して送り出す働きをしています。

大脳皮質での決定が正しい経路で伝達され、遂行されるまでには想像できないほどの数の筋肉が動いています。本書ではその例として、「しゃべる」ということが取り上げられています。具体的には、中脳が『唇・舌・声帯・胸』のなかにある数えきれないほどの筋肉を正しく動かしてくれており、中脳のおかげで、私たちはしゃべるときに声の出し方ではなく、「話す内容」についてだけ考えていられるということでした。

私たちが無意識に行っていることは数多くありますが、それらもみな中脳の操作によって成り立っているとウェンガー博士は指摘し、大脳皮質の優れた機能が支障なく遂行されるには中脳の機能状態が良くなければならないと主張されています。

そして、ウェンガー博士が**中脳の働きを高めるために推奨されているのが「卓球」**でした。卓球は非常に素早く、複雑な反応が要求されます。また、その反応に対して瞬間的にフィードバック（相手からの反応）が得られます。つまり、中脳の回路を刺激して最大の能力を引き出すために、卓球は多くの利点があるということなのです。

博士の言葉に従えば、**「卓球はやればやるほど、強くなればなるほど、頭が良くなるスポーツ」**と言えるでしょう。

MEMO

※1：P.217を参照。／※2：脳の表面部分。前頭葉・頭頂葉・側頭葉・後頭葉などに分類される。人間の思考などの中枢。

200/365

Life

成功者には2種類のタイプがある

成功者には目標に向かう「願望型」タイプ、やるべきことに取り組む「現実型」タイプがいる。私たちも自分にあった成功タイプを考えて、努力することが大切である。

『強運の法則』（日本経営合理化協会）の著者である西田文郎さんは、成功者には2種類あると述べています。まず本田宗一郎さん[※1]のように**「将来こうなりたい」という願望があり、それを突き詰めて成功する「願望型」タイプ**。もう一つは松下幸之助さんのように、**今やらなければいけないことを一生懸命やっていたら成功してしまった「現実型」タイプ**です。

本田宗一郎さんは起業当初から、「世界一を目指す」「世界を相手に商売する」と社内外に発言しています。ホンダが月に100〜200台程度のオートバイをつくっていた町工場の時代から、数千台〜数万台を作る時代を見据えていたのです。

松下幸之助さんは起業当初から、「電球のソケット」「自転車のランプ」「アイロン」といった日本人の生活に密着した製品を作り続ける経営方針でした。その思想の根本にあったのが有名な「水道哲学」です。これは「商品を大量に生産・供給することで価格を下げ、人々が水道の水のように容易に商品を手に入れられる社会を目指す」というものであり、自らの大きな目標（「会社の規模拡大」や「世界一の製品作り」）を掲げてそれを目指すことはありませんでした。

私の場合、卓球というスポーツにおいては本田宗一郎タイプでした。ひたすら日本一、世界一を目指す「願望型」です。一方、スヴェンソンの経営というビジネスにおいては、松下幸之助タイプです。カーリン社の買収や店舗の全国展開、従業員の採用拡大や教育の充実など、お客様が求めていることに誠実に対応していくことだけを考えていたので、「現実型」だったと言えるでしょう。

MEMO

※1：本田技研工業株式会社（通称：ホンダ）の創業者。

201/365

Business

ブランドをつくるための条件とは？

ブランドの確立には「独自性」「コンセプト」「あるべき姿」「共感」「メンバーの意識」が大切であり、ブランドの盛衰の鍵は「ブランドに属するメンバー」にある。

「ブランドは一朝一夕にしてできるものではない」と言われます。しかし、多くの企業や商品が生まれては消えていくなか、20年、30年と発展し、成長し続けるブランドがあります。私は長年、**スポーツと経営という二つの両面から、「継続するブランドには共通のルールがある」**ことを強く感じてきました。それは以下の5つです。

1．「アイデンティティ（独自性）」が確立されている
2．ブランドの「コンセプト（概念）」が明確である
3．自分たちの「あるべき姿」がメッセージ化されている
4．自分たちだけでなく第三者にも「共感されやすい」ものである
5．ブランドの価値をメンバーがしっかりと意識し、「自分の想い」として伝えている

たとえばスヴェンソンが永続するブランドになるためには、その**サービスに他社とは異なる「独自性」**がなければなりません。また、提供する**サービスの「コンセプト（なにを目指すものか）」が明確である**必要があります。また**サービスを提供する社員のあるべき姿が「企業理念」として明文化**され、その**企業姿勢が世の中の人に共感を持っていただけるもの（世の中に必要で役に立つもの）である**ことも大切でしょう。そして、スヴェンソンの社員がこれらのブランド価値を意識し、自分自身の想いとして、日頃の業務を通じて常に発信し続ける必要があります。結局、スポーツのチームや企業のブランドを支えるのは、そのチームのメンバーや企業の社員です。彼ら・彼女らにブランドの価値観が浸透して初めて、ブランドは育ち、繁栄するのです。

MEMO

202/365

Life

人生にロマンを持とう

「ロマン（夢・目標）」を持つ人は必死に考え、努力する。自主的に考え、自己管理ができるようになれば人生は面白い。そのためにも、まずはロマンを探そう。

元東北大学の総長で「ミスター半導体」と呼ばれた西澤潤一先生[※1]は、**最近、自分でモノを考えられない人が増えており、**暗記した知識が頭に入っているだけで、その知識をつなげて新しいことを考えることができないのではないか、これではまるでロボット人間だと嘆いておられたそうです。

人生いかに生きるのかという人生観を持っていれば、人生観の実現という目標に向かって頭の中の知識を何とか生かそうと考えるようになる。**こう生きたい、こうなりたいというロマンがあるから人は猛烈に勉強するし、自主的に考える**ようになるといったアドバイスをされていたと言います。

私も**人生をより良く生きるには、ロマン（夢・目標）が欠かせない**と思います。多くの偉大な経営者やスポーツ選手は、みなロマンを持っていました。ロマンがあったからこそ厳しい練習を乗り越え、創意工夫を重ね、勝利できたのです。

彼らはロマンがあるからこそ、それに向かって自ら行動を管理することができます。**自分の行動をマネジメントできるようになれば、スポーツも仕事もがぜん面白くなる**ものです。自分で考えた練習方法やアイデアがピタリとはまり、成果が出たときの快感はたまりません。

今、自分の状況を変えたいと思うなら、一度立ち止まって自分の長所と短所を検討し、自分がどんな人間であるかじっくり考えてみましょう。そして**本当に自分が目指したいもの、ロマンがどこにあるのか**探してみてください。それを見つけたとき、素晴らしい未来が始まるのです。

MEMO

※1：半導体レーザーやLED、光ファイバーなど現代社会を支える数々の研究を成し遂げている。

203/365

Life

「自分で考える」という習慣が人生を変える

壁にぶつかってどうしようもないときは、素直にアドバイスを求めればいい。しかし、そのアドバイスを自分のものにするには自分で考え、理解を深めなければならない。

自分が夢や目標に対して、どういう位置（レベル）にいるかを考えたとき、絶望的な気持ちになることがあるかもしれません。その目標にたどり着くための切り口がどこにあるか分からない。現在の自分とのギャップはどのようにして埋めていけばいいのか、見当もつかない。しかし、**「これはだめだ」と諦める前に、やり方を考える習慣を身につけてほしい**と思います。

これは**違っていたと気付いたら、別のやり方に切り換えればいい**のです。決めたことを変更するのは、決して悪いことではありません。進む道・戻る道・楽しむ場所・逃げる場所。そのどれもが大切なものなのです。そして、分からないことは「恥」ではありません。**分からないことは素直に先輩に聞いたり、指導者に教えを乞えばいい**のです。ただ、それを自分のものにしていくためには、聞いたあとは自分で考え、自分で理解を深めなければなりません。

成長の途中で大きな転機や壁にぶつかったとき、指導者のアドバイスを参考にすることは重要です。それを自分の心が納得し、理解できたときには大いに身につくものがあります。しかし、それはあくまで道の入口にすぎません。アドバイスを心の中で吟味して、「これは自分にとって重要なことだ」と納得したものをきっかけに、あとは自分で自分の人生を切り拓いていくしかないのです。

人生は他人のものではなく、自分の生き方は自分で決めることが基本です。途中で小さな失敗を幾度も重ね、痛い目にあっても、自ら修正し、成長していけばいいのです。**妥協も失敗も、その意味を自ら考えて糧にすることで良薬となる**のです。

MEMO

204/365

Life

チャレンジすることに喜びを感じよう

動機には「自分からやりたいと思う」「人に言われてやる」という2種類がある。チャレンジすることを喜びにすれば、どんなことでもワクワクしながら取り組める。

「何かをするときの動機」には、二通りあります。一つは、自分自身で「ぜひやりたい！」という、心の中から自然に湧いてくるモチベーション。もう一つは、外部の人に押しつけられて、「やらなければならない」という圧力によって動かされているモチベーション。簡単にいえば、「ワクワクしてやるか」「シブシブやるか」の違いです。

自分の心の中から湧いてきた動機づけによって、ワクワクしながらやっている場合は、いいアイデアがドンドン出てきて、自然と良い成果が得られます。反対に人から言われてシブシブやっている場合は意欲も湧きませんし、効率も悪くなるので、当然良い成果は得られません。

私は経営者として、「困難からは逃げないぞ」と心に決め、仕事に取り組んでいます。**仕事の上で難しく、厳しい問題が起きたとき、むしろこのことは自分自身を高めてくれると思うようにして、チャレンジする喜びを感じるようにした**のです。おかげでそのような問題が起きたときも平常心で受け止め、ワクワクしながら行動に移せています。

プロ野球のイチロー選手は現役時代、**最高のピッチャーが投げる最高のボールを打つことが、自分にとってのやりがいであり、生きがいだ**と言っていました。普通の選手は相手ピッチャーの失投を狙い、それが打てればうれしいと感じます。しかしイチローは、「最高のピッチャーの最高のボールを打つ」という**困難が自分を高めてくれると考え、そのことに喜びや生きがいを見出していた**のです。この現状に甘んじず、常に自分を高めようとする姿勢が「平凡」と「一流」の違いでしょう。

MEMO

205/365

Life

壁にぶつかったときは原点に戻る

目標を持って成長する人は誰でも壁にぶつかる。そのときは「目標を目指し始めた原点」や「仕事を通じた感動の瞬間」に立ち戻ろう。そうすれば再び気力が湧いてくる。

私たちがスポーツや仕事を始めたときに目指していたもの・キッカケはそれぞれ違うものですが、ときには当時の自分を振り返ってみることも大切です。**自分が何を目指しているのか分からなくなっているなら、原点に戻ってみる**ことです。

人は成長の段階において、必ず壁にぶつかります。たとえばスポーツであれば、世界一を目指す人、日本一を目指す人、学生一を目指す人、リーグ戦出場を目指す人……目標の高さに違いこそあれ、壁にぶつかったときには、「自分はこうありたい」と思った原点を思い出しましょう。**原点に立ち戻ることで、それに向かって本気で進もうとしたときの真剣な気持ちが蘇り、内側から気力がほとばしってくる**はずです。

ビジネスであれば、立ち戻る原点は仕事を始めたばかりのときだけではありません。仕事を通じて、お客様に感謝されたことはないでしょうか？　当社のある社員は、仕事がうまくいかず、くじけそうなときには、お客様からいただいた次のような手紙を繰り返し読むそうです。「……○○さんの仕事はとても意義のあるものです。これからの益々のご活躍をお祈りしています。○○さん、本当にありがとうございました……」彼はこの手紙を読むたびに、気力が全身に満ちあふれると言っていました。

一生懸命になれば、いくつもの壁にぶつかるのは当たり前のこと。しかし、**一生懸命やらなければ、人は原点に戻るのはおろか、新たな出発点を見出すことすらできなくなってしまう**のです。自らの原点を忘れず、また新たな出発点となる出会いがあることを信じて、願晴って[※1]いきましょう！

※1：P.53 参照。

MEMO

206/365

Life

人間が生まれてくるのは何事かを成し遂げるため

人は何かの使命を成すために生まれてきた。何かを成し遂げるには、行動することが大切である。行動することで知恵が浮かび、多くの人の助けも得られるようになる。

坂本龍馬[※1]は「歴史上の人物・人気ランキング」で常に上位にランクされ、多くの人が尊敬する人に挙げていま す。そんな彼は、**「世に生を得るは事を成すにあり」**という言葉を残しています。つまり、**人が生まれてくるのは何事かを成し遂げるためだ**、ということです。

私も、**人にはそれぞれに役割があり、人として生まれてきた以上は世の中に貢献し、人の役に立つ使命がある**と思っています。少し大袈裟に聞こえるかもしれませんが、決してそうではありません。誰にでも世の中のためにできることはあり、**天はその人が使命を果たすために努力している限り、決して見放すことはない**のです。

さて、実際に私たちが何事かを成すためには、どうすればいいのでしょうか？　現在の私たちはあまりにも多くの情報に囲まれ、それによって大切なことをかえって見失っているように思います。ですから、大量の情報を集め、考えてばかりいても何の役にも立ちません。**自分の思考がまとまり、自分の目指す道にある程度の見通しが立ったら、即座に行動を起こすべき**なのです。

二宮尊徳[※2]も、「朝夕に善を思っていても、その善事を実行しなければ、善人とはいえない。常に悪を思っていても、悪事をしなければ悪人といえない。だから、修行ばかりに時間を費やすより、小さい善事でも実行することが尊いのだ」と言っています。

つまり、**事を成すために必要なのは「行動する」こと**。行動するうちに勢いが生まれ、やるべきことも見えてきます。また、動くことで多くの人があなたを見つけ、力を貸してくれるようになるでしょう。

MEMO

※1：幕末の志士。土佐藩を脱藩後、薩長同盟や大政奉還を実現させ、倒幕に大きく寄与した。／※2：江戸時代末期、600以上の農村復興に尽力した人物。

207/365

Sports

「トップを目指すこと」の苦しみと喜び

トップを目指すときは2番手・3番手とは違い、誰の真似もできない。しかし、大変な困難を努力で乗り越えた先に、トップだけに許された世界を見ることができる。

スポーツの世界で使われる「ベンチマーキング」とは、自分の目標とする選手を決め、そのいいところから学び、その人とのギャップを埋めるよう努力して、早く追いつき、追い抜こうとすることを指します。

2番手、3番手でよければ、このようにトップの選手を真似することで、比較的早く、ある程度のところまではいけるでしょう。しかし、**トップになろうと思ったら真似できるものはなく、自分で未知の世界を切り拓いていくしかない**のです。それは非常に厳しくつらい世界ですが、トップを目指すならそこに飛び込む勇気が必要です。

たとえば、かつて「世界のホームラン王」と呼ばれた王貞治氏[※1]は、ある雑誌で次のように語っていました。

・1試合に4打席立って、スイングは10回振れるかどうか。その10回でミスしないために、毎日1000本も素振りをしたこと。
・1球を逃さないためには集中力が必要で、呼吸力を鍛えて、一呼吸で30回もバットを振れるようになったこと。
・ゾーンに入ると言われる普通の感覚ではない状態に人間は入ることができること。それは自分の持っているものが最大限に発揮され、練習ならいちばん上達するときであるが、努力しないと、触れることはできない世界だということ。

ビジネスの世界でも、トップを目指すなら他の人が挑戦しないような困難に耐えなければなりません。しかし、その**困難を努力で乗り越えた人は、トップだけに許された景色を見ることができる**のです。

※1：本塁打王15回、三冠王2回、最優秀選手9回。868本の本塁打は2021年現在も世界最多記録である。

MEMO

208/365

Life

失敗はピンチをチャンスに変えてくれるメッセージ

「失敗」はさまざまな「気付き」を与え、自分を成長させてくれるメッセージと受け止めよう。そうすることでピンチをチャンスに変え、新しい未来を拓くことができる。

目標を掲げ、挑戦する人生に失敗・挫折は付き物です。スポーツなら試合に負けること、ビジネスなら仕事上のミスや競合他社とのコンペで敗れることなどでしょう。その失敗により、ピンチを迎えることもあります。スポーツならレギュラーメンバーから落ちる、仕事なら左遷されるといったところでしょうか。

しかし、**失敗をピンチから脱出し、成長のチャンスに変えるためのメッセージ**と受け止めることもできます。たとえば私は失敗について、次のような解釈をしています。

・人生についてフィードバックを与えるためのメッセージである
・反省し、考える時間を与えるためのメッセージである
・正しい道を示す道標を与えるためのメッセージである
・人間として、さらに成長するための試練を与えるためのメッセージである
・チャレンジを続けるための覚醒を与えるためのメッセージである
・次のチャンスへの扉を開ける鍵を与えるためのメッセージである

アメリカで最も信頼されているリーダーシップ論の権威、ジョン・C・マックスウェル[※1]は、人生でやるべきことは他人を超えることではなく、自分を超えることだと言っています。

スポーツや仕事で失敗したときは、何が自分に不足していたのかを分析し、その課題を踏み台にして今後に活かせばいいのです。そして、それまでの自分よりも、少しでも成長すれば失敗は失敗ではなく、成長のきっかけだったことになるのです。

MEMO

※1：著作の累計は全世界で2600万部を超え、「世界一のメンター」とも讃えられている。

209/365

Business

思いを伝える3つのコツ

相手が理解し、行動に移してくれなければ、伝えたことにはならない。思いを伝えるコツは「結論から入る」「相手に合わせて話す」「熱意を込める」の3つである。

人にものを伝える目的は、相手に行動してもらうことです。伝えたい情報を相手が理解し、その相手が行動を起こして初めて、何かを伝えたことになります。

スポーツの指導者や経営者として**「私はこの話をした」と言っても、それを聞いた選手や社員の行動が変わらなければ、それは言っていないのと同じ**です。自分では力を込めて話をしたつもりでも、驚くほど思いが伝わっておらず、愕然とすることはいまだにあります。よくリーダーの条件として、「相手に話を伝える能力」が挙げられますが、そういう点では私もまだまだ半人前のリーダーにすぎない……と反省しています。それでも長年の経験から、相手に自分の思いを伝えるポイントは**「冒頭で結論を述べること」「熱意を込めて話すこと」「相手の事情を知っておくこと」**の3つであると考えています。

まず、結論が見えない話は聞き手を混乱させてしまうので、**伝えたいことは最初に言う**ことが大切です。続いてその理由や補足の説明をし、最後にもう一度結論をまとめるくらいの念を入れるのがちょうどいいでしょう。

「相手の事情を知っておく」とは、**相手の興味のある分野や知識、経験に合わせて説明する**ということです。野球が好きな人には野球でたとえ話をし、卓球が好きな人には卓球でたとえ話をした方が伝わりやすいでしょう。そして、**自分の思いを伝えるには熱意が最も重要**です。「絶対にこれだけは伝えておきたい」という熱意を持つと、相手にその熱意が伝わります。**熱意が感染することで、伝えたことを行動に移してもらいやすくなる**のです。

MEMO

210/365

Life

夢を叶える力とは「強い思い」である

神の業と称えられる全盲のピアニスト辻井伸行さんのように、私たちにも夢を叶える無限の才能がある。そのために必要なのは、自分を信じてやり抜くことだけである。

全盲のピアニストである辻井伸行さん※1は、2009年に世界的な音楽コンクールの「ヴァン・クライバーン国際ピアノコンクール」で日本人として初めて優勝しました。当時の新聞には、彼の演奏は神聖な癒やしの力を持っており、まさに神の業だといった識者の感想が寄せられていました。

その後、辻井さんの少年時代の映像をテレビで見たのですが、彼は幼いときからピアノと会話し、ピアノさんといると、一度も苦しいと思ったことがないと語っていました。その姿は、人間は志した道を楽しむために生まれてきたことを教えてくれるものでした。

私たちも辻井さんのように、神様から「思いを実現する無限の才能」を与えられています。自分の志した道で、どんな障害も「必ず乗り越えていくのだ」という「強い思い」を持ち、夢や目標を実現させるために努力する。自分の力を信じてやり続けるか、途中で諦めてしまうかだけが分かれ道なのです。

夢には「大きな夢」と「小さな夢」があります。大きな夢は実現するまでに時間がかかりますが、小さな夢は目標をつくって、計画的に行動を起こしていけば、必ず実現します。その**小さな夢を叶えるたびに、大きな夢はだんだん近づいてくる**のです。

3年先、5年先も毎日の積み重ねです。「今日この1日が自分の人生を決める」という思いを持って、夢を語り続けてください。**「夢を叶える力」とは、「夢を諦めない力」のこと**なのです。

MEMO

※1：現在も日本各地をはじめ、アメリカ、ドイツ、スイス、イギリスなどでリサイタルやオーケストラとの共演を行い、圧倒的な成功を収めている。

211/365

Life

集中力を高めるには、集中する時間をつくろう

集中力を高めるには、「意識的に集中する時間をつくること」が有効。また、さまざまなリラックスの方法を用意し、集中しているときとのメリハリをつけることも重要。

スポーツでもビジネスでも、集中力はとても重要な能力です。この集中力は、どうすれば身につくのでしょうか？ **まず、自分なりに集中する時間を決めてみる**ことです。気分を静めて「集中するぞ!!」と強く意識し、そのとき間はわき目も振らず、目の前のことに集中するのです。たとえば、仕事の場合なら周りがうるさくても、近くに誰かが来てもわき目も振らず、気が付かないくらいの勢いで業務に取り組みます。

そのために**「タイマー」を活用するのもいい**でしょう。集中する時間を決め、その時間が来たら分かるようにしておくことで、時間と集中力の使い方にメリハリをつけることができます。

続いて、集中力を発揮するために大切なのは「リラックス」です。リラックスとは精神（心）や体の緊張をほぐすことです。**リラックスしているときに緊張感が残っていると、次に集中するときの集中力のレベルが低くなるので注意**してください。集中したときとリラックスしたときの差が大きければ大きいほど、集中力は高まるのです。

集中した後に「リラックスタイム」を設けたり、集中モードに入る前の「リラックスのルーティン（手順）」を持つなど、**自分の気持ちをコントロールする技術はいくつか持っておく**ようにしましょう。

リラックスする方法としては、背伸びをして「あ〜」と声を出す、大好きな家族やペットの写真を見てニッコリ笑う、首や肩をぐるぐる回して体の緊張をほぐすなど、さまざまな方法があります。短時間でリラックスする必要がある場合は、顔の緊張をほぐす（百面相[※1]をする・耳の付け根を揉《も》みほぐす）のが効果的です。

※1：意識的にいろいろな顔つきをしてみること。人に見られて恥ずかしい場合は、タオルなどで顔を隠してやるといい。

MEMO

212/365

Life

自分に対して客観性を持とう

世阿弥の「離見の見」に触れている。成長するには自分を客観視することが欠かせない。

一流スポーツ選手や経営者も「自分を客観的に見ることの大切さ」だけでなく、

室町時代に「能」を大成させた世阿弥は、「離見の見」※1という言葉を残しています。**「離見の見」とは、自分の演じている舞を観客の目で見ることの大切さ**であり、これは「見所同見」ともいわれますが、「見所」とは観客席のことなので、同じく「客席から見ている観客の目で自分を見なさい」という教えになります。

この言葉を私たちの日常生活に応用するとすれば、**常に冷静な心を持ち、他人（相手）の視点から自分の言動や行動を見て、必要ならばすぐ修正し、対応していかなければならない**ということでしょう。

一流のスポーツ選手や経営者のコメントにも、この「離見の見」と思える言葉が登場することがあります。プロ野球選手として世界最多の安打数を記録したイチロー選手は、あるテレビのインタビューでイチローという選手に対する評価は自分が一番厳しかったと言う話をしていました。

また、テレビ通販のプレゼンが印象的だった「ジャパネットたかた」の髙田明さん※2もテレビの前のお客様が自分たちをどんなふうに見ているのかということに心配《こころくば》りをしないと、決して相手の心には届かない。テレビ通販番組でこうした「離見の見」の視点を忘れ、自分の思いを一方的に発信してしまったときは、まず数字が伸びなかったと、語っています。

客観的に自分を見つめ、冷静に自分を評価し、足りないところを補う努力をし続けること。そして**大局から自分自身の現在位置を見る**こと。それが自分の未来を築き上げる最善の道なのです。

MEMO

※1：この言葉は、世阿弥の残した著書『花鏡（かきょう）』に載っている。
※2：売上高 2400 億円を超えるテレビ通販最大手「ジャパネットたかた」の創業者。『髙田明と読む世阿弥』（日経 BP）という著書もある。

「やる気」と「やる時間」だけが差をつくる

夢を叶えるには、夢と現実の間を埋める努力が必要。努力に能力差は関係なく、「やる気」と「やる時間」だけが差となる。この二つが実りある人生の秘訣である。

人がそれぞれ持つ夢に、「小さい・大きい」も「尊い・尊くない」もありません。**大事なのは夢を持って、努力し続けることです**。この「夢・目標」から「現実」を引けば、自分が取り組むべき「努力目標」が分かります。

『夢（目標）－現実＝努力目標』

スポーツであれば、**夢が「日本一」で現実が「県大会優勝」なら、努力目標はその差の部分**です。その差を埋めるために必要な実力をつけることが、努力目標になります。**ビジネスで夢が「社内No.1の売上成績」で、現実が「社内最下位の売上成績」なら、努力目標はその差を埋めるために、やるべきことをやること**です。目の前にある「努力目標」に全力で取り組む。決して諦めることなく続けることが、夢に到達するための最善の道なのです。

そもそも**人間の能力に大きな差はなく、差があるのは「やる気」と「やる時間」**です。やる気のある人はどんなに厳しい練習や仕事でも、自分の将来のためになるという思いが強いので、それが楽しくてたまらないものです。楽しければどんどんやる時間が増えて成長するので、それがまた「やる気」につながるという好循環が続きます。

しかも、その人が成長することは自分のためだけでなく、周りの人のためにもなるものです（例：スポーツならチーム全体の強化につながり、仕事なら会社全体の業績アップにつながる）。その結果、周囲の人々から認められ、明るく楽しい未来がやってくるのです。**「やる気」と「やる時間」が実りある人生の秘訣である**、そう私は信じています。

MEMO

214/365

Sports

「攻撃」の勢い、「守備」の勢い

「勢い」とは「攻めるとき」だけのものではなく、攻めるタイミングをうかがうのは「守りに勢いがある」状態である。勝つためには、攻撃と守備を使い分ける必要がある。

「勢い」というと「攻撃」のときに使われるもの、という印象が強いかもしれません。しかし、「守備」の場合にも「勢い」というものがあります。**「守りの勢い」というは、守りに入っているけれども、ただ守っているだけではないという状態**です。いつでも反撃できる準備を整えながら、チャンスを待って守っているのが「守りの勢い」です。卓球で言えば、自分がこの態勢になったら必ず攻撃に移る……という前提で守っているような状態です。

私が卓球の選手や指導者として実感しているのは、「攻撃」はそのときの精神的なコンディションにかなり影響されるのに対し、「守備」はどんなコンディションであろうと、もともと持っている技術の90～95%くらいは発揮できることです。そして、しっかり守れている状態が続けば、次第に精神的に余裕が出て、攻撃も良くなってくるのです。

つまり、**「攻」と「守」はどちらか一方だけを選ぶ並列関係ではなく、表裏の関係**なのです。自分の態勢を固めておいて、敵の崩れるのを待つ。攻撃のあとは、必要に応じて守りを固める。そんな**勝負の波に応じて攻撃と守備を使い分ける**ことができなければ、勝負には勝てません。

つまり、すべては「タイミング」が重要であり、どんなに実力があってもタイミングを逃す人は成功しません。特に実力者同士の戦いでは、タイミングで勝敗は決まると言っても過言ではないのです。そのタイミングではないときに、じっと我慢するのも「勢い」がある状態である……ぜひ、そのことを知っておいてください。スポーツもビジネスも攻めるばかりではダメなのです。

MEMO

215/365

Life

「聞く」と「聴く」は大きく違う

「聞く」とは注意を向けずに聞こえること。「聴く」とは真剣に耳を傾け、心を働かせて聞くこと。どんな分野でも成長するためには、「聴く」姿勢が欠かせない。

「聞く」という漢字の部首は「門構え」です。つまり、家の前を通りかかったとき、門の内側から人の声や音が耳に入ってきた……これが、「聞く」という漢字の意味です。つまり、あまり意識しなくても自然と聞こえてくる様子をあらわしています。

一方、「聴く」という漢字の部首は「耳偏」です。この「耳」は、仏像などでよく見かけるお釈迦様の長い耳をあらわします。お釈迦様の耳は人の話がよく聞こえるように長く大きくなっていると言われており、「聴く」もしっかりと人の話に耳を傾けることと、耳をそば立ててよく聞き、正しく理解することを意味しています。

さらに、「聴く」には「心」という文字が入っていることに気付かれるでしょうか？　これは「心を働かせてしっかり聴く」ということを意味しています。「どんな話をしてくれるのかな」「どんな意見を言ってくれるのかな」「私の考えと同じところがあるかな」「ぞ」という具合に**心を働かせ、懸命に相手の言わんとすることを吸収しようと集中して聞くのが、「聴く」ということ**なのです。

スポーツやビジネスにおいて、指導者・上司・先輩・同僚・後輩、そしてお客様の言うことは「聞く」よりも「聴く」ことが大切です。なぜなら、本当に大切なメッセージは「聞く」だけでは受け取ることはできず、「聴く」ことで初めて受け取ることができるからです。この「聴く」という姿勢を磨かなければ、どんな分野でも成長することは難しいでしょう。

MEMO

216/365

Life

賢者と愚者の違いは学ぼうとする姿勢

「賢い人」とは間違わない人、知恵や知識が豊富な人ではない。自分の過ちに早く気付き、常に謙虚にさまざまな人や物から学ぼうとする姿勢を持つ人のことである。

「賢い人」とは、「自分の間違いに早く気付く人」です。だからどう間違っているのかを具体的に理解しようとします。理解さえできれば改善の糸口が見えてくるので、解決も早くなります。

一方、**「愚かな人」とは自分が間違っていることに気付かない人**です。間違っているのに自分では正しいと思い込み、間違いをそのまま続けた結果、大きな失敗をして初めて、自分のやってきたことが間違いだったと気付きます。むしろ**気付けばいい方で、反省せずにそのままズルズルと同じことを繰り返す**こともあります。そういう人は、残念ながら救い難いと言うしかありません。

一般的に、賢い人には知恵があり、愚かな人には知恵がないと言われています。しかし、私は**知恵とは「学ぶ」ことから生まれるものであり、優れた人や正しいやり方から素直に学ぶ人が賢い人**だと思うのです。**いくら知恵や知識があったとしても、学ぶことを忘れた人は愚かな人**ではないでしょうか。

賢い人は謙虚であり、誰に対しても腰が低く、私心なく人に接します。

小説『宮本武蔵』（講談社）を書いた作家の吉川栄治さん※1の言葉に、「我《われ》以外、皆我が師なり」という心に染み渡る名言があります。どんな人からでも何かを学び取ろうという気持ちを失わない謙虚さ、「もしかしたら自分の考えは間違っているかもしれない」という心の幅と厚みを持つこと。それが本当に賢い人になるためには大切なのです。

※1：他にも『新・平家物語』、『私本太平記』など数々の名作を生み出し、「国民文学作家」と呼ばれた。

MEMO

「成功」と「失敗」と「運」の関係

**成功は「運が良かった」と考える。そうすると傲慢になって失敗することはない。
失敗したら、「自分の力不足だ」と考える。そうすると自然に努力するようになる。**

人生において、「運」や「ツキ」をまったく無視して成功することは難しいでしょう。世の中で**成功者と呼ばれる人は、そういった目に見えない力をうまく取り入れている**のです。

私はこれまで、指導している選手や社員たちに、「運は努力していないとアッという間に通り過ぎてしまう」と言い続けてきました。つまり、**「運は努力によって生み出すもの」**だということです。

その一方で、**「成功したり、順調にいっているときは運がいいのだと思う」「困難なときや、うまくいかないときは自分のやり方がまずいからだと考える」**と考える習慣をつけておくと、自分を制御（コントロール）していく上で、とても楽になります。私たち人間は、うまくいったらすぐに「自分の力だ！」「やり方が良かったからだ！」と思いがちです。しかし、そんな考えは傲《おご》りに通じ、失敗や転落に一直線です。だから、うまくいったときには運が良かったからだと考えるようにするのです。

反対に、**物事がうまくいかないときに「運が悪かったから」「あいつのせいだ」などと責任を自分以外のものに押し付けていては、改善も成長も望めない**でしょう。ますます状況は悪化するばかりです。そこで、失敗したときは自分のやり方がまずかった、力が足りなかった……と考えるようにすれば、素直にもっと勉強しよう、努力しようと思えるのです。つまり、先ほどのように考える習慣を持てば、無理なく自分を成功する方向に向かわせることができるのです。

MEMO

夢や目標は紙に書くと叶いやすい

夢や目標は「紙に書くこと」で実現しやすくなる。夢や目標を常に意識でき、つらいときに初心を思い出し、やる気を復活させる手がかりにもなるからである。

夢や目標は紙に書くことで、向こうからどんどん近づいてきてくれるようになります。そして、その夢や目標を実現するための具体的に計画を立て、実際に行動していくことで、今度は自分自身が夢や目標に対して近づいていくことになります。「言葉が意識を変え、意識は行動を変え、行動は結果を変える」……これが夢や目標を紙に書くことで、その実現に近づく仕組みです。

プロ野球の大谷翔平選手[※1]やサッカーの本田圭佑《けいすけ》選手[※2]、中村俊輔選手[※3]が夢や目標を紙に書いていたことは有名です。志望校の名前を書いて壁に貼り、受験勉強に励んだ方もおられるのではないでしょうか？　紙に書くことで、私たちは自分の夢や目標を繰り返し、はっきりと認識することができます。あやふやな記憶に頼るのではなく、決して変わることのない紙に書くことで、夢や目標を忘れることなく、いつでも思い出すことができるのです。

特に手書きがおすすめなのは、それを書いたときの自分の高揚感、気持ちをまざまざと思い出すことができるからです。夢や目標を実現するには、厳しい練習や挫折を乗り越えなければなりません。**くじけそうなときに自分自身が書いた夢や目標を見ることで初心を思い出し、再び「やる気」を取り戻すことができる**のです。

ビジネスマンでも、夢や目標を紙に書くことはとても大切です。「こんな仕事をしてみたい」「あこがれの人物と仕事をしてみたい」「独立してこんな会社をつくりたい」……それぞれの夢を手帳などに書いておき、折に触れて目に付くようにしておくことで、忙しく日々を過ごしていても夢や目標を見失うことはありません。

MEMO

※1：「プロ野球８球団からドラフト１位指名を受ける」という夢を書いていた。
※2：「セリエＡに入団する」「ワールドカップで活躍する」ことを書いていた。
※3：「スペインでプレイする」と書いた５年後に、その夢を叶えた。

219/365

Sports

ギリギリの場面で集中力を発揮するには

大舞台で集中力を発揮するには、身体が自動的に動くほどの練習・準備が必要。日常で顔を洗う方法を意識しないように、繰り返しの努力だけがそれを可能にする。

1998年の長野オリンピック男子スピードスケート500メートル金メダリストの清水宏保さん※1の話によると、最高の状態で滑っているときは自分の周りが真っ白になり、外の音は何も聞こえてこないそうです。そして、視野は30センチくらいとなり、滑るべきラインが光って見える。さらにいい滑りができたときほど記憶が消えるとのことで、これはより本能に近い滑りだからかもしれないというふうに語っていました。

これは**レースの最中、記憶が飛んでしまうほど集中力が研ぎ澄まされていた**ということでしょう。「より本能に近い滑り」なので、レース中にあれこれ考えるような「意識」はほとんどなかったとも言えます。清水さんは猛練習によって、氷の上を滑ることが身体の一部となっており、試合になると勝手に体が動いてくれるのでしょう。

このことからも分かる通り、**ギリギリの場面で「集中力」を発揮するには、肉体や精神を鍛え抜かなければならないのです**。たとえば朝起きて、顔を洗い、歯を磨くといった日常の行動をいちいち考えながらする人はいません。これは毎日の繰り返しの結果、手や足が勝手に動いてくれるからです。

緊張する場面で集中力を発揮するためには、このレベルに達する練習・準備が必要です。ビジネスのプレゼンの前に内容や関連資料を暗記しておくなどというのは、当然のことと言えるでしょう。最近は基本的な練習や業務を避け、一足飛びに高度な技術や難しい仕事に挑戦したがる方が多いように思います。それではまったく大舞台に通用する「集中力」は身につかないということを知っておいてください。

MEMO

※1：1998年長野オリンピックで金メダル1個（500m）、銅メダル1個（1000m）。2002年ソルトレークシティオリンピックで銀メダル（500m）を獲得している。

220/365

Life

苦手なものは、なるべくつくらないようにする

どんな分野でも一流になるためには、苦手（嫌い）をなくさなければならない。特に「食べ物の好き嫌い」「人の好き嫌い」「技術・勉強の好き嫌い」をなくそう。

将棋の羽生善治《はぶよしはる》氏[※1]は、**嫌いをなくさなければ、一流にはなれない**という信念を持って、そういう生き方を続けているそうです。

なぜなら、将棋の世界ではその場に最も適した一手を選ばなければなりません。そこで自分の嫌いな手だからと判断を鈍らせれば、強くはなれないということなのです。

やはり自分の志した道で一流を目指すためには、「苦手なものが少ない」方が、人として成長できると言えるでしょう。

具体的には次のような項目が考えられます。

○食べ物の好き嫌いをつくらない

戦後の食糧難の時代、フジヤマのトビウオと呼ばれた古橋廣之進氏[※2]はサツマイモ、カボチャなどを主食にしながら、犬や猫やガマガエルまで食べていたそうです。この例は極端としても、これからの時代は国際化がますます進展します。海外で活躍するためには、現地の食べ物に好き嫌いを言っている場合ではありません。

○人の好き嫌いをつくらない

自分の好きな人とだけ付き合っていては、人は成長できません。**厳しいことを言ってくれる人、自分に批判する人ともしっかりと付き合い、その言葉に耳を傾けることで人は成長できるのです。**

○技術・勉強の好き嫌いをつくらない

物事の解決策は、思いも寄らない場所にあるものです。過去の意外な経験や注目していなかった技術、異分野の知識が私たちを助けてくれることはよくあります。ぜひ、「食わず嫌い」をなくして、さまざまな技術・勉強に取り組んでみてください。

MEMO

※1：将棋界の7大タイトル獲得合計が99期に及ぶ将棋界のレジェンド。
※2：1949年の全米水泳選手権大会に参加し、400m自由形、1500m自由形で世界新記録を連発した。「フジヤマのトビウオ」は当時のアメリカの新聞でつけられた異名。

221/365

Life

いい負けと悪い負けの違いとは？

全力を尽くして負ければ、多くの学びが得られる。負けは「今の自分に足りないもの」「次にするべきこと」を教えてくれるきっかけであり、可能性の手がかりである。

スポーツでもビジネスにおいても、誰でも負けること（失敗すること）はあります。しかし、この「負け」にも「いい負け」と「悪い負け」があります。**「いい負け」とはすべての力を出しきって負け、そこから学びがある負け方**のことです。一方、**「悪い負け」とは全力を尽くさなかったために学びが得られず、次に活かすことができない負け方**のことです。

「負けたことがいい薬になった」と言うことがあります。これは下手に勝ち続けるより、いい負けを経験した方が「今の自分に何が足りないのか」「今後どんな鍛錬を積めばいいのか」ということが明らかになるからです。私の経験上、スポーツでもビジネスでも必ず「まぐれ勝ち」「偶然の成功」というのはあるもので、当の本人は喜んでいても、長い目で見れば実力の伴わない勝ち（成功）は本人のためになりませんでした。これらは「悪い勝ち」と言えるでしょう。

その点、**「いい負け」はシンプルに「次にどうすればいいのか」という示唆を与えてくれる**ものです。スポーツもビジネスも日々が勝負の連続であり、いちいち負けたことにへこたれていては身も心も持ちません。しかし、こういう考え方を持っていれば、翌日以降に負けを引きずることはないでしょう。

負けることは自分にとっての大きな「転換点」だという考え方に立てば、成長のキッカケになったり、神の啓示にも似た気付きを得る瞬間にもなるのです。目先の勝ち負け（成功・失敗）だけに囚われず、そこから学びを得て、踏み台としてこそ意義があり、私たちの大きな成長につながるのです。

MEMO

222/365

Sports

スポーツが持つ役割と力

スポーツには「人間の文化の向上」「世界の平和への貢献」「人々に夢と希望を与える」という役割と力がある。選手や関係者は、そのことを忘れてはならない。

私は1935年生まれなので、太平洋戦争が終わったときは10歳でした。1945年に敗戦した日本が完全な焼け野原となり、国民は悲しみと絶望に沈んでいたことをよく覚えています。

スポーツ界において戦後の日本は、敵国であり敗戦国と見なされていました。しかし、1949年に開催された全米水泳選手権大会に古橋廣之進氏[※1]が参加し、400メートル自由形、1500メートル自由形で驚異的な世界新記録を連発すると、世界と日本の空気は一変しました。それまで「ジャップ（ジャパニーズの蔑称）」「日本の時計は進みが遅い（古橋氏は1948年の全日本水泳選手権で世界新記録を出していた）」と陰口を叩いていたアメリカ人たちは、彼に「フジヤマのトビウオ」という名前をつけて称賛したのです。

このときの大会実況放送を、当時中学生だった私は夜中にふとんの中でラジオにしがみ付き、ワクワクしながら聞いていました。彼の活躍が敗戦後、打ちひしがれていた日本人の心をどれほど鼓舞してくれたことか計り知れません。文字通り、**全国民に希望と勇気を与えてくれた**のです。

北島康介氏[※2]によると、古橋氏は多くの水泳選手たちに人から尊敬され、愛される選手になってほしいとおっしゃっていたそうです。古橋氏の業績と彼が残した言葉から、私はスポーツの「人間の文化の向上に寄与する」という役割を再確認させていただきました。**スポーツには世界の平和に貢献し、人々に夢と希望を与える力がある**のです。

MEMO

※1：日本水泳連盟会長や日本オリンピック委員会会長などを歴任。後進の育成に力を注いだ。／※2：2004年アテネオリンピックで100m・200m平泳ぎの金メダルを獲得。2008年北京オリンピックでも両種目で金メダルを獲得している。

自分の「3年先」を考えて努力しよう

実力は今日、明日で身につくものではない。スポーツでもビジネスでも、3年先のことをイメージしながら日々の練習や仕事に取り組むことで、人は大きく成長できる。

20年以上前のことになりますが、ある部品加工の職人さんと話す機会がありました。その方との会話のなかで、3年先のことを考えて仕事をしているんだという言葉が出てきて、私が「スポーツの世界でもまったく同じです」と言い、話が盛り上がったことをよく覚えています。

職人さんの言った「3年先のことを……」とは、**常に現状に満足せず、3年先にはどんな進んだ技術が求められるか、自分の技術の目標をその3年先において、日々の物づくりに取組んでいる**ということでした。

実は相撲の世界にも「3年先の稽古」という言葉があります。「今日、明日や1週間の稽古で実力はつかない。毎日稽古を積み重ねると3年くらいで貯金ができて、本当の相撲がとれるようになる」という意味です。「石の上にも3年」ということわざもあります。**どんなにつらいことがあっても、3年耐え忍べば慣れる**という意味ですが、スポーツでもビジネスでも3年先を考えてトレーニングや仕事に励むことで、必ず未来が拓けてくるものです。**「3年先」のことまで考えておくことで、現在の練習や業務も意味あるものになる**のです。

人生には目をつぶって自分を忘れ、夢中になって頑晴る[※1]しかない時期があります。3年間は無我夢中で、その道に没頭してみてください。3年後に思い描いた結果が実現し始めたとき、この上ない喜びとともに、さらに努力できる自分が見つかるでしょう。

※1：P.53 参照。

MEMO

224/365

Business

人間集団の心理的傾向とは？

人間集団の上位3割は夢を公言し、中間4割は夢を持っているだけ、下位3割が夢を持っていない。中間の4割を上位層の方向性に近づけると、チーム力がアップする。

どんなチームのメンバーも3割・4割・3割のグループに分かれる[※1]という法則があります。これを数字の読み方から「さ・し・みの法則」と言います。どんな性質で分けても、だいたいこの数値に収まるのが面白いところですが、ここでは「夢や目標を持っている人」という基準で分類してみましょう。まず、**上位3割（30%）くらいの人が「夢や目標を持っている人」**たちです。このうち夢や目標を文字で書き表している人は全体の5%程度です。残りの25%くらいの人は文字で書くことまではしていませんが、周囲に公言しています。**中間4割（40%）くらいの人は夢や目標を思い描いても、自分の中に留めておくだけの人**たちです。**下位3割（30%）に至っては、夢や目標を考えたことすらない人**たちになります。上位30%に属する人の夢は高い確率で実現します。なかでも成功率が高いのは、実際に夢や目標を文字で書き出し、机や壁や天井に貼って何度も読み返す人たちです。中間の40%に属する人の夢や目標は、ときどき実現することもありますが、あまり確実ではありません。下位30%の人は夢が実現するどころか、いったん負のスパイラルにハマると抜け出せないことが多いです。チームのリーダー的な立場の人にとって、この**「さ・し・みの法則」の中間に位置する4割の層をどの方向に導くことができるかが腕の見せ所**です。なぜなら、この4割の人が上位3割の側に引き込まれると、全体の7割が目標達成可能な人材となり、チーム全体がいい方向に向かうからです。リーダー的な立場の人は、このようなチーム全体の人間の心理的傾向をしっかりと掌握することが大切です。

MEMO

※1：2割・6割・2割のグループに分かれるという意見もある。

225/365

Life

感動が人間を成長させる

人間が成長し続けるためには、「何かに感動し奮い立つ」気持ちが必要である。毎日がマンネリ化している場合は、感動で心が震えるような対象を見つける必要がある。

「感奮興起」という言葉があります。これは**「何かに感じ、自分もうかうかしてはいられないと奮い立つ」という意味で、人間の成長に欠かせない資質**です。実際、孔子[※1]も『論語』のなかで、どうしたら自分をもっと向上させることができるか、いかにしたら自分をもっと磨くことができるか、真剣に問い、求めようとしない者は私にもどうすることもできないと言っています。

人生において同じ日は1日たりともありません。にもかかわらず、**自分の生き方が1年前と少しも代わり映えしないようであれば、それは惰性の世界に入っている証拠**です。

よく、「あの手、この手を使う」などと言いますが、現実には人間の手は2本しかありません。私たちは与えられた環境や条件を生かしてやっていくしかないのです。

マンネリの日々が続いているなら、感動で心を揺り動かす必要があるでしょう。自分の周りに自分より願晴っている人[※2]はいないでしょうか？　もし身近にいなければ、本や雑誌、テレビやインターネットにも、きっと皆さんを感動させ、奮い立たせてくれる対象がたくさん見つかるはずです。それこそ東京オリンピック・パラリンピックにおける選手の活躍は、さまざまな感動を呼び起こしてくれたことでしょう。その感動とともに、心に小さな熱意が宿ります。熱意を支えに努力していけば、必ず見えなかったものが見えてくるはずです。今がどんなに苦しい状況でも、いつか明かりが差してきます。いつまでもその場で停滞しているか、変化を求めて、どんどん成長していくか。その差は「感奮興起」の有無で決まるのです。

※1：春秋時代（紀元前770年～403年）の中国の思想家。儒教の始祖。
※2：P.53参照。

MEMO

226/365

Life

「前向きな言葉」＋「勢い」で修羅場を乗り越えよう

救命救急センターという命を救う瀬戸際で、林先生はチームを鼓舞して多くの人を助けてきた。「前向きな言葉」と「勢い」によって、チームは息を吹き返すのである。

当社の全体ミーティングで、日本大学大学院教授の林成之先生[※1]に11年間指揮された救命救急センターのエピソードを伺ったことがあります。

救命救急センターでは、もう助からないと思われるような患者さんを治療することになります。徹夜で彼らを助け、安堵したそばから次の患者さんが運ばれて来る状況が3日も続くと、さすがに体力も限界となり、そのとき誰か一人でも弱音を吐いた途端、皆の気持ちがくじけ、助けられなくなるものだそうです。そんな時に先生が円陣を組んで、一気に駆け上がるぞ！といった前向きな言葉で全員の気持ちをつなげると、そこから更にすごい力が発揮できた……というお話でした。

私も困難な状況を乗り越えるために円陣を組んだことがあります。第一回アジア卓球選手権大会、私は卓球日本代表の監督でした。団体戦で中国を降した翌日、実力的に劣る北朝鮮との試合は出だしから3連敗という最悪のスタートになったのです。あと1点失えば敗北という窮地に追い込まれたところで、私は一万人を超える大観衆の中、ベンチ後方に選手を集め、なりふり構わず円陣を組んで言いました。

「昨日の君たちは中国を破るという素晴らしい結果を出した。これは間違いなく君たちに実力があるという証明だ。今は心も身体も受け身になって、実力の半分も出ていない。開き直って、勝敗はこだわらなくていい。思い切ったプレーをして、実力を出し切ってやろうじゃないか！」

すると、「よし、やろう！」と一気にムードが盛り上がり、4試合連続勝利を収めるという大逆転で優勝できました。

人間は「前向きな姿勢」と「勢い」によって、計り知れない力を発揮できるのです。

MEMO

※1：2008年の北京オリンピックで日本代表水泳チームに独自に編み出した「勝負脳理論」を伝え、メダル獲得に貢献されている。

227/365

Sports

大きな花を咲かせるには、基礎が大切

元プロ野球選手の村田修一さんは、投手から野手に転向した際、驚くほどの基礎練習をした。スポーツもビジネスも大輪の花を咲かせるには、やはり基礎が重要である。

2009年に開催された野球世界一を決めるワールドベースボールクラシック（WBC）で、日本チームの4番打者として活躍した村田修一さん[※1]は、もともと投手だったそうです。しかし、甲子園で松坂大輔さん[※2]に出会い、大学に進んで野手に転向することを決意したと言います。

野手転向を決意した当初、とにかくがむしゃらにバットを振り、徹夜でバッティング練習をしたこともあったという村田さんは、ある雑誌のインタヴューで次のように語っていました。

1. こんなにバッティング練習ってできるのか、こんなにバットって振れるものなのかと思うほど練習した。ところが、疲れれば疲れるほどいい打ち方ができた。
2. そこを越えなければいいスイングにたどり着くことはできなかった。地味で昔ながらの方法だったが、技術はプロに入ってからしっかり教えて貰っても遅くはないと思っていた。

人間である以上、**ほとんどの人は「自分の器を大きくしたい」「大木となり、大きな花を咲かせたい」と願っている**ものです。しかし、**そのためには「自分の根」を育てることが重要**です。

村田さんの「こんなにバッティング練習ってできるのか……と思うほど練習した」「疲れれば疲れるほどいい打ち方ができた」という話は、基本を身につける上での参考になります。**スポーツでもビジネスでも、まず基本的な内容を繰り返し、基礎を身体に染み込ませることが大切**なのです。

MEMO

※1：横浜ベイスターズ、読売ジャイアンツなどに所属。本塁打王を2回、ゴールデングラブ賞を3回獲得した。／※2：高校3年で甲子園春夏連覇を果たし、西武ライオンズ入りした1年目から最多勝、新人王を獲得。「平成の怪物」と呼ばれた名投手。

228/365

Life

人生を変えるためにコミットメントする

「コミットメント」とは、「決意」や「決断」というレベルの言葉ではなく、「命を懸けてやる」というほどの言葉。すなわち、コミットメントすれば人生は変わる。

英語には、「プロミス(promise)」と「コミットメント(commitment)」という言葉があります。このうちプロミスが単なる「約束」であるのに対して、コミットメントは「絶対にやり遂げる固い決意を伴った約束」というニュアンスの違いがあります。

〝Are you making a promise or a commitment?〟(あなたは約束しているのですか? それともコミットメントしているのですか?)という会話もあるくらいです。

要するに、**コミットメントの意味は「何が何でもやる」「必ずやり遂げる」「できるまでやる」というもので、それこそ「命を懸けてやる」くらいの決意をもってことに当たるという言葉**なのです。だから、もし絶対に手に入れたいと思うものがあるなら、一般的な「欲望」とか「決意」といったレベルではなく、「コミットメント」のレベルにまで自分の思いを高める必要があります。

今の自分が手に入れているものは、意識的であろうと無意識であろうと、それを手に入れるために自分が選び、自分で決断してきた結果です。つまり、すべての源は自分にあるということです。自分の身の回りに起こっているいいことも悪いことも、すべて自分が引き起こしているということであり、その責任は全部自分にあると考えてください。

ですから、**今の状況を変えたいと思うなら、自分自身の意志で自分がこうありたいと思う結果をコミットメントすればいい**のです。コミットメントすることにより日々の選択や決断のすべてが変わり、その結果も必ず変わっていきます。最終的に成功する人は、成功することを信じて疑わなかった人なのです。

MEMO

229/365

Life

プラス発想で人生は左右される

「自分にとっていいことしか起こらない」というプラス発想によって、「運」も「いい人間関係」も引き寄せられる。厳しい時代こそ「プラス発想」を心がけたい。

「プラス発想」は人生を左右するほど大切なものです。この**「プラス発想」によって運を引き寄せ、よりいい人間関係も得られる**からです。そんなプラス発想の生き方とは、次のようなものだと私は考えています。

・プラス発想とは、**「自分にとって絶対いいことしか起こらない」と考えること**

・自分のプラスのエネルギーが周囲に波及し、影響を与えることができる

・自分の周りを**楽しくしていると、小さなラッキーが次々と起こる。**やがてそれが大きなパワーとなる

・どちらにするか**迷ったときは本音の考え方（直感）**に徹する。悩む時間が長いほど、マイナスになる

・行動の判断基準は「楽しいこと」、「明るく前向きであること」

・運が悪いと思うことが起きても、**「すべての原因は自分にある」「いま気付かせてもらって良かった」**と考える

・**不安を心に留めないよう、小さな習慣をつくる**（例：つらくなったら体を動かし、汗をかいて発散する。またはパワーをくれる友人に電話する……など）

・起こることは、**いいことも悪いこともすべて自分にとって大事なこと**だと考える

新型コロナが世界中に影響を及ぼした結果、社会環境が大きく揺れ動いています。人生の思いがけない変化に苦しみ、戸惑っている人も多いと思います。しかし、そのような厳しい時代だからこそ、毎日を明るく楽しい「プラス発想」で歩んでいくように努力していきましょう。

MEMO

230/365

Life

脳のブレーキを外してしまおう

人間の能力の差は、これまでの経験に基づく脳のブレーキによるもの。仕事やビジネスに没頭する「没我」の状態をつくることで、この脳のブレーキを外して成長できる。

人間の脳の仕組みは誰でも同じです。従って、**能力に差が生じているのは脳が何を考え、どう思っているかが原因**であり、これをコントロールする方法を身につければ誰でも素晴らしい能力を発揮できます。つまり、成功者が必ず持っている目標達成への執念や本気といった「心理的レベルの差」が「能力の差」となってあらわれているだけなのです。

しかし、人間の脳は無意識のうちに自分が歩んできた環境から学習し、その環境の中で自分の可能性の枠や常識をつくってしまいます。この「思い込み」のデータが脳にブレーキをかけ、私たちの潜在意識の中に眠っている素晴らしい能力を発揮させないようにしているのです。だから**「自分はここまでの人間だ」「これ以上はムリだ」と思う限界は本当の限界ではなく、99・9％は単なる心理的限界**なのです。

卓球や野球の一流選手が「ボールが止まって見えた」※1という話、サッカーの選手なら「パスを出すべき方向が線として見えた」という話をよく聞きます。これはいわゆる「没我（まったく我を忘れる）」の状態です。

私たちの日常でも仕事や勉強や訓練に没頭していたら、「あっ、いつの間にかこんな時間になっていた！」と驚くことがあると思います。この「没我」の状態では脳のブレーキが外れ、本当の能力を発揮できています。その経験を心身に覚え込ませることで、私たちは思い込みの限界を超えた成長ができるのです。ぜひ、仕事でもスポーツでも意識的に没我の時間をつくり出してください。

MEMO

※1：戦前・戦後にわたってプロ野球で活躍し、「打撃の神様」と呼ばれた川上哲治氏のエピソードが特に有名。

231/365

Life

「緊張」と「感動」で人は成長する

人は自分が考えた通りの人生を生きている。人生を変えるには、「緊張」して自分を振り返る場を持つこと、「感動」の刺激からエネルギーをもらうことが必要である。

私たちの人生は過去に考えてきたこと、あるいは人との出会いや自分が決断したことによって「今」のようになっています。要するに、自分の考えた通りの人生を私たちは生きているのです。

だから、「自分はツイている」と思ってきた人はツイている人生を歩んでいるし、ツキが来るような行動や考え方だったからこそ、運がやってきたと言えます。逆に運のない人は運のない考え方をし、運を引き寄せられない行動をしてきたから運が寄ってこなかったのです。つまり、「明日は今日考えていることしか起きない」のです。

もし今の**人生を変えたいと思うなら、「緊張する場」を持つ**ようにしてください。スポーツや仕事の場で緊張できるのは、一つの才能です。なぜなら、今の自分が何をしなければならないのかを理解していて、なおかつ今の自分に足りないものが分かっているから緊張するのです。つまり、緊張しない人には成長の余地がないとも言えます。**緊張する場を持つことで必死に努力し、人生を変えることができる**ようになります。

もう一つ**人生を変え、人として進化するためには、感動・感激・感謝が大切**です。皆さんは人生の中で、いくつ感動・感激・感謝を味わってきたでしょうか？　**その刺激から新しいエネルギーを得て、私たちは進化する**のです。アインシュタイン博士[※1]は、「感動しない人生を送るのは生きていないことと同じである」と言っています。感動すると心が豊かになり、何かしら「気付き」が生まれます。その「気付き」によって人は成長・発展していくのです。

※1：「相対性理論」などを生み出した20世紀最大の理論物理学者。

MEMO

232/365

Life

言霊の力を活用しよう

「発せられた言葉・書かれた言葉」には、それを現実にする力がある。また、言葉を使うことで緊張の極限状態おいても意識をプラスの方向に切り替えることができる。

私たちは言葉の持つ力を本能的に知っています。これを「言霊《ことだま》」と言います。日本人は特に昔から、言葉の持つエネルギーを大切にしてきました。結婚式のスピーチで「切る」「別れる」という言葉を避けたり、受験生に「すべる」「落ちる」と言わないようにするのは、そのあらわれでしょう。

この言霊とは、もともと「言《こと》は事《こと》になる」という意味だったと言われています。要するに「発せられた言葉、書かれた言葉は事実（現実）となる」という考え方なのです。

よくスポーツの世界で「心・技・体」と言われますが、このうち技術と体力が拮抗してギリギリの場面になったとき、最後は精神力が勝負の決め手になることはよくあります。その**最終的な局面で「プラス思考で思い切って積極的になるか」、「マイナス思考で消極的になるか」が勝負の分かれ目**であり、**それを左右するのは言葉**なのです。

勝負の場面に使うべき言葉は、次のようなものです。「自分の状態は最高だ」「最後は勝つ」「自分はできる」「リラックスして思い切ってやろう」「自分にはツキがある」……いずれにせよ、**プラスのイメージが湧く自分なりのキーワードが大切**です。

脳の働きを研究する大脳生理学では、「言葉は意識そのもの」と言われています。言葉とは人間が進化する道程で培ってきた非常に重要な能力です。「単純な一言」であっても、100以上ある筋肉を操り、声帯や気管、口、舌を変化させて発声しています。それによって自分の意志を伝えるだけでなく、自分の心に影響を与えることができるのです。

MEMO

233/365

Life

小さな目標達成の喜びを力に変えて、前に進もう

人間にとって目標を達成する喜びは大きなモチベーションになる。目標を達成するまでに小さな目標をいくつも立て、それをクリアすることでモチベーションを保とう。

目標を達成したときの喜びは、次の目標に向けて高いモチベーションを発揮するための原動力になります。

そのため、目標を達成するまでの「道のり」を決めることが、非常に大事です。具体的には、目標達成までのプロセスを明確にして、途中に「マイルストーン」（道標・通過点の目印）という小目標を設定することが重要なのです。これはスポーツでもビジネスでも応用が可能です。

たとえば卓球の場合であれば、自分で必要だと考えられる課題ごとに練習内容を決め、優先順位をつけて次のように取り組みます。

テクニックA：200回連続ノーミスでクリア
テクニックB：10分間ノーミスでクリア
テクニックC：500回連続ノーミスでクリア
対戦相手に対するイメージトレーニング：15分

ここでは、それぞれの課題をクリアすることが小目標となります。すべての課題をクリアするまでその日の練習は終わらないのですが、このような**小目標のクリアを積み重ねることで、モチベーションを切らさずに集中して練習に取り組むことができる**のです。また、このように毎日の練習を積み重ねることも小目標であり、最終的な目標や成果に近づく道のりになります。

人間にとって目標をクリアすることは最高のモチベーション[※1]であり、いつまでたっても何の目標もクリアできないことはモチベーションのダウンになります。毎日の小さな目標クリアを積み上げていくことが、大きな目標をクリアするコツなのです。

※1：TVゲームやスマホのゲームなども、さまざまな目標をクリアする機会を増やすことによって遊ぶ人の興味を引きつけている。

MEMO

234/365

Life

「失敗」は「変身」の基礎となる

人が見違えるように成長する（＝変身する）ために必要なのは、「失敗」と「失敗を乗り越える力」である。失敗を力に変え、変化を積み重ねることが飛躍的成長の鍵。

昆虫が卵から幼虫になり、さなぎになり、成虫に変わるさまのことを「蛻変《ぜいへん》」と言います。たとえば、蝶なども卵から青虫、そしてさなぎを経て美しい蝶になります。人間も同じく、最初は右も左も分からなかったような人が数年も経つと大きく変身することがあります。スポーツであれば日本一となり、世界で覇を争うこともあります。

さて、このように「蛻変」するために必要なものが「失敗」です。**失敗は成功や夢の実現へと続く道で必ず出会うものであり、勝負強さを鍛えるためにはなくてはならない経験**です。失敗は恐れるものではありません。誰でも失敗を経験し、賢くなって進歩するものなのです。

しかし、ここで重要なのは失敗や逆境を克服する力の有無です。失敗をどのように克服し、「勝負強さ」や「真の実力」という財産に変えられるか。**失敗を力に変えるには、失敗の先にあるものをしっかり見据えて前進し、挑戦し続ける力が必要**です。

どんな試練にぶつかっても、間違いを起こしても、不幸なことに出会っても、人間にはそれを克服する潜在能力があります。**どんなに難しい問題であっても、それを克服する鍵は自分自身が握っている**のです。

「蛻変」に至るまでには、継続して小さな変化が起きています。その小さな変化の積み重ねなくして、蛻変はあり得ないのです。日々の小さな失敗や困難をいかに克服するかを考え、前進する力・挑戦する力を鍛えましょう。それがいずれ、ここぞというタイミングでギアチェンジをし、飛躍的な成長を遂げるための力となります。

MEMO

誇りや自信がなければ信頼されず、成長もできない

最初から「自分は無能です」と言う人は、周囲からの信頼は得られない。自分に誇りと自信を持ち、それにふさわしい努力をすることで、周囲の信頼を勝ち取ろう。

「どうせ私なんか、この程度の者で能のない人間だから……」と言って世の中を渡っている人は、案外少なくありません。そんな人は初めから「自分は最低」という位置から出発するので、何をしてもそれ以下の評価にはならないものです。また、このような態度が「謙譲の美徳」と言われるのも、日本の社会にはよくある話でしょう。

　しかし、だからといってこのような態度が他人から尊敬され、信頼されることはありません。自分ですら尊敬できない人を、他人が尊敬してくれるはずがないからです。「どうせ私はダメ人間だ」と居直って生きている人は、他人に馬鹿にされるのがオチでしょう。

　いい人間関係に恵まれて充実した人生を送りたければ、私たちは自分に誇りを持ち、自信を持って生きていく必要があるのです。そのような気持ちがあるからこそ、誇りと自信が持てるような生き方をしなければと自分自身を律することができるのです。また、その**誇りと自信は、自分をより成長させる原動力にもなる**でしょう。

　スポーツやビジネスの世界で自分に誇りを持ち、自信を持って生きることは欠かせません。「このプレイだけは誰にも負けない」「この仕事について誇りを持って取り組んでいる」そういう**誇りと自信を持つ人をチームメイトは信頼し、上司や同僚、お客様も頼りにする**のです。自分自身へのプライドや自信が、周囲からの信頼を勝ち取る源になるということを忘れないでください。

MEMO

236/365

Sports

気持ちの切り替えは、準備ができていたかどうか

気持ちの切り替えに大切なのは、十分な準備をして本番に臨んだかどうか。とことん準備すれば、どんな結果でも悔いは残らず、清々しく気持ちを切り替えられる。

かつて元ヤクルト監督兼選手の古田敦也氏[※1]が、気持ちの切り替えについて次のように語っていました。

1．プロ野球の世界は、勝ったり負けたりという結果が必ずついてくる。負けたら、やはり気分が悪い。しかし、**一つの負けや失敗を次の日に引きずらないことが、大切。どんな方法でも、うまく切り替えができる人が生き残っている世界**である。

2．結果に対する反省は常に必要。しかし**最終的には、納得できるような状況まで自分が努力できたかということがポイント**。つまり、ここまでやって結果がダメなら仕方ないというところまでやったら悔いは残らない。気持ちもすぐに切り替えられる。

古田氏が語るように、ここまでやってダメなら仕方がないというところまで準備をすれば、あとは開き直って思い切れば、どんな結果が出ても気持ちを引きずることはありません。たとえば**仕事でも、とことんまで願晴った[※2]という納得感があれば、たとえ失敗に終わっても心は清々しく、また気持ちを切り替えて次の仕事に集中できる**のです。

私自身も、卓球選手たちに「勝っているときはそれまで以上に思い切れ！」「負けているときは開き直って思い切れ！」という言葉を贈ってきました。試合でリードしているときの「慎重にいこう」という気持ちは逆転負けにつながり、逆に負けているときの開き直りとも言える思い切ったプレイは逆転勝利のきっかけになります。気持ちの切り替え次第で、大きく結果が変わるのです。

MEMO

※1：日本を代表する名捕手。ソウルオリンピック銀メダル、MVP2回、首位打者1回、日本一4回、リーグ制覇5回。2005年には2000本安打を達成している。／※2：P.53参照。

237/365

Life

私たちが求めるべき友情について

本当の友情とはときに厳しく、ときに温かく、困ったときには助け合う間柄である。著者は卓球を通じてそんな友を得た。スポーツには、損得を超えた絆を結ぶ力がある。

友情について、中国の古典『菜根《さいこん》譚《たん》』（洪自誠《こうじせい》・著※1）は次のように述べています。

1．親しむべきでない友とは、貪欲な人、ことばの巧みな人、へつらう人、浪費する人である。**親しむべき友とは、ほんとうに助けになる人、苦楽をともにする人、忠告を惜しまない人、同情心の深い人**である。

2．**不真面目にならないよう注意を与え、陰にまわって心配をし、災難にあったときには慰め、必要なときに助力を惜しまず、秘密をあばかず、常に正しい方へ導いてくれる人**は、親しみを持って、心から付き合うべき友である。

3．**このような友を得ることは容易にできることではないが**、また、**自分もこのような友になるように心がけなければならない。**

私自身を振り返ってみれば、本当に**この言葉のような友人を得ることができたのは、やはり卓球というつながりから**でした。若い時代に倒れるまで練習をした大学の卓球部仲間。また日本代表として歴史に残るような猛特訓を繰り広げ、深夜まで激論し、世界を相手に戦った仲間たち。

彼らとは数十年にわたって付き合いが続き、今でも私が間違ったことをすれば厳しく指摘してくれます。そして困ったときは本当に親身になって助けてもらいました。東日本大震災や熊本地震など、自然災害のときにはすぐに義援金を送り合っています。**スポーツには、損得勘定を超えた強い絆を結ぶ力がある**のです。

MEMO

※1：幸福論や人との付き合い方、人格の磨き方といったさまざまな処世訓からなる。松下電器産業（現：パナソニック）創業者の松下幸之助さんも愛読していた。

238/365

Life

成功する人には3つのパターンがある

成功者は「天才」「運がいい人」「継続的に密度の濃い努力ができる人」の3種類。凡人は「量」「質」「創造性」のいずれかで、継続的に努力する必要がある。

一般の人より成功し、実績を上げる人には次のような3つのパターンがあります。

①天才と呼ばれる才能のある人

ゴルファーのタイガー・ウッズ[※1]、野球のイチローや大谷翔平選手、将棋の羽生善治さんや藤井聡太さんなどです。人一倍の努力は惜しまない上、「才能」という天性のものに恵まれた人たちです。

②運のいい人

つまり強運に恵まれた人たちです。

この幸運な人もさらに二つのパターンに分けられます。

A　その幸運を自らのチャンスと捉え、謙虚に努力を続けて本物になる人

B　運の良さに慢心して、打ち上げ花火のように一発で儚《はかな》く消えてしまう人

③凡人だが、継続的に密度の濃い努力のできる人

私も含め、**凡人が成功するためには「密度の濃い継続的な努力」ができなければならない**と思います。少なくとも人より頭一つ抜け出した結果を出そうと思うなら、「より多くの時間を使う（量）」「効率良く取り組む（質）」「人がやっていない新しい技術を開発する（創造性）」の3つで、人並み以上の努力をしなければならないのです。

MEMO

※1：メジャー通算勝利数は15。故サム・スニードに並ぶ男子プロゴルフ史上最多の82勝を挙げている。

239/365

Life

成功できない人には3つのパターンがある

成功できない人は「サボり癖」「段取りが悪い」「集中力を欠いている」の3種類。取り組み方を見直し、集中できる環境を整えることで実績を上げられるようになる。

世の中で成功できない人、実績を上げられない多くの人が気付かない問題点には、次の3つの要素があります。

①意識的な怠慢時間

これは、「自覚のあるサボリ」です。**「今日はやる気がしないから」と練習や仕事を休み、自分を甘やかしてサボる人**が成功することはありません。

②無意識的な怠慢時間

自分自身の効率の悪さが認識できない、いわゆる「段取りが悪いタイプ」です。「どうしてこんなに頑晴っているのに、成果が出ないのだろう」と嘆きますが、**行動パターンが非効率極まりないことが多い**です。[※1]

③集中力に問題がある

これには2つのパターンがあります。

1．集中できる環境を用意していない

集中して仕事をするべきときに30分ごとに休憩したり、電話応対していては効率が上がりません。

2．集中力の持続時間が短い

初心者や新入社員は、スポーツや仕事に15分くらいしか集中できません。しかし、少しずつ上達し、仕事に慣れてくることにより、集中力の持続時間は伸ばすことができます。

ここに挙げた3つの要素は、実績を上げている人たちが無意識に「そうならないように」心がけている点です。物事がうまくいかずに悩んでいる人は、この3つの点を改善してみてください。

※1：P.53 参照。

MEMO

240/365

Life

「挑戦力」を失わないための考え方

失敗しても前進し続けるためには、「挑戦力」を鍛えねばならない。困難に直面したら「成長するための課題」と解釈し、「どうやって解決するか」だけを考えよう。

失敗しても、なお自分の未来を思い、前進し続けられる人は案外少ないものです。非常に楽観的な考え方をする人でさえ、失敗を前向きに受け止めるには訓練が必要です。大切なのは、失敗しても「挑戦力」を失わない気概。失敗の先にあるものをしっかりと見据え、前進する力・挑戦する力を鍛える必要があります。

困難に直面したときは「どうするか」とうろたえるのではなく、「どうやって」その困難に対処していくかを考えましょう。勝負強さはこうした体験を経て、養われていきます。

要するに、失敗したらそれを「乗り越えていくのか?」「引き下がってしまうのか?」ということです。

ここで失敗しても「挑戦力」を失わない、成功者の考え方をご紹介します。大峰千日回峰行※1を達成した塩沼亮潤氏の講演で、「問題だと思うと気が重いが、課題だと思えば成長する。問題よりも自分の器を大きくすれば、自然に問題は解決できる」といったお話がありました。

なにかの壁にぶつかったとき、それが解決しなければならない問題だと思うと、私たちは憂鬱《ゆううつ》になってしまうものです。しかし、それを**自分が成長するために与えられた課題（試練・チャンス）だと思えば、やる気が湧いてくる**のです。そして、**自分自身が問題よりも大きく成長すれば、問題だと思っていたことは問題ではなくなる**こともよくあります。「なぜ、あんなことにクヨクヨと悩んでいたのだろう?」きっとそう思えることでしょう。

MEMO

※1：1000日にわたって山を歩き続けるという密教、修験道における修行。

241/365

Life

ツイている人になる方法とは？

成功するには「運」や「ツキ」の存在を認め、有利になるよう働かせねばならない。その方法は「自分はツイている」と考え、明るいプラス発想で生きることである。

世の中には、「ツイている人」と「ツイていない人」がいます。同じことをやっても「うまくいく人」と「うまくいかない人」がいます。**成功を望む人にとって、「ツイている人」になることは大変重要なこと**です。

では、どうすれば、「ツイている人」になれるのでしょうか。その方法は非常に単純なものです。**「自分はツイている」と思うだけでいい**のです。

なぜなら、現状に不満を持ったり、未来のことを心配したりしている人でうまくいった人を見たことがありません。**心の満ち足りた人は、何をやってもうまくいく**ものです。大切なことは、今、この瞬間を「ツイている」と思えるかどうかです。ツイている人になるコツは「今、ツイていると思う」ことなのです。

「ツイている人」の特徴は、「性格が明るい」「否定的な言葉をあまり使わない」「プラス発想で物事をいい方に考える」ことです。世の中には人間の知識や論理では解明できない「不可解な力」があります。私のようにスポーツや経営という「勝負」の世界にどっぷりつかっている者は、余計にそう感じます。

この「力」が、どのくらいの比重を占めるのか、どれほどの大きさがあるのかを正確に測ることはできません。しかし、**相当に大きな「力」が存在し、私たちは随分影響を受けて生活していることは間違いない**でしょう。人生がうまくいく人は、不可解な力が存在することを認め、それを「運」や「ツキ」と呼んで自分に有利になるよう使っているのです。

MEMO

242/365

Life

すべての原因は自分にある

人生は自分の選択によって左右される。他人任せの生き方では充実した人生を送ることはできない。本当にやりたいことに焦点を当て、勇気を持って一歩を踏み出そう。

現在の自分自身は、すべて自分の「選択」の結果です。**今まで体験してきたことは、いいものも悪いものも、偶然に出会ったことも含めて、自分自身が選んできたもの**です。ですから、これからの人生も自分の選択の結果によって、大きな差が出てくるということです。成功者になって幸せな人生をつかむか、並あるいは並以下の人になって人生を終わるのか、すべては自分の選択にかかっているといえます。

しかし、**世の中には自分の力や可能性を信じようとせず、自分より優れていると思える人や力のある人に、自分の人生を任せてしまおうという生き方をしている人がたくさんいる**ように思います。これは自分の人生をすべて「あなた任せ」にする生き方、「他人がすべての源」という考え方です。**それではたとえ欲しいものが手に入っても、チームや会社が目標を達成しても、自分の自信やパワーにはつながらず、人生の充実感も得られない**でしょう。なぜなら、自分で選んだ道ではないからです。

人生をどう生きるかはそれぞれの人の自由ですが、私たちは幸せになるために、この世に生を受けたのです。であるなら、失敗を考えないで、成功している自分の姿を信じて生きてみましょう。今、本当に自分がやりたいこと、達成したいことに焦点を当てて、それを実現した姿や情景を思い浮かべてみてください。そして、それをやっているとき、自分がどれほどイキイキとしているか、幸せな満足感を感じているか……と想像してみるのです。そして、正直に自分の心に問いかけてみてください。思っているだけで、できない自分が自分らしいのか。やりたいことに向かって、一歩を踏み出す自分が自分らしいのか。**人生を形づくるものは、自分の「選択」以外にない**のです。

MEMO

243/365

Life

ツイている人は忘れっぽい

ツキを呼ぶにはツイている人と直接付き合い、その真似をするのがいい。特に忘れっぽさ（立ち直る力）は見習うべき。しかし、実力をつけることを忘れてはならない。

「ツキ」を呼び寄せるのに一番いい方法は、ツイている人と直接付き合うことです。そしてその人を研究して、徹底的に真似してみる。これが短期間で「ツイている人」になる方法です。

そうすると、自然に気付くことがあります。**ツイている人は非常に忘れっぽい**のです。これにツイていない人は、イライラするかもしれません（笑）。しかし、**「忘れる力」「忘れる技術」は成功者にとって必要な能力の一つ**なのです。

あまり物事に**クヨクヨせず、失敗から誰よりも早く立ち直る力**。それが「忘れる力」です。失敗したときにいつまでも悩まず、思いっきり忘れて次の一歩を踏み出す。それが成功する人の生き方なのです。

ただし、人生という勝負は「運」だけで決まるものではないことに注意してください。その前に実力の戦いをしなければならないのです。だから、スポーツやビジネスで**「勝ちたい」「成功したい」と思ったら、まずは実力をつけることが第一**。その上で、運やツキをつかむことを考えるべきです。

全然実力がないのに運やツキのことばかり考え、それに頼ろうとしても成功するはずがありません。実力を身につけるために、地道な努力を積み重ねることも決して忘れないでください。

MEMO

「明るさ」と「執念」で年齢を超えた人

「中年の星」と呼ばれたボクサー、西澤ヨシノリさんは40歳でチャンピオンになった。彼は鍛え抜いた肉体と精神、明るさと執念で年齢を超える力を発揮したのである。

「中年の星」と呼ばれ、絶大な人気を誇ったヨネクラボクシングジム所属の西澤ヨシノリさん※1をご存じでしょうか？　彼は20歳でプロデビューし、31歳で日本ミドル級王座に就いた遅咲きのチャンピオンでした。

西澤さんはボクサーとして鼻・あご・ひじ・手首・肋骨など合計14回骨折し、手術を繰り返しています。ボクシング界では2〜3カ所骨折したら選手生活を諦めるのが普通ですが、彼は転んでも転んでも立ち上がり、挑戦し続けたのです。

そんな彼が注目されたのは2006年、40歳で東洋太平洋ライトヘビー級王者になったことでした。当時、スポーツ医学の権威である吉松俊一《しゅんいち》氏※2が測定したところ、西澤選手の身体能力は驚異的とのお墨つきが出ています。「若いころより体はキレる」「ロードワークも昔よりタイムが良くなっている」ということで、彼の肉体は本当に進化し続けていたのだと思います。

しかし、翌年の初防衛戦に判定で敗れると、日本ボクシングコミッション（JBC）の勧告により国内での引退を余儀なくされます。それでも西澤さんは海外に舞台を移して現役を続行。47歳で現役生活を終えました。

私は当時、彼の執念と前向きな姿勢に感動しました。**若いときに限界に挑戦して鍛え上げた体力と精神力の強さ、そして、その自分の財産を持続させる努力が彼をチャンピオンにした**のです。また、彼の明るい性格と前向きな執念も、年齢を超える力になったのでしょう。スポーツの世界でもビジネスの世界でも、年齢を言い訳にしたくなったら、彼の姿勢をぜひ学んでください。

MEMO

※1：全日本ミドル級新人王、日本ミドル級チャンピオン、WBF アジア太平洋ライトヘビー級チャンピオン、UBC 世界クルーザー級チャンピオンなどを獲得。／※2：日本におけるスポーツドクターの草分け。日本プロ野球界として初のチームドクターとして、長嶋茂雄や江川卓を担当していたこともある。

245/365

Business

「管理者」と「リーダー」は明確に違う

「管理者」と「リーダー」は違う。リーダーは必要ならば大きな変化を起こし、何をやるべきかを見定め、リスクを恐れず、自分の情熱でメンバーに火をつける。

いわゆる「管理者」と「リーダー」の違いは次のようなものです。

管理者：現状を改善する
リーダー：思い切った改革もできる
管理者：どうやるかを考える
リーダー：何をやるかを決める
管理者：失敗を避けようとする
リーダー：多少リスクがあっても、いいと思ったことは思い切ってやる
管理者：目標達成のため努力する
リーダー：目標を達成するだけでなく、自分の心が燃えており、人の心に火をつけることができる

私が経営者として求めるのは、「管理者」ではなく「リーダー」です。これらの特徴を見れば分かる通り、**同じ能力を持った人が二人いたら、情熱を持っている人の方が必ず成功するでしょう。**

なぜなら、リーダーは必要ならば現状を根本的に変えることを恐れず、本当にやるべきことを考え抜き、いいと思ったことをやり抜く胆力と、メンバーから最大限の力を引き出す情熱を持っているからです。

「思いは必ず実現する」「熱意を持てば天に通じる」「〝為せば成る〟とは真実である」「最後まで執念を持とう」「〝最後は勝つ〟と自分を信じよう」……管理者ではなくリーダーを目指す人に、これらの言葉を贈ります。

MEMO

246/365

Life

人生を意義あるものにするためにやるべきこと

人生を意義あるものにするためには、自分で自分を創りあげていかねばならない。人はそれぞれ生きるべき道がある。その道を見出し、向かっていく努力が大切である。

自分の人生を意義あるものにしていくためには、自分をどう創っていくかがポイントになります。身の丈にマッチした自分サイズの「自分創り」をしていくことが大切ですが、自分をどう創っていくかについては正解がありません。**自分自身で考え、思いを込めていくしか方法はない**のです。この「自分創り」について、過去に拝聴した立花大敬《だいけい》氏※1の講話のエッセンスをご紹介しましょう。

1．「法」という字は「サンズイに去る」と書き、もともと水の有り様をあらわす文字である。地上にある水はすべて最後は大海に達するが、定規で描いたように一直線に大海に到るわけではない。その水にふさわしい流れ道があって、こうでしかありえないという最善、最高の道をたどって大海に到る。

2．この水こそが命をあらわすものであり、その命がたどる道のことを「法《のり》」と言う。つまり、誰にとってもその人だけの命がたどる道があるということであり、その道通りに命を運べたとき、私たちの人生は最高の美の表現となる。

立花氏が言うように、私たちの**人生を意義あるものにするには、行動を起こさなければ何も創り出すことはできないという自覚と、何があっても明るく、前向きに物事を考える訓練が必要**だと思います。そしていつか自分の夢をやり遂げたいという強い思いを持ち、努力を重ねることで、私たちの人生は素晴らしく輝くものになるのです。

MEMO

※1：19 歳から禅の世界に入門した禅の達人。神道にも造詣が深い。

247/365

Sports

70年続けた卓球が教えてくれたこと

卓球が教えてくれたのは、物事を成し遂げるのに大切なのは知識や才能ではなく、熱意と執念であるということ。熱意と執念で行動すれば、どんな夢でも実現できる。

私は卓球というスポーツにのめり込んで70年近くになりますが、**卓球は何十年やっても不思議なもの**です。それは底なしに深く、限りなく広い。いくらでも考え方があり、いくらでもやり方があります。

もちろん知識も才能も大事でしょう。しかし、それらがなければ本当に目標は達成できないかというと、そうでもありません。たとえ知識が乏しく、才能が劣っていても、なんとかしてこの目標をやり遂げようという熱意があれば、そこから必ずいい成果が生まれてくるのです。

私は卓球の指導者として、「さすがにトップになるのはムリだろうな……」と思っていた選手が地道な努力を繰り返し、ついに日本一になったのを何度か目のあたりにしています。まさに卓球の不思議さ、奥深さではないでしょうか。

なんとなくやっていて成果が上がるわけがなく、**絶対に成し遂げてやろうという気持ちがあるから成果は上がる**のです。そして小さな成功を積み重ねることによって自信がつき、喜びを得て、さらに努力することが楽しくなっていきます。**「卓球という試合の楽しさ」は、あくまでも厳しさを乗り越えた上での充実感**なのです。

結局、「やれるか、やれないか」を悩むより、自分で考えて考え抜いた結論を果敢に行動に移すことが大切です。そして**「できない理由を探す」のではなく、できる方策を考える。このチャレンジ精神が何よりも大切**だということを、私は卓球に教えてもらいました。

MEMO

248/365

Sports

良きライバルが私たちを成長させてくれる

高校野球史に残る2006年夏の甲子園大会決勝は、良きライバルの存在がいかに大切かを教えてくれる。私たちも良きライバルを求め、悔しさをバネに成長しよう。

2006年夏の甲子園決勝は、多くの人が覚えているのではないでしょうか。「ハンカチ王子」と呼ばれた斎藤佑樹投手※1と「マー君」と呼ばれた田中将大《まさひろ》投手※2を中心とした、実に感動的で歴史に残る名試合だったからです。それは延長15回引き分け翌日再試合という、実に24イニングもの激闘でした。優勝した早稲田実業高校（早実）も準優勝した駒大苫小牧高校（駒苫）も、見事な粘り強さと集中力を見せてくれました。

私は**スポーツの素晴らしさは「感動を生むこと」……観戦者を巻き込み、熱い思いがその場全体を一体としてしまう点にある**と思っています。スポーツ選手は鍛え抜かれた心・技・体により限界に挑戦し、その姿が人々の感動を生み出すのです。

優勝した早実の和泉監督は試合後、昨秋に駒苫に負けて以来、相手に強くしてもらった気がするという趣旨のコメントをされていました。このようにくやしさという負のエネルギーにも、大きな効果があります。**屈辱をいつか見ていろ……と自分を動かす力にできる**のです。早実は負けた悔しさをエネルギーとして溜め込んできたのでしょう。つまり、**駒苫という良きライバルに恵まれたからこそ、早実はあそこまで強くなれた**のです。

良きライバルに恵まれると、自分の実力もぐんぐん伸びていきます。**「あいつだけには負けたくない」という思いが、自分の壁を乗り越える原動力となる**のです。これはスポーツの世界だけの話ではありません。ビジネスの世界でも社内や業界内などに良きライバルを見つけることで、私たちは大きく成長できるのです。

MEMO

※1：日本ハムに入団し、プロ10年の通算成績は15勝26敗。
※2：東北楽天イーグルス、ニューヨーク・ヤンキースで活躍。「1シーズンで24連勝」というギネス認定記録を持つ。

どんなときも挑戦する心を失わない

ペット型ロボット第1号のAIBOを開発いた大槻正さんは、挑戦を諦めなかった。私たちも自分に言い訳をしなければ、「挑戦する心」を失うことはない。

最近の小児科病院や幼稚園・保育園には、さまざまな可愛らしいロボットが導入され、子どもたちに大変な人気があるそうです。そんなペット型ロボットの第1号ともいえる存在が、SONYのロボット犬AIBO《アイボ》※1です。初代AIBOの開発リーダー大槻正さん※2は、ソニーの社内で「独立愚連隊」と呼ばれる開発チームの隊長として名を轟《とどろ》かせた人物でした。

彼は22年間勤めたソニーを「大企業病に蝕《むしば》まれている。この会社で挑戦的な開発はムリだ」と見限って退職しますが、2年後に元上司からロボット開発チームのリーダーとして戻ってほしいと誘われました。**大槻さんは「ロボットを開発したい」という幼い頃からの夢を諦めきれず、ソニーに復帰**します。そしてロボット犬「AIBO」を開発しました。

当初、SONY経営陣は売れる見込みがないとして販売を許可しませんでしたが、大槻さんは「インターネット販売なら費用はそれほどかからない」と説得し、なんとか販売に漕ぎ着けます。その結果、1999年6月1日の予約受付直後から注文が殺到。わずか20分で目標の1000体を超える3000体が完売しました。その後の**売上は15万台を超え、巨大なロボット市場が生まれた**のです。

大槻正氏は、鉄腕アトムのように自分で考え、喜びや悲しみを表現する自律行動型ロボットの夢は捨てられなかった、挑戦する前にムリだと決めつけるなら、技術者失格だということを語られたそうです。自分自身に言い訳をしなければ、「挑戦する心」を失うことはないのです。

MEMO

※1：四足歩行する自律型エンターテインメントロボット。さまざまなパフォーマンスをするだけでなく、学習機能や感情を表現する機能を持っていた。／※2：CDなどのデジタルオーディオシステムの研究開発、光磁気ディスク（MO）を世界で初めて開発した。

250/365

Sports

自分自身という良きライバル

ときには「自分自身」も良きライバルとなる。なかなか「理想の自分」になってくれない自分に向き合い、逃げずに努力することによって、私たちは大きく成長できる。

ライバルの存在は私たちを成長させてくれますが、**「自分」というライバルと正面から向き合うことも、同じような成長のエネルギーになる**ものです。

「こうなりたい」という思いがある。しかし、「なかなかそうなってくれない自分」がいる。そこで妥協して諦めてしまうことは簡単ですが、なかなかそうなってくれない自分に立ち向かうことで、人間は成長できるのです。

伝説となった2006年夏の甲子園決勝で、早稲田実業の斎藤選手は決勝および決勝再試合の2日間、一人で296球をポーカーフェイス[※1]で投げ抜きました。彼はその前年、西東京大会準決勝で感情の起伏を突かれて打ち込まれ、コールド負けを喫した経験がありました。それ以来、どんなことがあってもポーカーフェイスを貫いてきたそうです。試合でポーカーフェイスなのは自分の気持ちを表に出すと投球が乱れるからであり、他の選手が吠えたりするのと同じように、自分のポーカーフェイスにも計り知れない力があると斎藤選手は語っていたそうです。まさに自分の殻を破り、成長したと言えるでしょう。**自分の弱さを見つめ、そこから逃げなかったからこそ、驚異的な精神力・克己心[※2]を身につけることができた**のです。ライバルがいると、人は強くなれます。それは「好敵手」と呼ぶべき「対戦相手」や「競合他社」、「自分自身」であったりします。「あいつには負けたくない」という思いが出たときこそ、自分自身を見つめ直し、今の自分に必要なことが何かをトコトン考え抜き、実行に移していくようにしましょう。そうすることで私たちは大きく成長できるのです。

※1：心の動きを隠した無表情な顔つき（トランプゲームのポーカーでは手札の強弱を読まれないように無表情を装うことから）／※2：自分の欲望を抑える心。自制心。

MEMO

251/365

Life

できる理由を探し、できない理由は探さない

どんな目標も必要な努力にそれほど差はなく、途中で諦めるか否かだけが結果の違いとなる。「できない理由」を探さず努力すれば、どんなことでも成し遂げられる。

『自分の壁を破る人・破れない人』（渡部昇一《わたなべしょういち》※1・著　三笠書房）という書籍に、人生で一番大切なことはできない理由を探さないことであり、もしたったこれだけのことでも、1カ月・2カ月・1年続けたら、人生に必ずや奇跡が起こるというようなことが述べられていたのを覚えています。

会社に勤めている人たちに、知っておいてほしいことがあります。それは会社の部長を目指すのも、その上の経営者を目指すのも、レベルの違いはあれ、実は必要な努力の量は同じだということです。仕事で悩んだり、トラブルに巻き込まれたりすることは、誰にでも同じようにやってきます。部長になる苦労も社長になる苦労も、内容こそ違いますが量そのものは変わらないのです。

つまり、**理想や目標というのは、それが高かろうが低かろうが、そこへ到達するための努力の量はあまり変わらない**ものです。どんな努力家であっても、一日は平等に24時間しかなく、努力の量に差はそれほどつかないからです。**目標を実現する人とそうでない人の差は、目標を見失わず、何があっても諦めずに進めたか、それを途中で諦めてしまったかの差**にすぎません。

「できない理由」を探さず、「やるための理由」を掲げて努力を怠らない人には必ず天の助けが来るものです。「やってみれば何とかなる」ということを信じられるかどうかはその人の覚悟次第であり、その覚悟によって「運命」を変えることもできるのです。

※1：上智大学名誉教授。『知的生活の方法』（講談社）『アングロサクソンと日本人』（新潮社）など多数の著書がある。

MEMO

252/365

Life

自信を持つと、勢いが出る

「勢い」は結果を左右する要素だが、「勢い」をつけるにはメンバーに自信を持たせる必要がある。それには実績の積み重ねと成功の客観的な振り返りが欠かせない。

組織やチームにとって、「勢いがある」ということは非常に重要なことです。スポーツでもビジネスでも、勢いに乗って結果を出し続けるチームでは、「負けるわけがない」「自分たちならできる」と、メンバーが心から信じています。彼らはたとえ**ピンチになっても、**必ず引っ繰り返してやるぞ……と心の底で思っており、実際にその通りになってしまうのです。

『孫子』[※1]にも「激水《げきすい》の疾《はや》くして石を漂《ただよ》わすに至る者は、勢《いきおい》なり」という記述があります。これは「流れをさえぎられた水が勢いよく流れ出すと、石をも浮かび上がらせてしまう。これが勢いである」ということです。まさに「勢い」には物事の成否、勝敗を左右する力があると言えるでしょう。

このような組織やチームとしての勢い、エネルギーというものは、一人一人のメンバーの力によって生まれます。そして**各メンバーが勢いをつけるためには、自信を持って物事に当たることが大事**になってきます。自信が成功へのエネルギーであり、人間は自信がないとがんばりがきかないものだからです。

ただ、自信を簡単に持つことはできませんし、実力を伴わない自信は過信・慢心であり、組織には逆効果になります。地道に実績を積み重ね、成功した事例を客観的に振り返ることによって、少しずつ自信はついてくるものなのです。

MEMO

※1：2500年以上も読み継がれた名高い中国の兵書（軍事に関する書物）。現在では人間に対する鋭い洞察の書として親しまれ、特に経営者に人気が高い。

253/365

Life

私たちの人生の時間は無限ではない

何事も正面から取り組まないと、その面白さは分からない。時間は無限ではなく、迷っている時間がもったいない。まずは飛び込んで、経験を積んでいこう。

仕事でもスポーツでもその道で楽しみを見出すには、まずは仕事（スポーツ）に正面から精一杯ぶつかっていくしかありません。**仕事（スポーツ）に正面から向き合わずにいると、いつまでたっても奥へ踏み込んでいくことができない**ままです。その手前の段階で迷っている社員や選手をよく見かけますが、その迷っている時間は本当にもったいないと思います。

仕事もスポーツも深いところに踏み込んでいかなければ、中にある楽しくて面白い領域に届きません。慎重になったり、不安になったりするのは後回しにして、とにかく目の前のチャンスにチャレンジしていきましょう。今いろいろ考えるのではなく、まず走り出すのです。いいか悪いかは、後からイヤでも考えられます。

実際にやってみた経験、苦しんだ体験は自分だけのものです。とにかく飛び込んで一生懸命努力していけば、それが財産として蓄えられていき、将来必ず生きてきます。苦しくて前が見えないときは、すり足[※1]で進みましょう。いつか必ず、風は吹いてくると信じてください。

私も20代～40代の頃には、時間の貴重さを意識することはありませんでした。そのままの未来がずっと続いていくような気でいたのです。しかし、時代はどんどんと進み、アッという間に時は過ぎてしまいます。その現実に向き合い、今を懸命に走っていきましょう！

MEMO

※1：かかとを上げず、足裏全体で地面や床を探るように歩くこと。

254/365

Life

妥協なき「欲望」と「意欲」がトップになる資格

トップを走り続け、維持する人は「自分はもっとやれる」「自分は必ず勝つ」という妥協なき欲望と信念を持っている。それこそがトップになるための資格である。

以前、プロゴルファーのジャック・ニクラウス[※1]のこんなエピソードを読んだことがあります。

ある新聞記者が地位も名誉も実績もお金もあるのに、なぜ頑張れるのかと聞いたところ、ニクラウスは僕はまだ上達したいんだと答えました。さらに記者がどうしてそんなに貪欲になれるのかと聞き直すと、desire（意欲・欲望）がまだ残っているからと彼は言い切ったそうです。

近年最強のゴルファーであるタイガー・ウッズも、自分は誰にも負けない闘争心と集中力を持っており、たとえ劣勢になっても逃げない。どんなに負けていても、自分は勝てるといつも信じなくてはならない。不安を感じることもあるが、そういうときはプレーもうまくいかない。何度か試練をくぐり抜け、学び、成長すると、自分を信じられるようになると語っています。

スポーツの世界でもビジネスの世界でも、常にトップクラスを走り続ける人は皆、**さらに上を目指す姿勢を持っている**ものです。どんなときも闘争心を失わず、**どんなに不利な状況でも「自分は勝つ」と信じ抜く心の強さ**があります。

この姿勢は、特に仕事をする上で見習うべきでしょう。どんなに仕事ができても、「自分はもっといい仕事ができる」と考える人、どんなに困難な仕事でも「自分は必ずやり遂げられる」と信じ抜く人は、必ず成功します。決して妥協せず、尽きぬ欲望と意欲を持っている人だけがトップになる資格を有しているのです。

MEMO

※1：史上最多のメジャー18勝を誇るゴルフ界の「帝王」。20世紀最強のゴルファーと言われている。

255/365

Life

挨拶は「出会う喜び」と「生きる喜び」を感じるもの

挨拶は「周囲の人」や「取り組むべき道」に出会えた喜びと、「この世に生まれたこと」の喜びを感じるためにする。今日も全力で生きるため、元気よく挨拶をしよう。

私たちの**人生において、挨拶は本当に大切なもの**です。会社に出勤したときもそうですが、私が指導してきた学生卓球の合宿所でも、目をしっかり見て挨拶する人もいれば、顔も見ないで挨拶する人もいます。ボソボソと小さな声でしか挨拶しない人もいますが、そういう人にバイタリティあふれる行動は期待できないものです。挨拶は大きな声で、はっきりとするようにしましょう。

世の中には、「人間はなんと不完全で弱い存在だろう」と思っている人が多いですが、それでは充実した素晴らしい人生を送ることはできません。まず、「人間は生まれながらにして凄い存在なのだ」と思う必要があります。このように思うためには、「この人（スポーツならばチームの指導者や仲間、会社ならば経営者を含む社員）」と「この道（スポーツや仕事）」と縁を持つことができた喜び、そして「この世に生を受けた喜び」を感じることが大切です。つまり「縁を持った喜び」と「生まれてきた喜び」を感じるため、朝の出会いに挨拶をするのです。

人生とは、毎日が「自分自身が生きていることを喜ぶ訓練の場」です。今ここにいる幸せを喜ばずして、いつ幸せになれるでしょうか。**喜びと幸せを求めて全力で生きるために、まず元気よく挨拶をする**のです。

「挨拶しなくてはならないから」と仕方なしにやっている人の顔には輝きがありません。「なぜ、挨拶をしなくてはならないのか?」ではなく「挨拶をしたら、うまくいくだろう」というところへ、さらに「挨拶でこんなにうまくいった!」という喜びあふれる世界へ自分を持っていきましょう。

MEMO

大舞台になるほど、思いがけないことが起きる

大舞台になるほど「思いがけないこと」が起き、ベストな状態は崩される。そのときに動揺しない「平常心」と素早く解決策を考える「対応力」を鍛えねばならない。

スポーツやビジネスにおいて、心理的な側面を鍛えることは非常に重要です。この**心理的な側面とは、「平常心・対応力（知的作業力）・判断力・決断力・実行力」のこと**です。後半の判断力・決断力・実行力とは「瞬時に状況を見極める力」「とるべき行動を迷わず決断する力」「ためらうことなく決断を実行する力」ですが、ここでは「平常心と対応力」について解説したいと思います。

「平常心」とは、思いがけないことや新しいことに動じない心、不意打ちにあっても動じない心の備えです。不動心ともいうべき「心の力」になります。また、**「対応力（知的作業力）」とは、思いがけないことへの対応策を考える力**です。まったく未知の新しい環境に投げ込まれたときにどう対処し、解決していくかという能力です。

たとえば私が卓球日本代表の監督だった時代ですが、主力選手が最後の調整練習で眼鏡を落とし、壊してしまったことがあります。試合の前にラケットを台の角にぶつけて割ってしまった選手もいました。**大舞台になればなるほど、思わぬことが起こるもの**であり、「平常心」と「対応力」が必要でした。

スポーツでもビジネスでも、ベストコンディションで何かをやれることは、ほとんどありません。スポーツの世界では特にそうです。オリンピックや世界選手権などでチャンピオンになる最後の場面、**自分がベストコンディションで戦えると思う方が間違い**です。ほとんどの選手が疲れ果て、最低・最悪の状態になっているものなのです。それでも自分の持てる力を発揮できるよう、日常から心を鍛えねばならないのです。

MEMO

257/365

Life

どんなことでもいい、「あこがれ」を持とう

夢を持つには「あこがれ」や「目標」の人物を探すといい。そこから夢への第一歩が踏み出せる。また、その人物を調べることで夢を実現するためのヒントも得られる。

夢を持つことは簡単なことではない時代です。実現することはさらに難しいことかもしれません。だからといって、何もしなければ解決の道は開きません。では、どうしたらいいのでしょうか?

私はどんなことでもいいから、「あこがれ」を持ったら良いと思います。「あの人のようになりたい」とか「ああいう生き方がいいなあ」など、**会社の先輩でも過去の偉人でも、何でもいいから「あこがれ」を持つ**のです。そして、そうなった自分をイメージする。これで少なくとも、夢への第一歩を踏み出すことができます。この一歩が、明日からの自分をつくってくれるのです。

第一歩を踏み出すと、踏み出す前には分からなかったことが、どんどん分かるようになります。**夢へと向かう方法は、その夢に向かって歩き始めた人にしか明かされない**ものです。夢をもたない限り、決して見えないものがそこにはあります。

たとえば、親しくお付き合いをしているファッションデザイナーのコシノジュンコさんの著書に※1、「向こう岸　見ているだけでは　渡れない」という言葉があります。「向こう岸」というのは「あこがれているもの」のこと。「自分が行きたい国」や「会いたい人」「やりたい仕事」のことです。この言葉は「あこがれているだけではダメ。それを実現するための行動が大切」ということを教えてくれますが、同時に「向こう岸」を持つこと＝**「興味《あこがれ》」を持つことが、人間の行動のスタートである**ことも示しています。成功への扉は、まず「あこがれ」を持つことで開くのです。

※1：『お母ちゃんからもろた　日本一の言葉』（イースト・プレス）

MEMO

258/365

Life

ボランティア活動は人間力を高めてくれる

ボランティア活動によって誰かの感謝を受け取ると、大きな喜びと感動が生まれる。それは私たちの人間力を高め、人生を良い方向に導いてくれる。

スヴェンソンでは年2回、私も含めた社員全員でボランティア活動に取り組んでいます。全国各地でその地域に合わせた活動をしており、病院や老人介護施設での髪のカットや設備類の清掃、店舗近くにある海岸の清掃などを行っています。

活動を終えたあとに全員から感想文を出してもらい、私はそのすべてを読んできました。感想文は現在も保管してあり、およそ1万5千通になります。この社員の生の声は会社経営において非常に役立ちました。

スヴェンソンが医療用ウィッグでトップシェアを占めているのも、このボランティア活動を通じてお客様のニーズを吸い上げることができたからだと思います。

しかし、ボランティア活動の最大の効果は、社員の人間力を高めることができたことでしょう。社員からの感想文を読むと、彼らの新鮮な感動と喜びが伝わってきます。ヘアケアをして差し上げた方からの「本当に気持ちが良かった!」「ありがとう!」というまっすぐな感謝の気持ちを受けとったことで、社員一人一人の中に強い感動と喜びの気持ちが生まれたのです。

この感動と喜びは、普段の仕事でかかわるお客様にも喜んでいただきたいという情熱に変わります。それが自然とお客様にも伝わり、スヴェンソンへの信頼へとつながりました。これはまさに、社員の人間力が向上した結果に他なりません。

ボランティア活動は、私たちの人間力を高める上で絶大な効果があります。間違いなく日々の生活や仕事に良い影響を与えてくれますから、ぜひ小さなことからでも取り組んでみてください。

MEMO

259/365

Life

成功する秘訣は諦めきれない目標を立てること

成功できない人は「目標設定」が間違っている。どうしても成し遂げたい「諦めきれない目標」を持てば、情熱を燃やし、成功するまで努力し続けることができる。

なかなか成功できない人というのは、心の底から「これだっ！」と思える目標が見えていないことがよくあります。目標を持っているように思えても、実は持っていなかったというのが「成功する人」と「成功しない人」の分かれ目なのです。

一般的に成功のノウハウとしては、集中力と絶対諦めない忍耐力を持って、人一倍努力をしろ……と言われています。しかし、**集中力や忍耐力を持って努力することは、情熱を傾けることができる「目標」を持って初めて可能**なことです。熱中できる目標のないところに、「熱意」や「ヤル気」は生まれません。皆さんは「ヤル気のない赤ん坊」を見たことはあるでしょうか？　おそらく、そんな赤ん坊はいないはずです。つまり、**「ヤル気」という神秘的な力は誰でも、体の奥深いところに必ず持っているもの**なのです。夢中になれるものに出会えば、誰でも必ず意欲的になり、情熱的になれます。

実用的な電球[※1]を開発するために、1万回もの失敗を乗り越えたトーマス・エジソンの話は有名ですが、彼も超人的な忍耐力を持っていたわけではありません。エジソンは性格的には短気で、よく落ち込む普通の人だったそうです。エジソンは「諦めない人」だったのではなく、「諦めきれないほどの目標を持った人」だったのです。**成功の秘訣は諦めないことではなく、諦めきれない目標を持つことです。**絶対に達成したい目標を持つからこそ、人は諦めずにやり続けることができるのです。皆さんが成功するかどうかは、「どんな目標を設定するか」にかかっています。ぜひ「絶対に諦めきれない」目標を掲げ、成功への道を歩んでいきましょう！

※1：当初は数十時間しか点灯できなかった白熱電球を、1200時間以上点灯させることに成功した。

MEMO

260/365

Life

「自己暗示トレーニング」を日常に取り入れよう

多くの人は心の中にマイナスの思いがある。「自己暗示トレーニング」によってマイナスの思いを消し、プラス思考ができるようになれば人生で成功することができる。

世の中の大多数の人は潜在意識[※1]に多くのマイナスの思いを持っており、自分でも知らずしらずのうちにダメな理由を考え、マイナス的な言動を取ってしまうものです。そこで**人生に成功するためには、そのようなマイナスの思いを消し、プラス思考ができるようになる「自己暗示トレーニング」が重要**になります。この自己暗示トレーニングは、次のように行います。

1．イスやベッドに座り、目を閉じ、心をリラックスさせる
2．丹田呼吸（ヘソのあたりをイメージした腹式呼吸）を30回繰り返す
3．願望が実現している姿をイメージする

願望が実現しているイメージは、具体的でなければなりません。たとえばスポーツであれば、「日々の練習で技術が向上するイメージ」「試合で勝利するイメージ」「勝利を周りの人が喜び、祝ってくれるイメージ」などを想像します。自己暗示トレーニングはスポーツの世界だけでなく、仕事や勉強の分野にもいい変化を起こします。具体的には、次のような感想があります。

・新しい発想、企画がどんどん出てくるようになった
・集中力がつき、決断力が早くなった
・本を読んだときの内容の理解度が高くなった

自己暗示トレーニングで一番大切なことは、**自分で自分を信じること**です。いつの時代も成功する人は、「自分次第で変化は起こせる」と自己を肯定できる人、強いイメージ力のある人、「自己暗示トレーニング」などを総動員して努力する人なのです。

※1：自覚されることなく、行動や考え方に影響を与える意識。心の奥深いところに潜んだ意識。

MEMO

261/365

Life

目標はまず、潜在意識に刷り込もう

目標は紙などに書いて貼り出し、リラックス時に読み上げる習慣をつけるといい。そうすることで潜在意識に目標が刷り込まれ、眠っていた能力を引き出すことができる。

目指すべき**目標を見つけることができたら、今度はそれを潜在意識に刷り込んでいくことが有効**です。そうすることによって、潜在意識は目標達成のために必要な能力を引き出してくれるのです。潜在意識に目標を刷り込む具体的な方法としては、次のような方法があります。

私が卓球日本代表チームの監督時代に選手だった木村興治さん[※1]は、以下の目標を紙に書き、壁・天井・机の前などにベタベタと貼っていました。そして疲れ切って、やる気が失せそうになったとき、それを見ることによって発奮の糧にしていたのです。

「お前が勝たねば誰が中国に勝つんだ！」
「フォアへ[※2]きたボールは必ずスマッシュ！」

このように目標を紙に書いて、目に付くところに貼り、就寝前などリラックスしているときに声に出して読み上げる習慣をつけると、潜在意識にその内容が刷り込まれ、私たちの眠っている能力を引き出してくれるのです。これは多くの成功者が実践している実証済みの方法です。潜在意識とは「無意識」のことであり、無意識は眠っているときも休むことなく24時間稼動し続けてくれるのです。

紙に書くだけでなく、最近であればパソコンやスマートフォンの画面に目標が表示されるようにしておくのもいいでしょう。ぜひ皆さんもこの取り組みを習慣化し、自分の人生を成功へと導いてください。

MEMO

※1：世界卓球選手権大会で男子団体１回、男子ダブルス１回、混合ダブルス２回優勝。のちに日本卓球協会副会長を務める。
※2：利き腕側のこと。

262/365

Business

リーダーにとって信頼することは才能の一つ

結果を出す指導者や管理職は、選手や社員を「信頼」している。そして選手や社員を成長させ、お互いの信頼感を高め、密にコミュニケーションをとっているのである。

スポーツの指導者や会社の管理職は、その組織について全責任を負っています。そのため何から何まで自分が命令しなければならない、また選手や社員の側もそれが当たり前だ……と思いがちです。

しかし、**本当に成果を出す組織・チームの指導者や管理職は、選手や社員を信頼して任せることが基本に**なっています。むしろ、そうでなければいつまでも選手や社員は成長せず、組織・チームとしても成長できません。

たとえば、私が卓球の日本代表監督をしていた当時、最大のライバルだった中国を倒すために、監督・コーチ・選手が一緒になって相手チームを徹底的に分析しました。各選手の強みと弱みを検討し、どこを伸ばし、どんな作戦で立ち向かうか。そのために必要なトレーニングの内容はどんなものか。そうして**編み出した方針は、私一人で考えたものではなく、メンバー全員がとことん議論し、納得したものだった**のです。

だからこそ、卓球史上に残るほどの猛特訓も一人の脱落者も出すことなく、団体戦で中国代表を破ることができました。実はこの経験がスヴェンソンの経営において、毎年の事業目標を全社員が参加して決定する「納得目標」という仕組みに活かされています。

また、リーダーが信頼することで選手や社員からも信頼され、コミュニケーションが密になり、より的確なアドバイスや刺激を与えることもできるのです。指導者や管理職にとって、「信頼すること」も一つの才能と言えるでしょう。

MEMO

263/365

Life

充実した人生を送るために、まずは計画を持つ

物事を実現させるためには目標だけでなく、計画が必要である。シビアに目標と自分の現在地の差を見極め、「やること」と「やる期日」を決めることで完成する。

「計画を持つものは人を動かし、計画を持たぬ者は一生他人の計画に動かされる」という言葉があります。一年は誰にとっても平等に365日あります。しかし、計画を持たず、ただ漫然と過ごしてしまうと、あっという間に終わってしまいます。**一年を価値あるものにするためには能動的・積極的に目標を立て、計画をしっかりと練ることが大切**です。この場合、「着眼大局・着手小局」[※1]を意識しましょう。**目標を達成するためにやるべきことの全体像を把握した上で、まずは短期間で達成できる小さなテーマからクリアする**のです。

計画を立てる際には、まず自分の現状と目標の差を正確に見積もる必要があります。ここがあいまいだったり、甘すぎると、その計画では目標が達成できません。たとえば卓球で日本チャンピオンになることが目標であれば、現在の日本チャンピオンと自分の実力の差に、目をそらさず向き合わねばなりません。とても勝てないと思うかもしれませんが、それでも勝つ方法を考え抜くのです。

これがビジネスであれば、さらにシビアです。相手の会社と自社の差、社会の動静を正確に判断しなければ、会社が倒産してしまう可能性もあるからです。会社には社員と社員の家族の生活もかかっていますから、甘い判断はできません。

それでも、目標と自分の現在地の差をじっくりと検討するうちに、やがて進むべき道が見えてきます。その道に「やること」と「やる期日」を書き込むことで計画は完成します。計画が完成したら、もう一度楽観的な自分に戻り、ひたむきに努力しましょう。そうして私たちの一年は充実し、記憶に残る一年になるのです。

※1：囲碁の世界で使われる言葉。物事全体に気を配りながら、目の前の一手に集中すること。

MEMO

264/365

Sports

リーダーの「情熱」と「愛情」が組織を成長させる

スポーツの指導者や会社の管理職といったリーダーに欠かせないのは、「情熱」と「愛情」。この2つを兼ね備えたリーダーは、組織（メンバー）を大きく成長させる。

スポーツの指導者や会社の管理職にとって大事なことは、「情熱」と「愛情」です。指導者や管理職が熱意をこめて方針を語り、全力を傾ければ、必ず選手や社員もその熱意に動かさずにはいられません。このように誰かの熱意が周囲に広がっていくことを、心理学者は「感染反応」と言っています。

全員に熱意が広がり、やる気が高まると、素晴らしいチームワークが発揮されます。私は会社でもスポーツの世界でも、何度もこのことを体験してきました。そんな「情熱」と「思いやり」を持った指導者の1人に、私の友人のヨネクラボクシングジム[※1]会長の米倉健司氏がいます。

彼は「60歳になったら会長を引退しよう」と思っていたそうですが、それは実現せず、「結局ボクシング以上に面白いものはないってことかな」と笑っていました。とにかく根っからボクシングが好きで、「指導者の情熱と愛は必ず選手に伝わる」というのが彼の信条です。そんな彼は柴田国明、ガッツ石松、中島成雄《しげお》、大橋秀行、川島郭志《ひろし》という5人もの世界チャンピオンを育て上げました。

彼の志を受け継いだ大橋秀行氏も、のちにボクシングジムを設立し、同じく5人の世界チャンピオンを育て上げています。米倉健司氏の「情熱」と「愛情」は、これからも受け継がれ、たくさんのチャンピオンを生み出していくことでしょう。彼の偉業からも分かる通り、**指導者・管理職の「情熱」と「愛情」こそが組織・チームを大きく成長させる**のです。

MEMO

※1：ヨネクラボクシングジムは多くの人に惜しまれつつ、2017年に閉鎖されている。

265/365

Sports

夢や理想は「目標」にすると叶う

途方もなく思える夢や理想も、「目標」に変われば現実味を帯びてくる。夢や理想をそのままにしておくのではなく、思い切って「目標」にしよう！

「**できれば、将来はオリンピックで金メダリストになりたいなあ**」と夢見る段階は「理想」です。このレベルに留まって、そこから一歩も動こうとしないスポーツ選手は大勢います。ビジネスで言えば、**「将来は社長になりたいなあ」と夢見るだけで、何も行動しない会社員と同じ**かもしれません。

それが何の拍子か、イチかバチかやってみようと踏ん切った選手があらわれます。「金メダルは無理かもしれないが、もしかしたら入賞はできるかもしれない」という段階に進むわけです。これがさらに進むと、「ひょっとするとオリンピックに……」「もう少しでメダルに手が届くかも……」というレベルに到達します。

つまり、最初は**「理想」だったのが、さまざまな課題をこなすうちに、「目標」へと変化してくる**のです。

目標になると現実味を帯びてきます。**さらなる努力と運さえ良ければ、本当に手につかむことができるというレベル**になります。ここまで来ると人は張り切り、人一倍願晴る[※1]ようになります。これまで**応援してくれた人たちの顔が浮かび、使命感すら生まれてくる**かもしれません。こうなった人間は非常に強いものです。自分でも驚くほどの成長を遂げるのです。

私はスポーツの指導者としても、会社経営者としても、このように何かの拍子で願望が目標に変わったことで大きく成長し、夢を実現した選手や社員を大勢見てきました。もし皆さんが何か夢を持っているなら、だまされたと思って目標にしてみてください。そうすることで、自分では思いも寄らなかった未来が拓けるでしょう。

※1：P.53 参照。

MEMO

266/365

Life

「若さの泉」は私たちの意識にある

「若さ」は年齢ではなく、その人の意識や考え方次第である。生きることの喜びを感じ、心に情熱の炎が燃えているならば、いまだ青春時代であると言える。

西洋には「人が意識を高めるとき、歳がなくなる」という言葉があります。常に新しく学び、楽しく行い、希望を持って生きることができれば、いつまでも若々しさを保つことができる……という意味です。

また、かつて清水寺の貫主だった大西良慶和上[※1]が百歳を過ぎてから、ノーベル文学賞受賞者のパール・バック氏[※2]に「一生を振り返られて、いつのころが一番良かったとお思いでしょうか」と質問されたとき、和上は「今が一番ええなあ」と答えられたそうです。この一言には、**「二度と帰ってこない、今この瞬間の、この命を大切にしなければならない」**という和上の教えが込められているのでしょう。

また、1997年の世界卓球選手権大会で松下浩二選手[※3]と渋谷《しぶたに》浩選手[※4]の活躍により、日本が14年ぶりにメダルを獲得したことがあります。その帰国を出迎えたとき、もうベテランといわれる年齢になった二人からは、そろそろ潮時です……という話が出てくるかもしれない、と危惧していました。

しかし彼らは、「これから全日本も狙うし、3年後のシドニーオリンピックでメダルを狙います」と言いました。それを聞いて、二人にとって「今が青春の真っ盛り」なのだ……と感動したことを覚えています。**「青春」というのは、人生のある期間を言うのではなく心の持ち方である**と言います。私も今でも卓球ニッポンの復活に一役買いたいという熱意にかられており、自分でも驚くくらい、気持ちは青春そのものです。心を生き生きと保っていれば、決して老いることはありません。まさに「若さの泉は意識にある」ということなのです。

MEMO

※1：109歳で入滅されるまで現役の貫主をされていた。／※2：米国の女性作家として初めてノーベル文学賞を受賞。代表作に『大地』などがある。／※3：日本人初のプロ卓球選手。オリンピックに4回出場している。
※4：全日本卓球選手権大会男子ダブルスで7回優勝。1999年に全日本卓球選手権大会男子シングルスで優勝。

267/365

Life

困難は人間の節目であり、私たちを強くしてくれる

ハードルを超えるには「無理だ」と諦める前に、とにかくいろいろ「やってみる」ことが大切。また困難な時期は竹の節のように、人をより強くしてくれる機会である。

誰の人生にも、越えなければならないハードルがあります。そして、**自分の実力以上の難しい壁にぶつかったとき、「自分の実力では不可能だ。難しくて無理だ」と考えてしまうことはよくある**ものです。

私自身、そういうことは卓球選手の時代や会社を経営するようになってからもよくありましたし、今でもよくあります。しかし、ハードルが高いからといって尻込みしていては、いつまで経ってもそのハードルは乗り越えられないままです。また、そのハードルをクリアするだけの実力も身につかないでしょう。

では、そんなハードルを乗り越えるにはどうすれば良いのでしょうか？　まず、ハードルを乗り越えるための方法を徹底的に考え、思いつく限り挙げてみる（自分の実力ではできそうにないことでも構いません）。そして、そのなかでやりやすいものから、手をつけていくのです。そうしてとにかく動いてみれば、初めは難しく思えたことも乗り越える方法が見えてきます。実際、**危機的な状況に立たされた人間の行動はそれまでになかった真剣さが伴い、そこから危機を克服する不思議な力が生まれてくる**のです。

人間は危機的な状況に立たなければ、なかなか現状を改革することができません。たとえば会社であれば、売上高を支えていた先輩が異動することはよくあります。そのままでは到底、来期は目標を達成できない。それではどうするか……こんな追い詰められた状況、節目の季節があるからこそ、今まで当たり前だと考えていた仕事のやり方を見直すこともできるのです。

MEMO

268/365

Life

同じ努力をしているのに、違う結果が出る理由とは？

同じ努力をしているのに成果が出ない人は、発想が間違っている。「成果」を明確にし、とるべき「行動」を計画し、「時間」を有効に活用すれば、成果は出る。

スポーツやビジネスにおいて、同じ努力をしているのに「成果を出せる人」と「成果を出せない人」がいるのはなぜでしょうか？　それは「発想の違い」が原因です。人生は発想の違いにより、大きく決定的に変わってくるのです。以下に、成果を出す人と出せない人の違いを挙げてみました。

1.「成果」についての考え方
（成果を出す人）どうすれば「成果を出せた」といえるのか、**目標を明確に認識**している。**「成果を出すことは難しくない」**と考える。
（成果を出せない人）何をもって「成果」と言えるのか、明確にしないで取り組んでいる。「成果を出すことは難しいことだ」と考えている。

2.「行動」のとり方
（成果を出す人）効率よく成果を出すためには**どのような行動をとるべきか、考えた上で行動**する。
（成果を出せない人）成果を出すためには、とにかく日々の練習または仕事を一生懸命やるしかないと考えている。

3.「計画性」の重要度
（成果を出す人）**計画を立て、時間をコントロール**している。
（成果を出せない人）惰性で日々を過ごしている。

自分の行動を振り返り、成果を出せない人の行動に当てはまっていると思ったら、ぜひ成果を出す人の発想・行動を真似てみてください。必ず成果が出始めるはずです。

MEMO

269/365

Life

「どんなことを思うか」で人生は決定される

成功のコツは「成功させようと思うこと」と、松下幸之助さんが述べられたように、「思い」には恐ろしいほどのパワーがある。「何を思うか」によって人生は決まる。

ある人が松下幸之助さん[※1]に成功のコツとは何かと聞いたところ、成功させようと思わなければならないとさらりと答えられたそうです。

なぜ、松下さんはそのように簡単に言われたのでしょうか？　それは**「思い」に込められた強力なエネルギー、いわば「思いの強さ」というものの偉大さを知っていたから**だと思います。

松下さんは「こうしたい」「ああしたい」ということを常に考えておられ、「思う」ことが習い性として身に染みついていたから、単純な答えになったのです。「思う」ということが日常の行為になっていたからこそ、「思い」が実行され、それが実を結んで松下電器産業（現：パナソニック）という立派な会社が築き上げられたのでしょう。

この話を聞いて、改めて私は「思い」に秘められた恐ろしいほどのパワーを感じました。私もスヴェンソンを起業するとき、「世のため、人のため、お役に立ちたい」という大きな夢を抱きました。その「思い」が具体的な形となり、今日があります。

人は皆、さまざまな人生を経て今に至っています。しかし、これから先の人生は、その人が今から持つ「思い」によって、変えることができるのです。「思い」こそがすべての根源であり、人生とは「思い」を綴っていくもの。「何を思うか」で、人生は決まっていくのです。

MEMO

※1：「経営の神様」と呼ばれ、現在も多くの経営者に尊敬されている。

270/365

Life

あらゆることをきっかけに、心機一転をはかろう

失敗や挫折は「心機一転」をはかるいい機会である。きっかけは外部からの刺激でも、自分を納得させ、心を整理し、やる気を沸き立たせるのは自分自身である。

心機一転とはあることを契機にして、気持ちをまったく入れ替えていい方向へすっかり変わることを言います。すなわち、自分で自分の気持ちを明るい方向へ変えることです。きっかけは外部からの刺激でも、変化は自力で行わなければなりません。**心機一転のキッカケは人生の至るところにある**ので、いつスタートしても構いません。たとえば、1992年のアルベールビル・オリンピックと1994年のリレハンメル・オリンピックのノルディック複合団体[※1]で連続金メダルを獲得した荻原《おぎわら》健司氏[※2]は、ある雑誌で次のように語っています。

1. 高校2年生で初めて国際的なジュニア大会に出場したとき、同世代のヨーロッパ選手たちからは「オレは勝つ」という強い意気込みが感じられた。一方、自分達はあくまで高校の部活動の延長で「やったあ、海外旅行だ」「オレは国際大会の代表選手になれた。凄いだろう」といった程度の意識しかなく、同世代の人間に「アスリートとしての意識の差」を思い知らされた。大会成績も45人中39位という惨めなものだった。
2. このほぼ最下位になった経験が「どうすれば彼らに追いつき、追い越せるか」と考える原動力となった。また、「ジャンプが下手」というコンプレックスが他の選手に先駆けてV字ジャンプに取組むバネとなった。

荻原氏は、自分の大きな敗北・挫折を心機一転の機会として活用しました。私たちもあらゆる機会を心機一転のきっかけとして活かし、実りある人生を送っていきましょう。

MEMO

※1：クロスカントリースキー（スキーによる野山の長距離走）とスキージャンプを組み合わせて行う競技。／※2：ワールドカップでも年間個人総合３連覇を成し遂げている。得意の「V字ジャンプ（スキー板をV字型に開くジャンプ）」が強さの秘訣だった。

情熱と努力に「自信」をプラスして成功する

成功には「自信」が必要。自信は日頃の努力と自己暗示によって確立される。物事は結果だけでなく、プロセス段階で自信を持って行動できたかを考えねばならない。

成功へのエネルギーは「情熱」と「努力」、そして「自信」です。特に**自信がなければ、ギリギリの場面で踏ん張りがきかなくなる**ものです。卓球を始めたばかりの頃は、誰もがあの選手のようになれたらいいなというあこがれレベルの気持ちです。しかし、「どうせやるなら一生懸命やろう。最初は誰だって初心者だ」と考え、「自分にも必ずできる」といった自己暗示をかけ始めると、次第にできそうだという期待のレベルの気持ちに成長していきます。この段階で試合の経験を積み、さらに自己暗示をかけ続けることによって、最初の**「できそうもない」という気持ちは「できるに決まっている」という自信・確信の段階まで成長する**のです。

オリンピックや世界選手権などを見ていると、陸上・競泳・スケートなど、どんな競技でもスタートラインに立って独り言をつぶやいている[※1]選手がいます。それほどの**一流選手でも、「これだけ練習した選手は俺だけだ」「だから、自分が勝つに決まっている」といったいろいろな自己暗示をかけている**のです。厳しい訓練をこなしたという自負と自己暗示、それが自信の源泉となるのです。

物事には必ず「プロセス」と「結果」の2つがありますが、たいていの人は「結果良ければすべて良し」と考え、プロセスはどうでも良いとなりがちです。しかし、本当に結果を出し続けるためには、結果だけを見るのではなく、プロセスの途上で「自信」を持って行動できたかを考える必要があります。成功する人間はプロセスの段階で自信を持ち、「自分は運がいい」と考えて行動できる人です。そういう人だけが、本当に運をものにすることができるのです。

※1：これは「アファメーション」とも呼ばれる。なりたい自分になるために、「肯定的な言葉」で自分を説得する行為。

MEMO

272/365

Business

リーダーの志の高さ・大きさが組織の未来を左右する

組織・チームで結果を出すには、リーダーの「志の高さ」が不可欠。それによってメンバーの「志の高さ」と「成長」が決まり、組織・チームの力も決まるからである。

組織・チームが同じ目標に向かって努力するということは、「普通の人が集まって、普通でない結果を出す」ということです。それにはメンバーの成長が欠かせません。なぜならメンバーが普通の人のままでは、普通でない結果は期待できないからです。

そこで組織のリーダー（スポーツならば監督やコーチ、キャプテン。ビジネスならば経営者や管理職、現場のリーダー職）には高い「志」を抱き、大きな夢を宣言し、身をもって目標に向かって邁進《まいしん》することが求められることになります。そうすることによって、メンバーの志も高くなり、モチベーションがアップし、組織・チームの士気は上がります。

人の成長を左右するのは、ひとえに「志」次第です。大きく高い「志」を持つことで、それを成し遂げるために努力を重ね、結果として人間は成長していくからです。つまり、**リーダーが高い「志」を持つことで、メンバーも高い「志」を持ち、その「志」を達成することを通じて組織・チーム全体も成長**するのです。

近年のビジネスにおいて、高い「志」を抱いているリーダーのもとには、「志」の高い人材が集まり、「志」の高いメンバーが育つことは明白です。むしろ**「志」のない企業は成長できない企業として敬遠される**向きすらあります。

メンバーがどれだけ大きな「志」や「夢」を持つことができるかどうか、そしてそれを実現可能な「夢」だと信じるかどうかは、リーダーの「志」の高さ、大きさにかかっています。ぜひ、そのことをリーダー的な立場の方は忘れないでください。

MEMO

273/365

Life

逆境は人を育てる機会である

逆境や困難を避けるのは、自分を成長させる絶好のチャンスをみすみす逃すようなもの。じっくりと正面から取り組み、活路を見出して乗り越えれば大きく成長できる。

19世紀のイギリスの政治家ベンジャミン・ディズレーリ[※1]の言葉に、「いかなる教育も逆境に及ぶことなし」というものがあります。また中国の古典『菜根譚』にも逆境にあるときは身の回りのものすべてが良薬となるという同じ趣旨の内容があります。洋の東西を問わず、**「逆境こそが人間を育てる」というのは普遍的な真理**と言えるでしょう。

苦しいとき、壁にぶつかったときには、ぜひこれらの言葉を思い出してください。今こそ自分を磨くチャンスだと考え、回りのすべてが自分を高めてくれる素晴らしい教師であり、薬である……と思うのです。

冒頭の言葉を残したディズレーリは弁護士になったものの、何度も莫大な借金を抱えたり、株の暴落で破産したりしています。政治家を目指してからも4回落選していますが、ついにはイギリスの首相に就任し、同国の発展に大きく貢献しました。

困難を避け、逆境から逃げようとするのは、自分自身を成長させる絶好の機会を自ら放棄してしまうことです。焦らず、じっくり腰を落ち着けて困難な状況に正面から立ち向かい、活路を見出していきましょう。そうすれば、必ず逆境を乗り越えることができます。気付いたときには、一回りも二回りも成長した自分に驚くことでしょう。そしていつの日か、願晴った[※2]自分を褒め、自分自身に感謝する日が来るのです。

MEMO

※1:小説家としても知られる。「絶望とは愚か者の結論である」など、さまざまな名言を残した。
※2:P.53 参照。

274/365

Business

「怖いリーダー」が本当は心のやさしいリーダー

「やさしいリーダー」が冷たいリーダーであることは多い。「真にやさしいリーダー」は温かく、ときに厳しい。それは本当にメンバーのことを考えているからである。

一般にいわれる「やさしい」には幅があります。ですから、**「やさしい」と言われるリーダーの「やさしさ」が、実は無関心からくる放任主義の「やさしさ」であることも多い**のです。

たとえば、チームのメンバーが願晴っていても[※1]評価しない。メンバーをよく見ていないので、長所や短所にも気がつかず、心が通う会話もない。メンバーの育成に責任を感じていないので、「人は自分の力で育つもの。伸びる人は何もしなくても伸びるし、だめな人はどんなに教育してもだめ」と答える。そしてメンバーが間違ったことをしたときに、注意することもない。こういうリーダーは、一見「やさしい」と誤解されますが、本当は「自己中心的」で自分の売名だけを考えている心の冷たい人なのです。

反対に、**「怖いリーダー」が本当は心のやさしいリーダー**です。思いやりのある人は、メンバーを放任せず、甘やかしもしません。**「怖い・厳しい」という言葉は、「やさしい」の反対ではない**のです。「やさしい」の反対は「冷たい」です。本当にやさしい人は「あたたかい心」の持ち主であり、メンバーに対する思いやりがあるのです。

思いやりがあるからメンバーの甘えや怠慢、努力不足を許しません。問題のあるメンバーは「うるさいリーダー」「厳しいリーダー」と思い、怖がって避けようとします。しかし、優秀なメンバーは自分も厳しく叱られたことがあっても、「うちのリーダーはやさしい」と思うのです。真の「やさしさ」を持つリーダーがいる組織・チームのメンバーは、そうではないリーダーが率いる組織・チームのメンバーよりも、はるかに成長することができます。

MEMO

※1：P.53 参照。

Life

熱意と努力の火を消さない。人生の可能性は無限

人生はさまざまな運・不運に左右されるが、心のなかの「熱意と努力の火」さえ消さなければ、必ず成功できる。知識や才能よりも、熱意と努力こそが大切なのである。

MEMO

「人生は努力の連続だ」と、功成り名遂げた人はよく言います。しかし、どんなに一生懸命やっても失敗は失敗です。反対に、たまたまタイミングが良くて成功するのも成功でしょう。そんな幸運と不幸、成功と失敗という大河を生き抜く上で最も大事なのは、自分の中に燃えている「熱意と努力の火」を決して消さないことです。人が何をするにしても、知識は必要です。たとえば卓球でも、技術的な知識、トレーニング方法、メンタルタフネスなど、学ぼうと思えば思うほど奥深いものです。しかし、知識が100あっても熱意が0ならば、トータルの実力は0になってしまいます。反対に知識が5しかなくても、熱意も同じく5あれば、掛け算でトータルの実力は25になります。知識ばかりあってやる気のない人の成績がパッとしないのは、これが理由です。この知識を才能に置き換えると、次のようになります。

1．才能も大、努力も大ならば、結果は超大
2．少しの才能、多くの努力ならば、結果は大
3．少しの才能、少しの努力では、結果は小
4．多くの才能、少しの努力では、結果は小

熱意と努力さえあれば、才能があっても努力しない人間より大きな成功が約束されているのですから、願晴[※1]らない手はありません。このことは、私が今まで何百人という卓球選手や会社員を見てきて、確信を持って言えることです。熱意がなければ知恵も工夫も生まれません。だから知識や才能は劣っても構わないので、熱意については最高のものを目指すようにしてください。

※1：P.53 参照。

276/365

Life

高い目標は、なぜ低い目標よりも実現しやすいのか？

低い目標より高い目標の方が、ゼロベースでまったく新しい発想をすることができ、実現する可能性が高い。失敗は成功と同じ過程で起きており、成功のヒントである。

現状の延長線上で考えていてはとても達成できないので、まったくのゼロから新しいドラスティックな発想をするようになります。その結果、思い切った目標の方が実現しやすいという現象が起きるのです。

もちろん、新しいことに挑戦すれば失敗はつきものです。しかし、失敗を恐れてばかりでは、未来はありません。失敗は失敗したときに、どう対処するかが問題なのです。昔から「失敗は成功のもと」というように、失敗は必ず解決策を連れてきてくれるものです。成功と失敗は「正反対のこと」と考えがちですが、実はどちらも同じ道の上で起きた結果なのです。だから**失敗したことを反省し、やり方を変えて再び挑戦すれば、成功する確率はどんどん高まっていく**ことになります。

自分の前にはいつも平坦な道ばかりが広がっていると思う人に、向上も進歩もありません。道は自分でつくるものであり、困難を承知で前に進んでこそ、道はその後からできるものなのです。

「低い目標より、高い目標の方が実現しやすい」ということは、ビジネスの世界でよく言われています。これはどういうことかというと、現状の10～20％変化させるというような目標を設定すると、どうしても現状を前提とした対応策を考えてしまい、抜本的な対策まで考えが及ばないため、かえって目標を達成できない場合が多いということです。

ところが、目標を一気に高いところに決めると、まず「これは、必死にやらなければならないぞ」と担当者の意識が切り替わります。さらに、

MEMO

「丹田呼吸」こそ最強のメンタルトレーニングである

「丹田呼吸」は最重要のメンタルトレーニングである。脳波をリラックス状態にし、いざというときに緊張しないよう、ホルモンのバランスを整えることができる。

スポーツでもビジネスでも、最も大切なのは「心」の持ち方です。この「心」の持ち方を鍛える**メンタルトレーニングで、一番重要なのは「丹田呼吸」**[※1]です。戦国時代、剣豪・宮本武蔵[※2]が座禅に取り組んだのも、丹田呼吸によって「心」を鍛えようとしたからです。

丹田呼吸をすると、まず脳波が変わります。脳波にはβ《ベータ》波（14〜30ヘルツ）、α《アルファ》波（8〜13ヘルツ）、θ《シータ》波（4〜7ヘルツ）、δ《デルタ》波（0・5〜3ヘルツ）の4通りの脳波があります。このうちβ波は「ストレス波」と呼ばれ、不安や緊張でいっぱいのときに出る脳波です。**α波は「リラックス波」と言われ、心が静まり、あがらずに平常心でいるときに出る脳波**です。**丹田呼吸によって、このα波を出すことができる**ようになります。

さらに、脳の働きにはホルモンが大きくかかわっています。緊張状態で特に脳に影響を及ぼすホルモンには、覚醒型の「ノルアドレナリン」と、その逆に抑制型の働きをする「セロトニン」があります。

ノルアドレナリンは不安と迷い、恐れを誘うホルモンです。これが卓球の試合などで大量に出ると、実力がまるで出せなくなります。しかし、**丹田呼吸を毎日していると、このホルモンを抑えるセロトニンが出て、いざという場面にまったくあがらなくなり、十分な実力を発揮できるようになる**のです。

私たちがさまざまな場面で力を発揮するためには、このような脳の仕組みも知っておかなければなりません。まずは是非、丹田呼吸の練習をしてみてください。

MEMO

※1：ヘソの数センチ下にある「丹田」に集中する呼吸法。
※2：二刀を使う「二天一流」の創始者として有名。生涯に60戦以上し、無敗と言われる。

278/365

Sports

イメージトレーニングで実力がアップする

メンタルトレーニングにイメージを取り入れる「イメージトレーニング」により、人間の能力は飛躍的にアップする。リアルで鮮明なイメージを描くのが重要である。

「メンタルトレーニング」と「イメージトレーニング」は混同されがちですが、両者は明確に違います。メンタルトレーニングにイメージを加えたものが、イメージトレーニングです。

具体的なやり方としては、まず、「丹田呼吸」などのメンタルトレーニングで脳波をα波（8〜13ヘルツ）に落とし、さらにθ波（4〜7ヘルツ）に落とします。この状態で理想とする状態（例：スポーツの試合で勝利する、仕事で成功するなど）をイメージすると、イメージしたことがイメージした通りに実現するようになります。

メンタルトレーニングを「する人」と「しない人」の差は歴然としていますが、メンタルトレーニングをした人同士が競うと、イメージの差で決まります。**はっきりイメージが見えるまでイメージトレーニングをした人の方が勝利する**のです。

イメージトレーニングを取り入れ、日々イメージしたことを毎日記録し続けると、イメージの内容が次第にリアルになり、集中力も高まっていきます。特に**スポーツの分野では、ビデオを見ているような鮮やかなイメージが描けるようになると、一気に一流選手並みの実力になる**こともあります。

アメリカのＣ・Ｊ・ミューラーというスピードスキーの選手は、「イメージがうまくできるようになってからさらに強くなり、自分でも驚いている。時速２００㎞を超える選手になれるなんて思ってもいなかった」と述べています。このようにイメージがはっきり見える「脳力」がつくと、圧倒的な能力を得ることができるのです。

MEMO

279/365

Life

楽しむ者は成功するが、楽しむためには努力が必要

スポーツも仕事も楽しんでいる人が勝つ。ただ、そのためにはイメージ通りに物事を進められるだけの基礎的な力が必要。それをしなければ、ただ苦痛なだけである。

孔子が「これを知る者は、これを好きな者にしかず。これを好む者はこれを楽しむ者にしかず[※1]」と言っている通り、**仕事のできる人とできない人の差がつく第一歩は、そのことを好きになって楽しんでやるか、それとも「義務だから」「やらされている」と思って、しぶしぶやるか**によって決まります。同じ時間を使っても、好きなことをしているときは苦しみを感じないのが人間です。そこに楽しみさえあれば疲れず、むしろ苦労も楽しみになることは誰もが経験しているのではないでしょうか。反対に、「これは義務としてやらなくてはならないことだ」と思えば何事も面白くなくなり、無理をするほどエネルギー効率も悪くなるものです。スポーツでもビジネスでも、練習や仕事が楽しくなければ、それに没頭することは不可能です。好きになってこそ時間を忘れて没頭することができ、結果として百点まで磨き上げることができるのです。

どんな世界でも本当に優秀な人は、自分のやっていることが好きで好きで仕方なく、そのこと自身を楽しんでいます。ただ、そのためには**最低条件として、自分のイメージ通りに物事を進められるだけの精神力・体力・技術が必要**になってきます。それがあってはじめて、スポーツも仕事も楽しむことができます。つまり、**スポーツや仕事を楽しむためには、その前に人の何倍もの努力や鍛錬が必要**だということです。どんなに魅力的に見えて飛び込んだ道でも、基本的なことを身につけるまでは面白くないものです。自分の描くイメージが自分で実現できるようになったとき、心から喜びを感じ、楽しむことができるようになるのです。

※1：論語の原文は「子曰、知之者不如好之者、好之者不如楽之者」

MEMO

280／365

Life

成果を出すほどに、次の目標に向かって努力しよう

スポーツやビジネス、科学技術の分野において素晴らしい成果を出している人たちは、常に現在の成果に満足せず、次の目標に向かって「努力」を続けている。

「花の咲かない寒い日は　下の底まで根を伸ばせ　やがて花咲く春が来て　立派な花が咲くだろう」[※1]この言葉は、2000年のシドニー・オリンピック女子マラソンで金メダルを獲得した高橋尚子さんがテレビで一番好きな言葉だと紹介していました。

彼女は現役時代、毎日20キロの練習に挑むことを苦にしていなかったそうです。それは、練習が自分にとって必要なことであり、楽しいことになっていたからだと思います。**大切なのは、「挑戦することを習慣化させること」**です。一日だけ努力しても何も変わりませんが、毎日努力すればすべてが変わります。

しかし、世の中にはわずかな成果を出しただけで、それで満足してしまう人が多くいます。本当は成果を出すほどに難しさを知り、次の目標に向かって努力する人にならなければ、本当の高みには到達できません。

2004年アテネ・オリンピックのハンマー投げで金メダルを獲得した室伏広治さん[※2]がスランプに陥ったとき、そこから抜け出せたのは日本のやり投げの第一人者、溝口和洋《かずひろ》氏[※3]との出会いのおかげでした。室伏さんは**溝口さんの練習量の凄さに驚き、限界を勝手に設けている自分に気付いた**そうです。彼はそれを突き破る必要性を痛感し、練習量を一気に増やしました。この**自分の限界を超えた練習に挑戦したことが、彼を世界一にした**のです。

MEMO

※1：昭和の歴代首相や多くの財界人に師と仰がれた安岡正篤先生の言葉。／※2：現役引退後、スポーツ庁長官などを務める。
※3：男子やり投げの日本記録保持者（2021年現在）。

281/365

Life

「寝ること」をおろそかに扱ってはならない

睡眠時の習慣は大切である。寝るときは消極的なことは考えず、明るく積極的なことを考えよう。なりたい自分になれるよう、鏡を使って暗示をかけるのもいい。

かつて日本の政財界からスポーツ界まで、さまざまな人々に影響を与えた中村天風師[※1]という方がおられます。その天風師は、眠りについて寝床の中は肉体と精神の疲れを休める場所であるだけではなく、もっと深い目的「生命の立て直し」のためにある。だから**寝床の中というのは、とても神聖なもの**であり、寝がけはどんなことがあろうとも、消極的な考えを持ち込まない心がけが大切だと述べられています。

そして天風師は、具体的な方法として以下の心がけを紹介されています。

1. 連想暗示法……『悲しいこと』『腹の立つこと』『気がかりなこと』など、消極的なことは寝床の中に一切持ち込まない。**寝床の中では明るく朗らかに、イキイキとして勇ましい積極的なことを連想する。**
2. 命令暗示法…寝る前に、**鏡に映る自分に向かって、自分のなりたい状態を命令的な言葉で伝える。**たとえば「お前は、信念が強くなる！」と発声する。
3. 断定暗示法……目覚めたあと、前夜命令したことがすでに具体化されたかのように、断定した言葉で表現する。たとえば、「お前は信念が強くなる」と命令したら、「私は、今日は信念が強くなった」と、自分の耳に聞こえるように言う。

この方法を学んでから、私は自分でつくった「積極的な心と感謝の気持ち」が持てるような言葉を、寝る前と起床後に唱えるようにしています。もう数十年にも及ぶ習慣ですが、間違いなくその効果はあったと確信しています。

MEMO

※1：日本の思想家。東郷平八郎、松下幸之助、双葉山、稲盛和夫、広岡達朗など、政財界からスポーツ界までさまざまな人がその教えを学び、生かしている。

282/365

Sports

「練習」「トレーニング」「稽古」の違いとは？

どんな道でも一流になるには、「練習」「トレーニング」「稽古」が必要。技術を磨き、心と身体を鍛え、その道で必要なものを追求する姿勢を持つことである。

かつて私が卓球で指導した学生から、野尻博さん[※1]という方の話を聞いたことがあります。野尻さんは背中にドラムを背負い、エレキギターやシンセサイザー、ピアノなど一人で10種類もの楽器を演奏しながら歌うエンターテイナーとして活躍されていた方です。その道では日本より、むしろ欧米で認められていました。

野尻さんは常々、お客様に感動してもらうには「本物のプロ」であり続けなければならない、そして**本物のプロになるには、「練習」「トレーニング」「稽古」の3つを追求する必要がある**と言っていたそうです。

まず、「練習」は「技術を磨く」ことです。つまり、**一流の技術を磨くために努力する**ということです。

次の「トレーニング」は「心と体を鍛える」ということでした。どんなに一流の技術が身についても、それをどんな場面、どんな状況においても出せなければ何にもなりません。**一流の技術を発揮できる強い心、広い心を鍛え、それを支える体力の向上と健康の維持が大切**という意味だったのです。

最後の「稽古」は「芸を磨く」ということ。芸を磨くというのは、**自分の目指すものに究極的に何が必要かを見極め、それを追求していく姿勢**です。たとえば、私の卓球監督時代には、「集中力」をつけるために座禅を組んだり、相撲の立ち合いの訓練を教えてもらったことがありました。

この3つの要素は、エンターテイメントやスポーツの世界だけに当てはまることではありません。ビジネスや日常生活においても、やはり一流と呼ばれるためには「技術」「心と身体」「究極的なものを探求する姿勢」が必要なのです。

MEMO

※1：大道芸人「作芸人磨心（サウンドマシン）」として活躍。後進の若い大道芸人の育成にも取り組まれていた。

283/365

Life

「日常の心がけ」と「有事の心がけ」

「日常の心がけ」では消極的な言葉を使わず、常に明るく積極的な態度で人に接する。「有事の心がけ」としては、衝撃を腹で受け止めるヨガの奥義と深い呼吸を使う。

中村天風師[※1]の教えに、大変役立つ「日常の心がけ」と「有事の心がけ」というものがあるのでご紹介しましょう。

(日常の心がけ)

1．言葉使い…「困った」「弱った」「情けない」「悲しい」「腹が立つ」「助けてくれ」「どうにもならない」などの消極的な言葉は絶対に口にしない。

2．不平不満を言わず、「正直・親切・愉快」を生活モットーとする。

3．誰に対しても明るく朗らかに、生き生きとして勇ましい態度で接する。

(有事の心がけ)

1．感情・感覚に対して大きな衝撃を受けた瞬間、まず第一に肛門を締め、同時に肩の力を抜いて、下腹部に力を充実させる。

2．まず肺の中の残気を十分に吐き出してから、息を深く吸い込む。これは静かに、深く、長く行う。1日に何度でも意識的に行う。

有事の心がけとして紹介されている教えは、ヨガの奥義で「クンバハカ」というものです。これを身につければ、どんなことにもうろたえることがなくなります。最初は100回に1回できればよく、そのうち2回→3回→10回とできるようになると言われています。

ここでご紹介した内容は簡単なものですが、私自身の実感として非常に人生の役に立ちます。しかし、やってみなければいつまでもできません。ぜひ、これを読んだ瞬間から実践してみてください。

※1：人生の真理を求めて世界を遍歴し、インドでヨガの聖者の指導を受け、真理を悟られたと言われている。

MEMO

284/365

Life

決して「負け犬」になってはならない

人間は負けが続くと、さらに負けるという負のループにはまり込む。そこから抜け出すには目標を適正なものにして、「勝ちを積み重ねる経験」を積まねばならない。

「弱いから負けるのではない。負けるから弱くなるんだ」

昔、この「土俵の鬼」といわれた初代若乃花[※1]の言葉を聞いて、感銘を覚えたことがあります。負けが続くと一層弱くなるという悪循環。この「負け循環」ともいうべきものにはまり込んだら、人生はロクなことになりません。

そこから抜け出すには、「目標を切り下げる」という方法があります。私が本書で何度も主張してきた「できるだけ大きな夢を持って、その実現に努力しよう」ということと「目標を切り下げる」というのには矛盾があるのではないか……と思われるかもしれませんが、そうではありません。夢は夢として描き、目標は自分の力量の少し上あたりに置いてベストの状態を発揮しようということです。身の程知らずに目標ばかりが高いと、常に敗北感を味わう結果になってしまいます。そして敗北感は人間を蝕み、弱くするものです。

大きな夢は絶対になくてはなりません。しかし、**目標は現実に合わせ、まずは夢よりはるかに切り下げて、「勝ち循環」に身を置くことが大切**です。前進することは「勝ち」を積み重ねることであり、その向こうに大きな夢の実現が待っているのです。

「負け犬になるな。成功を積み重ねろ」という冒頭の初代若乃花の言葉は、非常に重要なものです。このことは「潜在意識」にもかかわってくることなので、よけいに重視しなければなりません。無意識に負けるかもしれないというイメージがつくと、本当に勝てなくなります。スポーツでもビジネスでも、「勝ちグセ」をつけることを常に意識してください。

MEMO

※1：横綱・栃錦とともに「栃若時代」を築き、数々の名勝負を残した昭和の名横綱。引退後は二子山部屋を興し、後進の育成に取り組んだ。

285/365

Life

「ひたすら」が持つ素晴らしい力

「ひたすら」打ち込むことは周囲に感動を与え、自分の人生を充実させてくれる。忙しくても自分の行動をマネジメントし、「ひたすら」打ち込む機会を持とう。

スポーツを見ているうちに知らず知らずのうちに感動し、応援したくなってしまうことはよくあります。それはいったい、なぜでしょうか？

ひとつのキーワードとして、「ひたすら」というものがあると思います。「ひたすら」という言葉を辞書で引くと、「ただそればかり、そのことだけに心が向かうさま、一途、切に」とあります。**技術的にはレベルが低いはずのアマチュアスポーツ（例：高校野球、箱根駅伝）に、プロ選手にはない「感動を与える力」があるのは、アマチュアスポーツが持つ「ひたすら」なプレイに不思議な力がある**のです。

私たちの今までの人生を振り返ってみても、自分自身を誇りに思えるような思い出は、学生時代に部活動で「ひたすら」練習に打ち込み、一途に取り組んだときのエピソードや、会社に入って間もない新入社員の頃に「ひたすら」仕事に取り組んだときのエピソードなどではないでしょうか？　そう考えると、**「ひたすら」は他人に感動を与えるだけではなく、自分自身にとってもいい影響を与えている**ように思えます。

しかし私たちは社会人になって何年も経つと、ひとつの物事に集中する時間を失いがちです。そんな**「ひたすら」に何かをすることをなくしてしまった人生は、とても味気ない**ものではないでしょうか。「ひたすら」に何かをする時間がないほど忙しいからこそ、逆に**自分で自分の行動をマネージメントする能力を身につけて、何かに打ち込む「充実感」が必要な**のです。何歳になっても「ひたすら」を忘れることなく生きていければ、より誇らしく、より楽しい人生が待っています。私自身、これからも努力していくつもりです。

MEMO

286/365

Sports

縁の下には、いつか必ず日が当たる

華やかな表舞台を献身的に支えてくれた人に対する感謝を忘れてはならない。また、陰から他人を支えられる人は、いずれ努力が認められ、華やかな表舞台に導かれる。

とかく人は華やかなものや美しいものに目を奪われ、それを支える地味な事柄には気付きにくいものです。しかし、花が美しく咲いていられるのは、根が目に見えない土の中で養分を吸収しているからなのを忘れてはなりません。人間も同じで、「縁の下の力持ち」といわれるように、**どこのチームでも職場でも、陰で人を支えたり、一人でコツコツと努力している人がいて組織が成り立っているの**です。

作家の水上勉さん[※1]は、「草もいろいろ　花よりいいかも」という言葉を残しました。花よりも目立たない草の大切さ、素晴らしさを教えてくれるこの言葉は、社会の狭間に生きる人々を描き続けた水上さんならではの、思いやりにあふれた言葉だと思います。

実際、舞台が華やかであればあるほど、それを支える裏方の苦労は大きいものです。私が卓球日本代表監督のときは、「練習相手をしてくれるトレーナーの方たちに、常に感謝の心を忘れないように」と言い続けてきました。**代表選手たちが国際試合などの晴れ舞台で活躍できるのは、それこそ腕にヒビが入るまで練習に付き合ってくれたトレーナーの皆さんや補欠に回った選手たちのおかげだ**からです。

そういう人たちは、人が見ていようがいまいが、自分の信じることをコツコツと続けていきます。だからこそ、**陰から他人を支えることができる人は、やがて周囲の信頼を得て、自然に日の当たる舞台へと導かれていく**のです。今、注目を浴びている人は感謝を忘れずに、注目を浴びていない人はいつか必ず来る機会を信じて、これからも頑晴って[※2]いきましょう。

MEMO

※1：代表作に『飢餓海峡』『金閣炎上』などがある。
※2：P.53 参照。

287/365

Sports

「1日20分」の努力が実を結ぶ

わずかな時間でも人並み以上の努力を積み重ねることは、その人を途方もなく成長させる。また、自分自身で創意工夫した努力は、やらされた努力の何倍も効果がある。

1976年のモントリオール・オリンピック柔道無差別級金メダリストである上村春樹氏[※1]は少年時代、意外にも「ただの肥満児だった」そうです。中学3年で身長160㎝、体重100㎏。100mを走れば20秒かかり、懸垂に至っては1回もできませんでした。そんな彼が柔道の世界王者になったキッカケは、高校時代に出会った指導者に「毎日走れ」と指導され、基礎を徹底的に仕込まれたことでした。体重は20㎏減りましたが、大学1年のときに補欠で出た試合で締め技をかけられ、気絶してしまいます。失意の彼に当時の監督は、「人並みにやったら人並みにしかならない」という助言をしました。この言葉を聞き、彼はハッと目覚めたと言います。**「人の2倍、3倍は無理としても、毎日20分だけでも余計に練習しようと考えた」一日20分の練習は、年間では120時間であり、一日3時間練習するとして実に40日分にもなります。**大学体育会の1年生は先輩の世話がありますから、自分の時間は余りありません。そこで彼は電車の中でツマ先立ちをするなど、あらゆる機会を捉えて、来る日も来る日も創意工夫しながら、そして毎日、最悪の場面を想定しながら自らを追い込んで練習したのです。

「結局はヤル気のあるなし。強くなるには目標意識を持つこと。自分の限界を勝手に決めるのは一番良くない。疲れた後のひと踏ん張りが本当の稽古になる」と彼は言っていました。その彼の20分の自主的な練習が金メダルにつながったように、**自分で考えた取り組みは、誰かに言われてやることの何倍も効果がある**のです。これはスポーツだけでなく、仕事でも同じことが言えるでしょう。

※1：引退後は全日本柔道連盟会長、第5代講道館館長などを務める。

MEMO

288/365

Life

目標は期限をつけ、紙に書くことが大切

どんな目標であっても期限を決め、紙に書くことが実現への第一歩である。そこから逆算してプランを立て、「必ずやり遂げる」という信念を持ち、即実行しよう。

人にはそれぞれ、さまざまな目標があります。営業成績をあげたい、プロジェクトを成功させたい、お金を貯めたい、昇進したい、独立したい、海外旅行に行きたい、家を買いたい、体重を減らしたい……どんなものでもいいのですが、一つ大切なことがあります。それは、**「いつまでに達成する」という期限をつけること**です。

指導していた明治大学卓球部で、よく私は学生たちの目標を聞きました。そこでも「オリンピックの日本代表になりたい」「世界卓球選手権大会で活躍したい」「全日本チャンピオン・全日本学生チャンピオンになりたい」「大学対抗リーグ戦に出場して優勝に貢献したい」……など、各人各様の目標が出ます。

そのときに私が強調していたのが、「目標に期限をつけること」の大切さでした。この目標と期限は、「紙」に書く必要があります。そうしなければほとんど実現しませんし、そもそも期限がなければ目標とは言えません。**「目標と期限を紙に書くこと」が実現への第一歩**なのです。

これができたら、目標を達成したときのイメージを膨らませ、内容と期限から逆算して自分自身を成長させるプランをつくります。このプランから今日やるべきことを確認し、「必ずやり遂げる」という信念を持って即行動に移していくのです。

途中でいかなる問題が起ころうと、毎日、目標が実現したときの状況を想像しましょう。そして最悪の場合でも、期限を延ばすことはあっても決して諦めない……これが目標を達成し、成功するコツなのです。

MEMO

289/365

Life

他人を勇気付けるために、まず自分を勇気付けよう

他人を勇気付けるには、まず自分で自分を勇気付け、勇気を持たなければならない。リーダーが「勇気付け」まで踏み込めば、率いるチームは一層大きく成長する。

「動機づけ（モチベーション）」と「勇気付け（エンカレッジメント）」には根本的な違いがあります。**「動機付け」は自分自身のことはさて置き、他人だけ動かそうとすること**ですが、**「勇気付け」は自分自身に勇気がなければ、他の人に勇気を与えられない**という点が違うのです。

自分に勇気が欠けていれば、他人を軽視したり、不信の念を持ったりしがちです。人間関係には相互作用があり、相手を軽視したり、不信感があれば、相手からも軽視され、不信の念を持たれます。逆に相手を尊敬し、信頼感を持って接すれば、相手からも尊敬され、信頼されるものです。これを「鏡の原理」と言います。その意味で**他人を勇気付けるための大前提は、自分自身を勇気付け、勇気を持つこと**なのです。

ここ一番の大舞台で過度の緊張や不安に襲われ、体がフワフワと浮いたような状態になった経験は誰でも一度はあるでしょう。英語では、この「あがり」を「stage《ステージ》 fright《フライト》」と呼びます。しかし、世間には「本番に強くて緊張知らず」と言われる人もいます。スピードスケートの清水宏保選手※1やマラソンの高橋尚子選手※2などは「素晴らしい度胸の持ち主」と呼ばれていましたが、どちらも自分を勇気付ける名人だったからでしょう。

自分で自分を勇気付ける習慣を持っていれば、指導者として選手や部下、チームメイトを勇気付けることができます。リーダー的な立場の人は、ぜひ「動機付け」だけでなく、「勇気付け」のところまで踏み込んでいくことにチャレンジしてください。それがチーム全体を成長させる秘訣なのです。

※1：1998 年の長野オリンピックにて金メダルを獲得。
※2：2000 年のシドニーオリンピックにて金メダルを獲得。

MEMO

290/365

Life

ホンモノの人物は威張らず、よく聴く姿勢を持つ

「ホンモノ」というべき人物は実力・実績・自身を兼ね備えているため、謙虚である。さらに「周りからもっと学ぼう」という「よく聴く姿勢」を大事にしている。

人物を見るときに**「ホンモノ」と「ニセモノ」を見極める最大のポイントは、「謙虚な人であるか否か」**です。ホンモノで中身のある人は威張りません。中途半端な人ほど、肩をそびやかして威張りたがるのです。

ホンモノはなぜ威張らず、謙虚であるのかというと、それは**実力・実績・自信という三つの「ジ」があるから**です。経験や勉強の積み重ねにより、実力を身につけている。その実力をベースとして、実績を出している。従ってハッタリではない、本当の意味での自信を持っている。その結果として心にゆとりがあり、人に対して謙虚に接することができるのです。そうすると、周囲の人はますます尊敬の念を強めるという好循環が生まれます。

それでは、どうしたらそんな人物になれるのでしょうか？　日本の歴史の中で最高の教育者と言われる吉田松陰[※1]は、「あらゆる人の長所を師と仰いだ」「人のちょっとした長所を神のように崇《あが》めた」と作家の司馬遼太郎さん[※2]が語っています。要するに「ホンモノ」になるためには、どんな人からでも何かを学び取ろうという気持ち、「もしかしたら自分の考えは間違っているかもしれない」という心の幅と厚みを持つこと。つまり、「よく聴く」姿勢が大事なのです。

「耳は2つ、口は1つ」ですから、聴くことは話すことの2倍重要です。私もこの「よく聴く」という姿勢をもっと磨かなければいけないと、いつも反省しています。

MEMO

※1：幕末の思想家、教育者。明治維新に貢献する多くの人材を育てた。／※2：代表作に『竜馬がゆく』『坂の上の雲』（ともに文春文庫）『燃えよ剣』（新潮文庫）などがある。

291/365

Business

明るく前向きな仕事は挨拶から始まる

困難な時代でも成長する会社では、元気な挨拶が交わされている。目を見て、気持ちのいい挨拶を交わせば、社員の心は明るくなり、仕事に対して前向きに取り組める。

新型コロナの影響により、日本経済はますます難しい時代に入りました。その結果、多くの企業が倒産し、リストラも行われています。その一方、元気よく成長している会社も数多くあります。そういう会社のほとんどは社員が明るく、前向きに働いています。そして、そんな会社に共通して見られる現象は**「挨拶が元気なこと」**です。「おはようございます」「ありがとうございます」「失礼します」など、**たった一言の挨拶を交わし合うだけで、気持ちが晴れやかになり、コミュニケーションも活発になる**ものです。

会社に勤めている人で、仕事が好きで好きでたまらないという人もなかにはいると思いますが、大方の人にとって仕事は厳しく、大変です。従って、どうしても気分が湿りがちになりやすい。しかし、そんな気持ちで仕事をしても決して楽しくありませんし、仕事も身につきません。

では、どうすればいいのでしょうか？　実は**一番手軽で、しかも間違いなく効果があるのが「元気に明るく挨拶を交わし合うこと」**です。私は会社で社員に会ったら、まず「おはよう！」と挨拶をします。すると社員も、「おはようございます！」と返事をしてくれます。表情もパッと明るくなります。たった一言ですが、**声を発することによって、気持ちが外側に向かって広がっていく**のです。

社員同士で声を掛け合えば、連帯感も生まれてきます。黙ってうなずくだけの挨拶では意味がありません。きちんと顔を上げ、相手の目を見て、大きな声を出すことです。**寝ぼけ顔の社員も、気乗りのしていない社員も「おはよう」「おはようございます」と声を掛け合うことによって、仕事に向けて気分が高まっていく**のです。

MEMO

292/365

Life

マイナスより プラスの「セルフトーク」をする

自分に語りかける「セルフトーク」で、マイナスの暗示をかけていることがある。意識的に「プラスのセルフトーク」をすれば、自分を成功へと導くことができる。

人には言葉を発さなくても、心の中で自分に言い聞かせている言葉がありますす。スポーツ選手は特に多いですが、一般の人でも**好調のときや不調のときによく観察してみると、何かしらつぶやいているもの**ことがあるものです。

この**「セルフトーク」は自分に対する一種の自己暗示**です。「今日は調子がいいぞ」と語りかけることによって、自分をその気にさせる効果があるのです。しかし、**一般の人はせっかくのセルフトークを、「マイナスの暗示」に使っていることの方が多い**のではないでしょうか？「調子が悪い」「だから俺はダメだ」「あんなことをやって失敗した」「俺は意志が弱い」など、失敗や不調のたびに心のなかで自動的にそんな声が聞こえてくるのです。

そういうマイナスのセルフトークの代わりに、ぜひプラスのセルフトークを使うようにしましょう。「やったぜ！」「俺は凄いぜ！」「ナニクソ！ ここで音を上げてたまるか！」「なに、こんなことは体験済みだ！」そんな**自分を励ますようなセルフトークを普段から用意しておく**のです。

そうすると「土壇場に強い人間」になれます。

世の中で成功している人は、みんなプラスのセルフトークを味方にしています。これが成功者の秘訣であり、要するに**「言葉」と「イメージ」と「行動」が自分の夢を実現し、成功へと導いてくれる**のです。

自分の運命を開くことは、自分にしかできません。ごまかさないで、今の自分自身をジーッと見つめてみてください。**本当の自分を知り、自分を正し、導いていく**のです。それが運命を変える道になります。

MEMO

293/365

Sports

「天才」は隠れた努力と工夫に支えられていた

プロ野球界で天才投手と呼ばれた江夏選手は、自分に与えられた24時間をフル活用していた。さまざまな努力と工夫によって、天才と呼ばれるまでになったのである。

プロ野球史上最高の天才投手といわれた江夏豊選手[※1]は、「俺は努力した」「時間がない」とプロが言ってはいけない、24時間野球のことを考え続けるのがプロ、緊張感を闘争心へと変えるのが日頃の練習だということを言っていたそうです。現役時代、天才・江夏と言われていた彼を支えていたこのような努力を私を含めほとんどの人たちは知らなかったのではないでしょうか?

彼はご飯を食べているときも、お箸を持たない方の手でフォークボール[※2]の握り、カーブ[※3]の握りを繰り返していたそうです。また、動体視力を鍛えるために電車に乗ったら電柱を数え、外食中は店員の動きを少しの気配で予測するようにしていました。これなどは盗塁を防ぐための工夫でしょう。

現役終盤時代の江夏選手はリリーフ[※4]で起用されていました。起用されるのは、ここで打たれれば逆転負けという場面ですから、どんな投手でも緊張する瞬間です。しかし彼は、その緊張を闘争心に変えることができました。**日頃からあらゆる場面を想像し、練習に取り組んでいたから**です。彼は、「一度たりとも練習で想定(イメージ)しなかったケースは現実の場面になかった」と語っています。

自分の**24時間を振り返り、無為に過ごしている時間の半分でも集中力と工夫、そして想像力を使って活用すれば、私たちはもっと大きく成長できるのです。**

※1:1968年、年間401奪三振の世界記録を樹立。数々の伝説を球史に残している。/※2:打者の近くで落下する変化球。/※3:ピッチャーの利き腕と反対方向に曲がる変化球。/※4:先発したピッチャーと交代するピッチャー。

MEMO

294/365

Life

私たちが諦めるまで、いつまでも夢は待っている

原因を徹底的に探り、次の挑戦に備えて努力し続ける限り、失敗は失敗ではない。特にリーダーは絶対に諦めてはならない。諦めない限り、夢は必ず叶うのである。

一度挑戦してうまくいかなかったことを、「失敗」と言って良いのでしょうか？　私はそうではないと思います。**うまくいかなかった原因を徹底的に探り、そこから学んで、次の挑戦を有利に運べるよう工夫して実行していけば、それは失敗ではない**のです。失敗とは挑戦を諦めたときに言うものであって、挑戦し続けている限り、失敗という概念はないのです。

そうは言っても、普通の人は夢を諦めがちなものです。だからこそ、リーダー的な立場にある人は、繰り返し「絶対に勝てる。諦めるな！」と言い続けなければなりません。

たとえば1980年は、明治大学創立100周年、卓球部創部50周年という節目の年でした。そこで**指導陣の私たちはインカレ**[※1]**での優勝を目標にしたのですが、選手の多くは半信半疑**でした。それまで20年以上も明治大学卓球部はインカレで優勝していなかったからです。その年の関東学生リーグでも優勝できなかった状況で、インカレでは関西の強豪校も倒さなければなりませんでしたから、ほとんど選手が「優勝は厳しい……」と思っていました。

私は諦めませんでした。関東学生リーグに負けたとき、「インカレ優勝は無理だと思うか？」と聞くと、当時の卓球部キャプテンは「選手が120％の力を出し切れば、勝てるかもしれません」と答えました。そして私は「必ず勝てる！」という暗示をかけ続け、選手たちはどこの大学にも負けないほどの練習をやり抜きました。その結果、28年ぶりにインカレ優勝を飾ることができたのです。**夢は諦めない限り、必ず叶う**のです。

MEMO

※1：全国の大学生卓球選手にとって、あこがれの大舞台。全日本大学総合卓球選手権大会・団体の部。

組織を変革する「100匹の猿の1匹」になろう！

「100匹目のサル現象」とは、群れで新たな行動をとる猿が一定数を超えると全体が変わる現象のこと。人間の組織の変革・成長も、いち早く行動した人の影響で起きる。

「100匹目のサル現象」とは、**1950年に行われた京都大学霊長類研究室の今西錦司先生**[※1]**のグループによる、宮城県の幸島《こうじま》という無人島の猿の餌付けで見られた現象**です。

このとき使われたエサは、畑からとれたばかりの泥だらけのサツマイモでした。それを一部の猿が川や海で洗って食べるようになったのです。

しかし、半数以上の猿はイモを洗わず、泥が付いたイモを食べ続けていました。ところが餌付けが始まって数年後の昼ごろに、**100匹目にあたる猿がイモを洗い始めると、なんとその日の夕方までに群れのほとんど全部の猿がイモを洗い始めた**のです。

しかも、**幸島の猿たちがイモを洗い始めると、遠く離れた他の島や大分県高崎山の猿たちもイモを洗い始め**たと報告されています。この不思議な現象について、ルパート・シェルドレイク[※2]というイギリスの科学者が「形態形成場仮説」という理論を唱えました。簡単に言うと、**どこかで誰かが何かいいことを始めると、それは集団内で必ず真似される。その真似が一定のパーセンテージに達すると、突如エネルギーの場が強化され、その真似は人々の心から心へと伝達される。そういう「点（臨界点）」がある**という理論です。

明治大学の卓球部やスヴェンソンでも「100匹目の猿」現象が何度か起きていました。つまり、**組織やチームをいい方向へ変革するのに最も大切なのは、いいと思うことを人より早く気付いた人が一刻も早く始め、自ら先行して100匹の猿の中の1匹になるように努力すること**なのです。

それが組織全体をガラリと変えるきっかけとなります。その**発火点には誰でもなることができる**のです。

※1：日本の生態学者。京都大学名誉教授。日本の霊長類研究の創始者と呼ばれる。／※2：ケンブリッジ大学の研究員・講師。

MEMO

296/365

Life

充実した一年は充実した一カ月から始まる

ボンヤリしていると、一カ月や一年はすぐに過ぎてしまう。それでは成果はあがらない。毎日の記録をつけて定期的に振り返ると、充実した日々を送ることができる。

一年はうかつに過ごすとアッという間に過ぎてしまうものです。それと同じように、一カ月もアッという間に過ぎ去ってしまいます。しかし、一日一日を真剣に、充実した生き方をすれば非常に実り多いものになります。

受験勉強からスポーツの世界、また社会人にとっても、どれほど充実した日々を送ったかが成長の分かれ目です。**日々を無為に過ごした受験生やスポーツ選手、会社員が結果を出せないこと**は容易に想像できると思います。

さて、充実した一年を過ごすには、まず目の前の一カ月を充実させなければなりません。その方法のひとつは、**毎日の活動を記録するシートを作成し、月末にその内容を総括すること**[※1]。**そして、そのレポートをまとめてみる**ことです。

これをすることにより、漠然と過ごしていた一カ月に、自分が何をしてきたのかが明白になります。また、そのレポートから次の一カ月をどのように過ごせば、より自分を成長させられるかが見えてきます。

私たちにとって**一日が充実すれば、充実した一週間にすることができる**のです。充実した一週間は充実した一カ月につながっていきます。それが充実した一年に、やがて一生へとつながっていくのです。充実した一生のために、まず今日を大切にしましょう。そのためにもぜひ、先ほどの記録シートに挑戦してみてください。

記録シートの内容は、自分の課題やスケジュールによって自分なりにつくり変えて大いに結構です。これを一年間続けてみましょう。そうすれば日々が充実し、間違いなく成長できるはずです。

MEMO

※1：それまで行ってきた活動の成果を評価・検討すること。

リーダーはメンバーが組織に愛情を持つ工夫をしよう

組織・チームに愛着を持つメンバーが多いほど、組織・チームは強くなる。リーダーはメンバーが組織・チームに愛情を持てるよう、さまざまな取り組みをしよう。

組織・チームを愛するメンバーが多い組織・チームほど強いものです。なぜなら、昔から「勝負はまず敵を呑んでかかる」こと、すなわち精神的に優位に立つことが必勝法の第一だからです。そこで、**「うちの会社（チーム）は凄い！」とメンバーが胸を張れるように、リーダー的な立場の人は気を配る**ようにしてください。たとえば会社であれば、**社内における大きな実績・お客様からの感謝などを社員にフィードバックする**のです。それを目にすると、社員は会社に誇りと愛情を持つことができます。

私が指導していた明治大学卓球部の場合、他大学の卓球部以上に「世界トップレベルの技術動向や細かいデータの収集」、「相手戦力の分析」、「海外遠征（中国、ヨーロッパ）」などに取り組んできました。その結果、「明治大学の卓球部は、いろいろな面で研究が進んでいるみたいだな……」と、外部の人たちが感心してくれます。そういった声は必ず選手に届くため、それが自信となり、チームへの誇りと愛情を持つ選手が育っていきました。**メンバーが組織・チームへの愛情を持つための配慮としては、ユニフォームなど目に見えるものも大切**です。明治大学卓球部でも、まだ万年Bクラスの時代に別のデザインにしようという提案がありましたが、「今のユニフォームをいつか強さの象徴に、小・中・高校生のあこがれの的にしていこう！」という思いから変更しませんでした。結果として、現在のユニフォームはチームの誇りと愛着のシンボルになっています。ビジネスにおいても組織やチームを象徴する何かを準備することは、メンバーが誇りと愛着を持つための助けとなるでしょう。

MEMO

298/365

Life

ピンチや挫折で自分の心に火をつけよう

心に火をつけるには、明確な目標・計画。進捗のチェックが欠かせない。そして現状に危機意識がなければ、心に火はつかない。挫折は心に火をつけるチャンスである。

人は「やる気」が出たとき、すなわち「心に火がついた状態」になれば、思いも寄らない力を発揮できるものです。そこで、どのようにすれば「自分の心に火をつける」ことができるか考えてみましょう。

人間は動機や目標が自分にとって重要であり、明確なものであるときにやる気になる（＝心に火がつく）ものです。従って、「自分の心に火をつける」には以下の条件ができているかをチェックしてください。

1．今年の**目標が明確になっている**か。（特に自分自身で設定した目標があるか）

2．今月の目標と**活動計画を詳細につくっている**か。

3．今週の目標と最重要な**課題をリストアップしている**か。

4．毎日の目標を明確にして、その**達成度をチェックしている**か。

これらができていないと、心に火をつけることはできず、ついたとしてもすぐに消えてしまいます。また、現状に甘んじ、困難な壁を突破しようという意欲が芽生えない（＝心に火がつかない）のは、以下のような理由が考えられます。

1．何としても実現したい目標や自分の将来像がはっきりしていない。

2．実現したい目標と現状とのギャップが認識できず、現状に対する危機感がない。

3．可もなく不可もない現状に、心のどこかで満足している。

つまり、「現状に対する強い危機意識が芽生えた時」こそ、「現状を突破する強い動機が生まれる」ということを覚えておいてください。まさに**「大きなピンチや挫折の瞬間こそ、心に火をつけるチャンス」**なのです。

MEMO

299/365

Life

他人に好かれる人になるための3つの要素

いい人間関係を築くには、人に好かれる必要がある。そのためには、「恩を忘れない」「約束を守る」「人の悪口を言わない」という3つの要素が大切である。

人生の幸せや幸運の多くは「人間関係」にかかっています。ですから、**素晴らしい人生を送りたいと願うなら、周囲の人に好かれる人になることが大切**です。ここでは他人に好かれる人とはどのような人か、ということを述べたいと思います。

1．恩を忘れない人

人は皆、必ず誰かの恩を受けています。恩を忘れてはいけません。受けた恩に感謝し、それを何倍にもしてお返ししようとする人は、人に好かれます。特に両親から受けた恩を忘れず、親に感謝している人は好感を持たれます。

2．約束を守る人

小さなことでも約束を忘れず、必ず実行することです。まずは時間を守ること。また、お金の支払いにルーズな人は「信用されない人」の代名詞です。お金については特にキチンとするようにしましょう。特にビジネスの世界では、約束を守らない人とはまともに付き合うことができません。また、相手が忘れてしまうくらい小さな約束ほどきちんと守ることは、特に人に好かれます。

3．他人の悪口を言わない人

多くの人に好かれる人は、「自慢しない人」そして「他人の悪口を言わない人」です。そもそも悪口というものは、他人に対するものであっても、自分や相手の潜在意識に悪い影響を与えます。ある実験[※1]によると、他人の悪口を言うと「悪口を言われた人」よりも「悪口を言った人」の印象の方が悪くなるという結果が出たそうです。ぜひ、悪口は慎むようにしましょう。

※1：オハイオ州立大学の心理学者ジョン・スコーロンスキー博士が行った実験。

MEMO

Life

千里の道は今日踏み出した「80㎝」で踏破できる

千里の道も、わずか80㎝の一歩を踏み出せば、いずれたどり着ける。仕事の場合も今すぐ取り掛かることが大切。考えている時間がもったいない。

「千里の道も一歩から始まる」とは老子[※1]の言葉です。千里（中国では1里＝およそ400㎞）を歩くとは、気の遠くなるような話です。しかし、たとえ**千里の道でも「よし、行くぞ！」と決心し、まずその一歩さえ踏み出せば、あとはどんな苦労があろうとも必ず目的地にたどり着ける**のです。

簡単なことでも、考えているだけでは目的を達成することはできません。**行動に移さない限り、何事も成就することはない**のです。一歩は歩幅にしてわずか80㎝くらいですが、この一歩を毎日、毎日積み重ねることによって、やがて千里の道も踏破できるのです。

特に**ビジネスにおいて、「この仕事は来週やろう」などと先延ばしにするから、結局できなくなる**のです。「きりがついたら手を付けよう」という理由には、なんの妥当性もありません。どんな場合でも、**「今すぐ手を付けられない理由などない」と思わなければならない**のです。

人生において、いろいろな困難や壁にぶち当たることは多々あるものです。それらにいちいち立ち止まり、時間をかけて考える必要はありません。**問題や課題は「走りながら考える」くらいでちょうどいい**のです。それよりも「目標は絶対に達成するぞ!!」という熱意こそ、私たちに本当に必要なものなのです。

MEMO

※1：中国古代の思想家。道家思想の開祖とされている。

301/365

Sports

専門外の分野から成長のための刺激を得よう

明治大学卓球部では、他分野の専門家から学ぶため、「ラケットを持たない合宿」をしたことがある。企業でも、他分野からの学びがヒントになることは多い。

私が指導していた明治大学卓球部が第一期黄金時代を迎えた1982年の秋、あるお寺の和尚さんと体育の専門家を講師に招き、心身修養合宿を行ったことがあります。精神修養と体力訓練の基本を見つめ直すため、**まったくラケットを持たず、座禅と体力トレーニングのみを目的とした合宿**でした。

和尚さんからは**「陰徳（隠れたところでいいことをし、人の見ていないところで努力すること）」**の大切さ、身分が高くなっても僧侶としての修行が楽になるわけではなく、かえって**長く修行している僧のほうが苦しい修行をやっている**、という訓話をいただきました。

この話を聞き、選手たちは決められた時間内の練習だけでなく、他人より余計に努力しよう、強くなればなるほど練習量を増やし、苦しい練習に毎日しっかり取り組もう、という意欲を持つことができました。

また、体育の専門家には「ランニング」「筋力トレーニング」「柔軟運動」「リズム（音楽）を使っての体操」などを指導していただきました。その結果、「自分の身体の状態」「正しい身体づくりの方法」「日頃使わない筋肉を使って、よりダイナミックで正確な動きができる身体をつくる方法」「日頃使っている筋肉を違う方法で動かし、リラクゼーションする方法」などを学ぶことができました。

このように**スポーツでもビジネスでも、他分野の専門家から学べることは非常に大きい**ものです。会社などでも自社が取り組む製品以外の製品・サービスを扱う会社からの刺激が、自社を成長させるヒントになることがあります。

MEMO

302/365

Life

大きく成長する人の7つの特徴

成長できる人には「好奇心がある」「いいことを真似する」など、7つの特徴がある。一つでも当てはまるものがあれば、その強みを生かし、どんどん成長していこう。

私が卓球の指導や会社の経営をするなかで、成長する人には次の7つの特徴がありました。

1．好奇心のある人：好奇心のある人は勉強好きです。そして勉強好きの人は、新しいものを知ろうと努力する人です。

2．いいことを真似する人：まだ自分に力のないときは、目標とする人の真似をすることも必要です。あまり伸びない人はすべて自己流でやろうとします。

3．自分を励まし、仲間を励ます人：成長の途中で大きな壁が立ちはだかることもあります。そんなときに自分自身や仲間を励ませる人は、成長し続けることができます。

4．他人の長所から学ぶ人：謙虚に他人の長所を認め、それを吸収しようとする人は伸びます。

5．どんなことにも誰に対しても感謝の量が多い人：自分を成長させてくれるすべてに感謝できる人は、ますます周りの応援を受けて伸びることができます。

6．「将来必ず良くなる」とイメージして、それを実現させようと努力する人：自分の可能性を信じ、明るく努力できる人は伸びます。

7．プラス発想ができる人：プラス発想ができる人は、どんな挫折もプラスに転換し、それをバネにして成長できます。

7つすべてが当てはまらなくても、一つでも当てはまるものがあれば成長できます。自分の強みを生かし、スポーツでもビジネスでも、どんどん成長していきましょう。

MEMO

303/365

Sports

よい習慣を身につけ、「第二の天性」にしよう

日頃からどんなボールにも食らいつく卓球選手は、それが「習慣」となり、強くなった。私たちもいい行動を「習慣」にすれば、いい性格や能力を身につけられる。

明治大学卓球部の合宿所で、のちに実業団入りを果たしたある選手の練習を見ていたときのことです。彼は練習相手がミスをして床の上にバウンドしたボールや、ネットに引っかかったボールでも全力で食らいついて返球しようとしており、とにかくボールに対する執念を感じました。そこで他の選手に目を移してじっくり観察したところ、無理だと思われるボールに対して、ほとんどの選手は諦めていました。

こういうボールに対する執念が習慣化されて、彼は強くなってきたのだなと強く印象を受けたのをよく覚えています。「強くなるか・ならないか」は、ちょっとした心の持ち方とか意欲によって、まず行動としてあらわれます。やがてそれが習慣化すると、とても大きな差となってくるものだと、つくづく感じました。

実際、スポーツにおいては「反応」も訓練によって、「反射神経」に近くなることが運動生理学上から証明されています。英語のことわざに"Custom is second nature"（習慣は第二の天性なり）とあるように、**習慣が生まれつきの性質になるのです。**

「習慣が人をつくる」という言葉もあります。日常生活でいい習慣を身につけることで、人間的に立派に成長できるということです。この言葉は人生訓としても意味深く、多くの教訓を与えてくれます。「いい習慣」を身につけるためには、何度も繰り返し、粘り強く取り組んでいくしかありません。**いい習慣をたくさん身につけることで、私たちの能力や性格は良い方に変化する**のです。それは私たちの人生や未来を拓く鍵になるでしょう。ぜひ、意識的にいい習慣を身につけるようにしてください。

MEMO

304／365

Business

ひらめきが起きる3つの条件

事態を打開する不思議な偶然は「明確な目的意識」「努力」「手詰まり状態」という条件のもと、「類推力」が働くことで起きる。この原則を仕事でも活用していこう。

人生には、**こちらが求めていると、それに関連したことに出会う**という何か不思議なことが起きます。筑波大学名誉教授の村上和雄先生[※1]によれば、そこには3つの条件があるそうです。

1.「こういうことをやりたい」という明確な目的意識があること。
2.その目的に向かってひたすら努力を重ねていること。
3.何かの障害があって、手詰まり状態になっていること。

歴史を振り返ってみても、この3つの条件が揃った状態で論理的・科学的には説明のつかない偶然が起きています。それは**脳の中で、一見何の関係もないような現象や物が結びつく「類推力」が働くため**だ、と先生は説明されていました。

木からリンゴが落ちるのを見て、「万有引力」[※2]をひらめいたニュートンや、風呂からあふれ出すお湯を見て、「アルキメデスの原理」[※3]のヒントを得たアルキメデスも、はっきりとした目的意識を持っていたからこそ大発見ができました。

類推力が働くと、常識では考えられないようなことが起こったり、可能になります。これは私たち人間にもともと備わっている能力であり、誰でも活用することができます。仕事などで明確な目的意識を持ち、必死に考え抜いても状況を打開できない場合は、普段は行かない場所に行ってみる、仕事場を離れて図書館や美術館、公園などを散歩するといった「類推力」が働きやすい行動をとってみましょう。もしくは思いがけない人物との出会いや連絡が、ヒントになるかもしれません。

MEMO

※1：1983年、高血圧の黒幕である酵素「レニン」の遺伝子解読に成功。／※2：すべての物体は引力を持つということ。／※3：液体中の物体は、その物体が押しのけた液体の重さに等しい浮力を受ける。

「直列学習」と「並列学習」はどちらがいい？

スポーツや仕事に必要な技術は、関連する内容を同時平行で学んだ方がいい。特定の内容に抜けがあると、それが「限定要因」となり、成果を出す上で妨げになる。

スポーツや仕事では、関連する内容を同時平行で学んだ方が効率的です。私はこれを、並列的学習と呼んでいます。反対に一つ一つの内容を完全にマスターしてから別の内容を学ぶ方法は、直列的学習と言えるでしょう。

生物の生理的・生態的現象には、「限定要因」というものがあるのをご存じでしょうか？　これは「ある反応に独立した要因がいくつか関連しているとき、この反応はそれらの要因のうち、一番遅れているものの度合いによって限定される」というものです。

「限定要因」については、よく「一部が欠けている木桶（そこから水が漏れるので、欠けている部分の高さ以上に水を貯められない）」の比喩で説明されます。卓球でたとえると、サーブ※1やスマッシュ※2などの技術は非常に優れているのに、レシーブ※3の技術が低いために、試合に勝てない選手のようなものです。

このように**「限定要因」があると、どうしてもあるレベル以上に成長できなかったり、仕事自体がうまくいかない**ことがよくあります。また、脳生理学の観点からも、**練習内容や学習テーマを変えることは、「積極的休息」**になります。つまり、一つのことばかり毎日5時間も学ぶと後半の学習効率は著しく低下しますが、学習内容や学習テーマを変えれば、同じ5時間でも最後まで集中して学ぶことができるのです。

日本のスポーツやビジネスの世界では、直列的な練習・学習をとることが多く、それが選手や社員の伸び悩みの原因になっています。**並列的な練習・学習を意識することで効率良く力をつけ、本番に強くなることができる**でしょう。

※1：試合における第一打。／※2：ボールを急角度に打ち降ろすこと。／※3：相手のボールを受け、打ち返すこと。

MEMO

「球際に強くなれ」という言葉が教えてくれること

「球際に強くなれ」とはギリギリの場面であと一歩の努力をせよ、ということ。スポーツや仕事は、「最後まで諦めない執念」と「積み重ねた工夫」が結果を左右する。

巨人軍の元監督、川上哲治氏[※1]は、良く訓話をすることで有名でした。その訓話の中で最も知られている言葉に「球際《たまぎわ》に強くなれ」というものがあります。

この「球際」については、選手によって受け止め方は千差万別だったそうです。守備の面では「あと一歩を諦めるな」ということ。たとえば走者2塁で打球に内野を抜かれそうな時、数センチ伸びたグラブで止めることができれば、走者を3塁に止めることができます。また、投手は「ピンチ」に強くなれ、打者はカウント不利になっても動じるな、と受け止めたと言われています。

成功と失敗を分けるのは「ギリギリの場面で針の先の差」を大切にできるかどうかにかかっています。「世界の盗塁王」と呼ばれた福本豊氏[※2]は、普通の選手より1歩の半分、わずか50㎝だけ2塁に近く立つことで、その地位をつかみました。仕事で言えば、明るい笑顔で挨拶するという、それだけの差が結果の違いになります。

「球際」は「瀬戸際」と言い換えてもいいでしょう。ここ一番という場面で力を出せるかどうか。卓球でも、相手の強打にもう間に合わないというところで、ラケットが数センチ伸び、なんとか返球する。抜けたと思ったボールが返ってきて、相手があわてたところを攻め、逆転に結びついたということはよくあります。特にダブルス[※3]で球際に強くなることは、パートナーに信頼感を与えることにつながり、その重要さは計り知れません。「球際に強くなる」……そんな**粘り強い執念と小さな工夫を積み重ねる努力を忘れないで**ください。

MEMO

※1：現役時代は「打撃の神様」と呼ばれた。巨人軍を９連続日本一に導いた名監督。／※２：阪急ブレーブス（現：オリックスバファローズ）に在籍し、13 年連続で盗塁王を獲得している。通算 1065 回の盗塁は世界記録。／※３：テニスや卓球などで、二人組同士で試合すること。

307/365

Sports

大舞台に立つ者は、平常心を持とう

スポーツや仕事では、どれほど準備していても予期しないことが起きる。一流を目指す者は、思いがけない事態に動じない「平常心」を鍛えなければならない。

スポーツでも仕事においても、どれほど準備を重ねても予期しない事態にぶつかることは常識です。大舞台に立つ者にとって「試合直前の中断」は言い訳にはならず、**どんな不意打ちにあっても動じない「平常心」「不動心」、そんな「心の力」を養わなければならない**のです。

1998年の長野オリンピック男子スピードスケート500m決勝でのことです。日本代表として出場した清水宏保選手[※1]のスタート直前に転倒者が出て、担架で運ばれるというアクシデントがありました。この中断により自分のスタートが遅れたことについて、試合後に清水選手は「自分の間合いになったと思った」と語っています。本当に強靭な精神力の持ち主なのだ……と、感心したことをよく覚えています。どんな分野でも**一流になるためには、思いがけないことや新しいことに動じない「平常心」が大切**なのです。

実は2006年のトリノ・オリンピックでも、似たようなケースがありました。男子スピードスケート500mに出場した加藤条治選手[※2]のスタート直前、前の選手の転倒による整氷のため、8分間の中断があったのです。彼はメダル最有力候補と目されていましたが、6位に終わりました。

当時のマスコミはこぞって、「中断時間が加藤選手の集中力を削いだ」と、中断こそが加藤選手の敗因だったと過剰に報道しました。しかし、加藤選手は試合後、8分間の中断について「影響はなかった」「自分の力に安定感がなかった」と、一切の言い訳をしませんでした。その言葉を聞いて、私は彼が今後必ず伸びると確信した[※3]のです。

MEMO

※1：冬季オリンピックに4度出場。金・銀・銅のメダルを一枚ずつ獲得している。
※2：冬季オリンピックにおいて、4大会連続で6位以内の入賞を果たしている。
※3：2010年のバンクーバー・オリンピックでは、みごと銅メダルを獲得している。

308/365

Life

適切な刺激を自分から求めることで、人間は成長する

刺激によって人間は成長するため、必要な刺激は自分から求めていく必要がある。「できることの中のできないこと」を探し、そこを充実させる刺激を求めていこう。

生理学の研究から、**人間の筋肉や神経は適切な刺激を繰り返し与えていくことで、発達する**ことが分かっています。しかし、必要な刺激を判断できるのは自分しかいません。そして、その刺激に耐えるのも自分だけの問題です。だからこそ、今の自分に最も適切な刺激とは何か、一人一人が真剣に考えなければならないのです。「心理面の強化」「体力面の強化」「対応力」「決断力」「記憶力」など、さまざまなテーマが考えられるでしょう。

これらの限界を伸ばすには、いろいろな刺激が必要です。特に**「できないことをやる」ことが大切**です。スポーツや仕事を始めたばかりのときは、いろいろなことができません。しかし、ある程度上達してできないことが少なくなると、できることばかりやるようになる人がよくいます。それでは伸びが止まります。

「できないことをやろう」とは、「できないことを何でもやれ」という意味ではありません。卓球でたとえるなら、100本打って50本入るスマッシュ[※1]ができるなら、60～70本入るようにスマッシュを練習し、そのために足腰も鍛えて動きを速くするといった取り組みです。つまり、**自分のできることの中にできないもの・足りない部分を探して、内容を充実させていくことが成長には大切**なのです。

厳しい時代を生きているにもかかわらず、スマホでゲームやマンガ漬けになっている人は多いのではないでしょうか。私たちを成長させてくれる刺激は、どこにでも満ち満ちています。しかし、見ようとしない者には「無」なのです。**自らを成長させる刺激に適応し、自分に変革を求めていく人になってほしい**と思います。

MEMO

※1：ボールを急角度に打ち下ろすこと。

309/365

Life

物事はすべて明るく前向きに見ることが大切

同じものを「悲観的」に見るか、「楽観的」に見るかで生き方は大きく変わる。物事を前向きに解釈し、自分のベストを尽くすことで、人生は拓けていくものである。

「陽転思考」[※1]という言葉があります。

これは物事をすべて明るく、前向きに転じて見ていこうという考え方です。たとえば、ここに水が半分入ったコップがあるとします。その**コップに入っている水を見て、「半分もある」と思うか、「半分しかない」と思うか**で見方はガラリと変わります。

ちなみに、砂漠で飛行機が遭難した場合に生き残るのは「コップの中に水が半分もある」と思える人である、という研究結果がアメリカのNASA[※2]により発表されています。

これは水だけの話ではありません。「時間」や「能力」、「お金」や「人生」そのものもすべて同様です。**「もうダメだ」という悲観的な意識を持ったとき、私たちは本当にダメになってしまう**のです。

実際には、生まれながらに悲観的な人はいません。成長するに従ってマイナスの考え方が増え、マイナスの言葉を使うようになり、悲観的になるのです。反対に、**明るく積極的に前向きに生きていこうと努力すればするほど、その人の意識は前向きになり、自分の可能性に向かって、どんどん前進することができる**のです。

今ここで自分にできるベストを尽くしてみることで道が開けるのは、私自身も何度も経験し、実感していることです。スポーツやビジネス、私生活においても現状を悲観的に見るのではなく、明るく積極的に前向きな気持ちで見ようとすること。そんな「陽転思考」が、人生を切り拓くためには必要なのです。

MEMO

※1：関連書籍として『陽転思考』（小田 全宏・日本コンサルタントグループ）などがある。／※2：アメリカ航空宇宙局のこと。非軍事目的の宇宙開発および先進的な航空技術の研究開発を担っている。

「プラス思考」と「見栄っ張り」で成功する

「ずうずうしい」と言われるくらいの「プラス思考」は成功につながる。また、極端に高い目標を公言することで自分を追い込めば、「見栄っ張り」も力になる。

スポーツやビジネスの世界は、少し「ずうずうしい」くらいの考え方がいいものです。一流の人たちの考え方は、みな極めてポジティブです。たとえば、プロゴルファーのタイガー・ウッズ選手は、かつて記者会見で次のように言いました。

「出る試合、すべてに勝つ」

そして記者の一人が「すべて勝つなんて不可能だ！」と反論すると、「あなたが毎週コラムを担当していたら、毎回いいものを書こうと努力するはず。それと同じですよ」と答えたのです。

彼は試合でミスをしても、「あの状況下で、よくあの程度で済んだと思う」、トップと大きく離されても「まだまだ逆転は可能」というように、常にプラス思考を持っていました。「マイナス思考」は次のプレーに悪影響を及ぼしますが、**「プラス思考」はミスを最小限にとどめる効果がある**のです。

また、プロ野球の落合博満氏[※1]は現役時代、「三冠王奪取宣言[※2]」をして話題になりました。最初は落合選手の発言を誰もまともに受け取らなかったのですが、彼は１９８２年、１９８５年、１９８６年と3度も三冠王に輝いています。

周囲に言いふらすことによって、あえて「引っ込みがつかない状況」に自分を置く。人にいろいろ言われれば、撤回するのも難しくなります。このような状況になれば、**成否のカギを握っているのは、自分の意志よりも「見栄っ張りであるかどうか」**です。ぜひ皆さんも、「プラス思考」＋「見栄っ張り」の力を活用し、成功してください。

MEMO

※1：ロッテ、中日、巨人、日本ハムなどでプレイ。3回の三冠王はプロ野球史上、最多記録。／※2：首位打者・本塁打王・打点王の3つのタイトルを獲得すること。

311/365

Life

掃除は人間活動の基本である

掃除という基本を大切にするか・しないかで、大きな差は生まれる。掃除は人間活動の基本であり、掃除なしには物事を「始めること」も「終えること」もできない。

私が会社の有志の人たちと毎週一回、朝の7時半からスヴェンソン本社周辺の道路を掃除し始めたときのことです。始めてから2年ほどで、季節の移り変わりが良く分かるようになりました。たとえば枯れ葉は真冬に案外少なく、さくらの花の散る頃が最も多いのです。

前日に飲み過ぎて気分が悪いとき、本音では「今日はサボろうかな」と思うこともありました。しかし、そんなときでも**掃除が終わると、心の垢を落としたような気持ちになり、気分爽快になる**ということも体験しました。反対に秋には掃いても掃いても木の葉が落ちて来てキリがない上、雨上がりで枯れ葉が路面に張りついてゴミが取れず、いつもの倍くらいの労力がかかることもありました。

「掃除をしたからといって自分の業績が上がったり、あるいは人間的に成長できるはずがない」と思う人は多いかもしれません。しかし、「汚い店」と掃除の行き届いた「きれいな店」が並んでいたら、よほどのへそ曲がりでもない限り、きれいな店へ行くのではないでしょうか？　つまり、**掃除や片付けのような基本を大切にすることで、他との違いをつくり出すことができる**のです。

また、スポーツでもビジネスでも開始時には整理・整頓・清掃をして準備し、終わったときには片付け・掃除を行います。つまり掃除ができなければ、物事は始まらず、完成もしないと言えるでしょう。まさに「掃除」は、すべての人間活動の基本なのです。

MEMO

努力は無限であり、誰にでも可能である

才能には限界があり、持たない人も多い。しかし、努力は誰にでも可能であり、その限界もない。人間はいつでもスタートを切り、努力することで無限に成長できる。

私の好きな言葉に「流汗悟道」という言葉があります。これは「迷いを排し、汗を流して努力する」という意味であり、**ひたすら汗を流し、努力を続ければ、どんな夢や目標も実現できる**ということです。

「あらゆる素質の中で最も大事な素質は、努力することができるかどうかという素質である」

これは、私が今まで何百人という卓球選手や社員を指導してきた体験上、得た結論です。男子マラソンで瀬古利彦選手※1など数々の名選手を育てた中村清氏※2も、「努力は無限、天才は有限」と言っています。

どんなに才能に恵まれた人でも、努力しなければ力を発揮できません。しかし、**努力はやろうという志と忍耐力があれば、誰でも無限に続けられる**のです。何年か経てば、そこには想像を超える差がつきます。

人間国宝の第十四代・酒井田柿右衛門※3先生は、「どんな絵でもいいから1日1枚絵を描くこと」という言葉を遺しました。この言葉は「絵」だけでなく、スポーツにも仕事にも、すべてのことに通じる言葉です。

どんなことでも**最初からうまい人などおらず、地道な努力がすべての基礎**になります。人間、何かを始めるのに遅いということはありません。**いつでも気付いたときがスタートであり、そこから種をまき、努力を続けることで未来は拓け、志を果たすことができる**のです。

MEMO

※1：ボストンマラソン、シカゴマラソンなど、数々の国際的なマラソン大会で優勝している。／※2：早稲田大学およびヱスビー食品で陸上競技を指導。数々の名ランナーを育てた。／※3：有田焼を代表する陶芸家。

313/365

Life

「99の失敗」と「1の成功」のどちらに注目するか？

100の行動のうち99失敗し、1だけ成功した場合、どちらに注目するかで最終的な成功・失敗は決まる。成功に注目すれば再び挑戦し、いずれ必ず目的を達成できる。

私は長い間、スポーツとビジネスという勝負の世界に生きてきて、いろいろな教訓を得てきました。その中で学んだことの一つに、人が**100のことを行って、1つだけ成功したら、これは果たして失敗か成功なのか**……ということがあります。

一般的には**失敗した99の方に注目して悲観し、意欲を失ったりして、再びそのことに挑戦しなくなるケースが多い**です。こうなれば、まさに失敗でしょう。しかし、よく考えれば、たとえ1つであっても成功しているのであれば、他の99にも成功の可能性があるのではないでしょうか？

そう思えば勇気が湧き、希望が生まれます。そして、**1つの成功を足掛かりに、再び99に挑戦することができる**のです。こうなればいつか必ず、その思いは達成されるでしょう。

たとえば卓球のトップ選手は、一年間に150〜170試合を闘っています。そして、どんな一流選手でも100点満点で完璧だったと思える試合は、年に1回か2回あるかどうかでしょう。つまり、必ずミスをしているのです。

ここで**大切なのは、ミスをしないことではなく、ミスを重ねないこと**です。ミスを重ねると、どうしてこんなことをしてしまったのかという後悔や動揺が、冷静さを失わせてしまいます。そこで**一刻も早く気持ちを切り替えてミスの連鎖を防ぐのが、最も大事なポイント**になります。

この切り替えで大切なのが、冒頭の1の成功と99の失敗のどちらに注目するかという点です。失敗ではなく、成功に注目することで、人の心には希望の火がつき、新たな気持ちで闘争心を燃やすことができるのです。

MEMO

314/365

Life

「できるじゃないか」が持つ2つの意味

「できるじゃないか」は「励まし」と「ねぎらい」の両方に使える。なかなか行動できない人は「できそうなこと」から行動し、その前後に自分を励まし、ねぎらおう。

私は**「できるじゃないか」**という言葉を大事にしており、この言葉には2つの意味があります。1つ目は「頑張れ※1、必ずできるよ」という「励まし」。2つ目は「できたじゃないか！　凄い!!　良かったな!!!」という「ねぎらい」です。**できる前には励まし、できた後にはねぎらう。その組み合わせで、どんな人でも必ず成長する**ことができます。

さて、世の中はいくら考えても、行動しなければ結果は出ないものです。そして行動しても、継続しなければ結果はついてきません。しかし、意思の弱い人は考えるだけで、行動を起こしたり、継続することが苦手です。

そういう**意思の弱い人は、まず日常の「できそうなこと」を考え、それを行動に移す習慣をつける**ことを重視してください。「挨拶」でも「早起き」でも、「日記をつけること」でも、何でもかまいません。自分の周りでやればできることなのに、やっていないことをやってみるのです。

そうすることで**「考えたら行動する」という習慣がつき、自分にも「できる」という自信がつく**わけです。

この小さな自信が、人生に大きな幸福をもたらしてくれます。ぜひ、まずは「できるじゃないか」と自分を励まし、できた後には「できたじゃないか！」と自分をねぎらってください。

人生の方向を決めるのは自分の考え方一つであり、考えることがすべての出発点であることを理解しておきましょう。そして**小さな限界でも、その限界を超えたという自信は、人生を大きく変える力を持っている**のです。

MEMO

※1：P.53 参照。

315/365

Life

やりたいことは「口にする」「祈る」から始まる

願いを叶えるには、その願いを口に出していうことが大切。また、その願いを「感謝の祈り」にすると、さらに実現力が高まる。「祈り」には計り知れない力がある。

「願い」や「思い」が「かなう」とは、漢字で「叶う」と書きます。漢字は本当によくできていると思いますが、「叶」は「口」と「十」で構成されていることから、「口で十回言えば願いはかなう」[※1]という意味にもとれます。

願いを叶えるには、頭の中で思うだけではなく、その願いを口に出して言うことが大切です。そして**願いの実現力を最も強くする方法は、願いを感謝の祈りにすること**です。「○○○○が実現しました。ありがとうございました」と、未来に実現したいことを過去形で感謝して祈ることです。かつて対談させていただいた筑波大学名誉教授の村上和雄先生は、「祈りは無力な人だけが行うものではない」とおっしゃっていました。日本語の「いのり」という言葉の語源は「生宣り」であり、「い」は生命力を、「のり」は宣言を意味します。つまり**「祈り」とは、「生命の宣言」ともいうべき決然たる行為**なのです。

人類は宗教が生まれる前から祈りという行為を続けてきたと言われていますが、それは**祈りには思いもよらない力がある**ことを実感していたからです。近年では祈りの効果が科学的に研究され、「ストレスによる免疫機能低下の改善を促す」「抑鬱からの回復効果をもたらす」といった報告がなされています。

私も朝晩に祈りと瞑想を実践していますが、たしかに祈りには計り知れない力があります。私が50歳からの起業という挑戦に成功し、さまざまな困難を乗り越えることができたのは、祈りの力に他なりません。**自分がやりたいと思ったことや志した道は、強い思いを持って念じ、口にすることから始まる**のです。

※1:『漢字源』(学研プラス)によれば、「多くの人が声を合わせるさま」を示している。

MEMO

316/365

Business

「すぐやる」と「やる」の差で夢の実現は決まる

成功する人の特徴は、「仕事が早い」ということである。それは「仕事のスピードが早い」のではなく、「スタートが早い」ためである。この差が夢の実現を左右する。

私は大学卒業後、仕事の面でもスポーツ関係の分野でもリーダーを任せられることが多い人生を歩んできました。**リーダーというのは次から次へと問題の報告や提案を受けるので、判断・決断・実行の連続**です。だからすぐやらなければ、あっという間に物事が停滞してしまいます。

私自身も大事なことを相談したり、依頼する機会が数多くありましたが、**政界でも財界でもスポーツ界でも、その分野で成功している人ほど仕事が早い**です。忙しい人ほど、お会いしたその場で判断・決断してアドバイスをしてくれたり、あるいはすぐ電話を手に取り、紹介していただきたい人にアポイントを取ってくれるよう行動に移します。

行動には、「①すぐやる」「②やる」「③後でやる」の3通りがあります。このうち③は論外ですが、**「すぐやる」と「やる」の差は数秒であっても、長い目で見れば非常に大きな差になる**ものです。夢を実現している人は、仕事のスピードが速いわけではありません。スピードを上げようとしても、それほど人間のスピードに差はありません。彼らは「スタート」が早いのです。

夢を実現できる人とできない人の差は、「スタートまでに1拍空く人」と「すぐスタートできる人」という差でしかないのです。チャンスがなかなかつかめない人は、スタートが遅いのです。夢に向かうあらゆる行動において、ちょっとずつ遅れて動く人と間髪入れずに動く人……幸運をつかむのはどちらか、すぐに分かると思います。

MEMO

317/365

Business

「できる」という信念で、「できる理由」を探そう

目標を実現するには、「絶対にできる」という信念と「できる理由」を探し続ける姿勢が大切。「不安」を抱えて「できない理由」を探しても、何も成し遂げられない。

世界で初めて小惑星のサンプルを地球に持ち帰った探査機「はやぶさ」のプロジェクトマネージャーを務められた川口淳一郎氏※1は、プロジェクトを成功させた組織の意識について、次のように語っています。

・プロジェクトメンバーは誰もが無謀とも言える挑戦を100%可能だと思っていた
・楽観的と言えばあまりに楽観的だが、その成功を疑いもなしに信じていた
・どんなに不可能に思えても、絶対に「できない」とは口にしなかった
・「時間的に無理だ」「予算が足りない」といった愚痴や不満も言わなかった

そんなプロジェクトの現場では、「こういう素材を使えばどうだろう?」「予算を2倍にしよう!」「そうだ、スケジュールのことは忘れてしまおう!!」といった破天荒なアイデアが次々と飛び出していたそうです。しかし、それがプロジェクト成功の原動力となりました。**日本人の多くは完璧主義で、未知のことを敬遠したり、不完全なことを嫌う**傾向があります。それが「電車の正確なダイヤ」や「精巧なモノつくり」などいい方向に出ることも多いですが、何か新しいことを始めるときには、悪い方向に出ることが多いと思います。

ビジネスの現場でも、**「できない理由」を考えることに力を注ぎ、それを見つけて安心してしまっている**というケースが少なくありません。これでは本当に価値のある成功は期待できないでしょう。素晴らしい目標を達成するには、根拠がなくても「絶対にできる」という信念を持ち、「できる理由」を探し続けることが大切なのです。

※1：国立研究開発法人宇宙航空研究開発機構（JAXA）シニアフェロー、宇宙科学研究所宇宙飛翔工学研究系特任教授。

MEMO

318/365

Life

思いがけない困難は「意識革命」のチャンスにしよう

成長には「意識を変えること」が欠かせない。それは簡単なことではないが、思いがけない困難は、まったく違う発想で物事に取り組む「意識革命」のチャンスである。

人間が成長していくためには、「意識を変える」ということが非常に重要です。いわば「意識に革命を起こす」ということですが、言うのは簡単でも、実際には行うのは難しい問題です。

たとえば黒い布を青く染め直そうとしたとき、黒いまま青い染料に入れても、それは黒のままで青くはなりません。**青に染め直すなら、まず黒い色を脱色してからでなければ、青く染まらない**のです。つまり、「これが正しい」と信じ込んでいる人に「それは間違いだよ。正しいのはこうだよ」と言って、頭を切り替えさせよう と思っても、そう簡単にできるものではないということ。**意識革命とは人間の心の持ち方にかかわる抜本的な改革のことですから、その人が「なるほど、そうか！」と納得しなければ起こらない**のです。

スポーツの世界でもビジネスの世界でも、**ベテランになるほどその環境の古い習慣やしきたりにしがみつき、考え方を変えられない**ものです。そんな中、男子フィギュアスケートの羽生結弦《はにゅうゆづる》選手[※1]は平昌オリンピックの3カ月前に右足首を負傷し、2カ月間も練習ができなくなりました。彼は意識を切り替え、その2カ月を徹底した「座学の時間」としたそうです。過去の映像からオリンピックで演技するイメージを膨らませ、治療方法やリハビリ方法などについても貪るように学びました。そうして迎えた平昌オリンピックで2連覇を果たした彼は、「あのまま順風満帆だったら、金メダルは取れなかった。これは間違いなく言える」と語っています。

私たちも思いがけない困難に出会ったら、今までとはまったく違う発想で、自分自身を劇的に変えるチャンスにしていきましょう！

MEMO

※1：2014年ソチオリンピック、2018年平昌オリンピックにて金メダルを獲得。2018年には国民栄誉賞を受賞。

時間は「無限の可能性」を持つ「有限の資源」である

時間は人類すべてに平等に与えられた資源。その活用次第で人生は変わる。人生の優先順位に沿って、意識的に時間を使わなければ、あっという間にときは過ぎてしまう。

人間は生まれたときから平等ではないですし、不条理なことも多くあります。しかし、**「1日24時間」という時間だけは、人類すべてに平等に**与えられています。そして、この24時間の使い方次第で人間はどうにでもなるのです。今でもそれなりに願晴[※1]っているでしょうが、**ほとんどの人はいつまでも同じやり方、同じ考え方をしている**のではないでしょうか。集中すれば10分でできることに1時間かけてしまう。この**時間感覚が、10分で達成できる可能性を阻害している**のです。それを打破していくには、意識的に時間を使う必要があります。**将来、自分が望む姿を思い描いて、必要な事項を優先度の高い順にスケジュールに落とし込んでいく**のです。たとえば3年という長期のスケジュールを組んだら、それを1年単位、1カ月単位、1週間単位、1日単位にまで構築していきます。遠慮なく言えば、**睡眠時間を削ろうが、食事の時間がなくなろうが、設定したスケジュールは必ず実行する**ことです。時間は有限です。限りない可能性のある有限な資源なのです。その時間の活かし方によって、人はいかようにでもなります。しかし、**独自の時間管理をしなければ、あっという間に人生の可能性は過ぎていく**のです。私はものを書いたり、重要な案件を考えることに集中するときは、面会謝絶にして、時間を効率的に使うようにしています。常に**「自分は『なぜ』ここにいるのか？」**と、動機を問いかけてください。その動機に対して、今、時間を無駄にしていないでしょうか？　この問いかけを習慣にし、人生の最優先事項に沿って動いていけば、人生はまったく違ったものになるのです。

MEMO

※1：P.53 参照。

320/365

Life

自分の最高の「教育係」は自分である

自分を自分の教育係にして、自分が落ち込んだときは励まし、至らない部分は叱ってもらおう。そうすれば、根気よく自分が望むように自分を育てていくこともできる。

私はよく、周囲の人に**「いつも元気ですが何か秘訣はあるんですか？」**と聞かれます。しかし、実際には私も元気がない日はありますし、むしろそちらの方が多いかもしれません。ただ、私は**自分の元気を取り戻す方法を知っているので、そのように見える**のでしょう。

自分の元気を取り戻す方法とは、「自分で自分を褒めること」です。どんなに失敗しても、けなされても、「お前はよくやっているよ！」と、自分で自分を励ますことにしているのです。

それ以外にも、私は**自分で自分を褒めたり、怒ったり、笑ったり、泣いたり、叱る**ようにしています。それが**自分の性格や個性を知り尽くした上での「自己教育法」につながる**と思っているからです。また、今の時代、本気で褒める人も本気で怒る人も、本気で泣く人も少なくなりましたが、自分であれば常に自分に対して本気で接することができます。

これは内気な人にとっても最適な教育法でしょう。教師やコーチに遠慮することなく、**根気よく自分で自分を望むような人間に育てていくことができる**からです。自分を自分の教育係にすれば、いつでもどんなときでも、頼りにすることができます。ぜひ、活用してみてください。

MEMO

人と接するときには「頭」だけでなく、「心」を使おう

人は知恵がつくと、なんでも「頭」で考え、対処しようとする。しかし、人と接する場合は「心」を使わなければ相手を動かすことはできず、素晴らしい出会いもない。

「自分のことをするときには頭を使え、他人のことをするときには心を使え」これはアメリカのエレノア・ルーズベルト大統領夫人の言葉です。[※1] 以前ある本を読んで書き留めておいたものですが、素晴らしい言葉だと思います。**人はある程度の知識や判断力を持つと、なんでも頭で考えようとする**ものです。うまく進めようとして最も効率よく、楽な方法を考えようとします。策を練り、人を懐柔することを考えたり、相手を分析し、緻密に計算して交渉に臨む。ビジネスの世界では当たり前のように行われています。しかし、実際に人を動かすのは頭で考えたことではなく、心で訴えたことだと思います。

私は講演を依頼されたときは、参加される方々がどのような分野の方で、どういう内容の話が参考になるのかを真剣に考え、心を込めて準備します。ですから、いつも冒頭に「私は皆さんのために参考になることを、心を込めてお話しさせていただきます。皆さんもぜひ『頭』で聞くのではなく、『心』で聴いていただければ幸いです」と申し上げてから話に入ります。

心を使っていなければ、どんな言葉も人の心には響きません。何をするにしても頭を使うことはとても大切なことですが、いつもそれでいいと考えるのは愚かなことです。

私は相手のことや仲間のこと、チームや会社のことを考えるときは心を使ってほしい、心と心で付き合ってほしいと願っています。そうすれば必ずいい出会いに恵まれます。**心を込めて人と接することで、何気ない出会いが一生の出会いになり、その出会いが自分のレベルを大きく押し上げてくれることもある**のです。

※1：原文は次の通り。"To handle yourself, use your head. To handle others, use your heart."

MEMO

322/365

Life

「成功する人」と「失敗する人」の三段論法

「成功する人の条件」に自分は当てはまるから、「自分は成功する」と考える人は成功する。「失敗する人の条件」に当てはまるから失敗する、と考える人は失敗する。

ギリシャの哲学者アリストテレスが唱えた「三段論法」[※1]は、現代でも広く使われています。そして、人には**「成功志向型」と「失敗思考型」という二つのタイプ**がいます。それぞれのタイプは、次のような三段論法を使います。

（成功志向型の三段論法）
「どんなに難しい目標であっても、挑戦する人間が成功する」
「私は何事にも挑戦する人間だ」
「だから、私は成功する」

（失敗思考型の三段論法）
「能力がなければ失敗する」
「私には能力がない」
「だから、私は失敗する」

「成功志向型の三段論法」が心の中にでき上がっている人は、どんなことでも肯定的に考え、成功するものです。反対に「失敗思考型の三段論法」が心の中にでき上がっている人は、成功のチャンスが巡ってきても、常に失敗することを考えて消極的になり、結局失敗してしまいます。または「私にはできない」、「私には能力がない」と決めてかかり、挑戦そのものから逃げてしまうのです。

私はそういう人に、**「あなたの能力は、自分で思っている以上に優れているよ」「勇気を持ってやれば、どんなことでもできるよ」と伝えたい**と思っています。ぜひ「ポジティブ思考」[※2]で励まし合い、願晴っていきましょう!!

MEMO

※1：前提から推論を導き出すこと。「（例） A は B である。B は C である。だから A は C である」。
※2：P.53 参照。

323/365

Sports

「強い信念」と「自己暗示」は強力な武器となる

世界卓球選手権に出場した際、「外国の選手に負けない」という自己暗示をかけた結果、格上の海外選手に勝利できた。強い信念と自己暗示は非常に強力な武器になる。

私は1956年に世界卓球選手権の日本代表に選出されました。1950年代は日本が圧倒的に強く、世界の卓球界を制覇していた時代です。私はそれまでもランニングは毎日やっていましたが、今以上に足腰を鍛えなければ世界では闘えないと思いました。そこで代表に決まった翌日から朝の4時に起き、芝浦の海岸でランニングを始めました。そして**走っている間はずっと、「外国の選手に負けないぞ。絶対に負けないぞ」とつぶやき続けた**のです。

代表に決まった4カ月後に世界選手権が始まり、私はマウリッツ選手（のちのドイツ卓球協会会長）、前々年の世界選手権2位だったフリスベルイ選手、前年世界選手権ベスト8で全米チャンピオンのブキエット選手に勝ち、ベスト16に勝ち進みました。しかし、そこで世界チャンピオンだった田中利明選手[※1]と同士討ちになり、負けたのです。日本人同士の対決になったことは非常に残念でしたが、このときの経験から、**「強い信念を持つ」「自己暗示をかける」ということの大切さ**を実感し、その後の人生にも大きく影響しています。

私は人生で自己批判的な感情に陥ったり、マイナス思考になったりしたときは、次のような自己暗示で自分自身を立ち直らせるように努力しています。

「私は、大きな夢と目標を持っていて、前向きだ。私は、目標を持って行動することが大好きだ。私は、困難に向けて挑戦することが大好きだ。私は、高い目標を掲げて心を燃やして行動する人間だ。私は、決断力抜群で意思の強い人間だ。私は、自分を信じ、強い信念を持っている。私は、何事もやり遂げる、必ずやり遂げる」

※1：世界選手権で二度優勝している。

MEMO

324/365

Life

時には立ち止まることも大切

人生において、常に猪突猛進するばかりがいいわけではない。時には立ち止まり、視野を広げることも重要。それが次に進む道を、たしかなものにしてくれる。

「進百歩」という言葉があります。これは並外れたバイタリティと強い闘争心、そして行動力で猪突猛進するという意味です。反対に、「退一歩」[※1]という言葉もあります。物事をやっていく上で**猪突猛進ばかりしていると、とんでもない間違いを犯してしまう**ことがある。だから**時には一歩退いて考えなさい**ということです。

これは決して**「消極的になる」ということではなく、「一歩引くことによって冷静になり、視野が変わって広々と見渡せる」ということ**です。

「俯瞰する」という言葉がありますが、これは広い視野で客観的に物事の全体を捉え、自分自身の状況を上から客観視することです。勝負の世界で言えば、相手に攻められているときは「守り」に徹してチャンスが来るのを待ち、相手の隙をうかがうこと。**攻めるべきタイミングに思い切った攻撃をするために、一歩退くとも言える**でしょう。

立ち位置を一歩変えるだけで、同じ状況でも見え方が大きく変わることがあります。**人生でも、ふと立ち止まって来た道を振り返り、軌道修正を試みる機会が必要**です。「退一歩」はいわば、成長する植物の「節」のようなもの。次の「進百歩」をたしかなものにするためにも、大切な区切りなのです。

これはスポーツでもビジネスでも大切な考え方です。たとえば、仕事への取り組み方を変えずにこれまで通りの方法で進めていたら、成果を増やす方法は働く時間を増やすしかなくなってしまいます。しかし、そこで仕事への取り組み方そのものを見直して、まったく違ったアプローチで仕事を進めたなら、飛躍的に成果を増やすことも可能になるでしょう。ぜひ、時には立ち止まって考えることを意識してみてください。

MEMO

※1：中国のことわざ。「退一歩海濶天空（一歩を退くことによって、海も空も広々と拡がっていく）」

325/365

Business

これからの企業経営に必要なのは「異質化」である

劇的に変化していくこれからの時代、企業経営で大切なのは世の中と同じようなことをする「同質化」ではない。皆がやらないことをする「異質化」である。

私が**スヴェンソンを始めた1980年代は、日本が「工業化社会」から「情報化社会」に移行する時代**でした。

そこで私は「テクノロジーが高度になればなるほど『個と個』の関係が大事になる」と考えたのです。つまり、**「人と人との出会い」「心と心の触れ合い」が大切な時代になると確信した**ことが、スヴェンソン創業を後押ししました。

さて、現在は明治維新よりも劇的に変化する時代だと思います。なぜなら、明治維新は日本国内の問題でしたが、今は地球規模で変革が起きているからです。少し考えただけでもDX※1（Digital Transformation）やAI（人工知能）、電気自動車、5Gの活用など、これからの社会を大きく変えるイノベーション※2は数えきれません。

そういう時代の中で、私たちはどうするべきでしょうか？　人は目新しい情報を好む傾向がありますから、基本的に世の中は「同質化」が進行していくと考えられます。しかし、それに流されていては企業としての成長は難しいでしょう。**企業の成長の要諦は「異質化」である**からです。

私が40年前にスヴェンソンを始めたときも、この発想が根本にありました。

「異質化」とは、皆がやらないことをやっていくことです。そこに潜在的な需要があるなら必ず成功できますし、どんなに時代が変わっても通用する普遍的な発想です。だからこそ、企業は当面のことに対応すると同時に、絶えず5年先から10年先を見てどうあるべきかを考え、そのとき苦しくても必要な決断をくだす必要があるのです。

※1：IT技術を活用し、製品やサービス、ビジネスモデルおよび業務プロセスなどを変革すること。具体例としては、「通販サイト」「ネットバンキング」など。／※2:「技術革新」だけでなく、製品やサービス、組織形態、販売方法などの変革も含まれる。

MEMO

326/365

Business

「いい・悪い」ではなく「楽しい・好き」で考える

「いい・悪い」という判断は自分の経験に基づく「過去思考」であり、「楽しい・好き」という感覚は「未来思考」である。成長には、この未来思考が欠かせない。

何事をやるにしても、**「いい・悪い」というのは「過去の自分のモノサシ」による価値判断**です。反対に**「楽しい」「好き」というのは、「未来の自分」について漠然と感じるもの**といっていいと思います。

人間は経験に基づいて「いい・悪い」「正しい・正しくない」という判断をするため、これらの思考は必然的に過去思考になります。一方、「とにかくこれは面白そうだ」と思うのは、まだ確定していない未来への期待感です。つまり、**「楽しい」とか「好き」という気持ちは、人間の本質に合致した未来へ向かう思考**なのです。

これは以前、留学生と日本人学生のトップ選手を集めたある卓球大会で、まさに未来に向かって伸びていく若者たちに送ったメッセージでした。しかし、この「楽しい・好き」という気持ちが未来思考であるという話は、30代や40代、それこそ何歳になっても当てはまります。「楽しい・好き」という気持ちを忘れ、**すべてを「いい・悪い」「正しい・正しくない」という過去思考で判断することは、個人としての成長や企業経営の妨げ**になります。過去と同じことの繰り返しは、衰退への一本道だからです。

たとえば、「虎屋」は日本で最も有名な和菓子店であり、創業が室町時代後期と言われるほどの伝統を持っていますが、全国各地に「トラヤカフェ」[※1]を出店し、「あん」を使ったさまざまな新作スイーツを発表し続けています。このような革新的な取り組みは、「いい・悪い」「正しい・正しくない」という過去思考ではなく、「面白い」「楽しい」「好き」という未来思考から生まれてきたものでしょう。まさに未来思考こそが、継続的な成長と繁栄のカギなのです。

MEMO

※1：2021年3月に「トラヤあんスタンド」へとリニューアルしている。

327/365

Life

チャンスをつかまえられるのは「自責人間」

準備なしにチャンスはつかまえられない。失敗を他人のせいにして努力しない他責人間ではなく、失敗を自分の責任として努力する自責人間が、結局チャンスをつかまえる。

「ピンチの後にチャンスがくる」と**よく言われますが、私はそれほど単純なことではない**と考えています。何もしないでただ待っている人は、そういうチャンスがきてもそれをつかまえることはできません。「チャンスが人を見捨てるよりも、人がチャンスを見捨てることのほうが多い」という言葉もあるのです。

要するに**ピンチの後にチャンスが来るかどうかではなく、チャンスをどうつかまえるかの方が問題**なのです。仮にチャンスが向こうから来てくれたとしても、のんびりして努力していなければ、すぐ逃げていってしまいます。**チャンスをつかまえるためには、とにかく準備が大切**です。

明るく前向きに、感謝の心を持って勉強し、一生懸命努力していれば必ずチャンスをつかまえられるでしょう。しかし、いつも不平不満を持って他人の悪口を言ったり、勉強も努力もしない人は、チャンスが来てもアッという間に通り過ぎてしまうのです。

「自責」と「他責」という言葉があります。**「自責」とは、物事がうまくいかない責任は自分にあると考えること**です。そして、それを解決するために自分は何を考え、何をやるべきかをとことん考え、決断して実行に移すことです。一方、自分の工夫や努力が足りないのに、他人が悪い、世間が悪い、景気が悪いと言うのが「他責」です。人間として成長し、リーダーとして組織を引っ張っていくには、「自責人間」でなければなりません。なぜなら、**自責人間こそがチャンスをつかまえる準備ができる人**だからです。日頃からチャンスをつかむための工夫と努力を徹底的に実行する、自責人間を目指しましょう！

MEMO

Life

年長者は「経験」を積極的に若者に伝えよう

高度情報化社会になったにもかかわらず、歴史や先達の経験から学ぶ人が少なくなってしまった。古い世代や中間層は、積極的に「経験や教訓」を伝えるべきである。

現在の社会の状況を振り返ると、これだけ**膨大な情報が正確に記録でき、多くの人がさまざまな情報にアクセスできるようになった時代は、人類の歴史上になかった**でしょう。しかし同時に、これだけ**多くの人が過去の歴史から何の教訓も学ばず、「古老の知恵」に耳を傾けずに生きている時代もまたなかった**のではないかと思います。

1970年代に荻村伊智朗氏※1と二人で中国へ行ったとき、荘則棟《そうそくとう》※2という人物と会うことができました。彼は3回連続で世界チャンピオンになった卓球選手であり、日本流の役職で言うと26歳のときに北京市会議員、29歳で国会議員、35歳で体育大臣になった人物です。当時の中国では「英雄中の英雄」と呼ばれていました。

彼は私たちが宿泊していたホテルに訪ねてきてくれて、数時間も話をしたのですが、そのときにしてくれたのが、「老中青の三結合」という話でした。

古い世代の中に若い世代が入れば、古い世代の人は若い人たちから新しい知識を学ぶことができる。若い世代の人は古い世代の人たちから経験を学ぶことができると。

これがあらゆる分野において、当時の中国政府の考え方の根幹をなしているということでした。今から40年以上前のことですが、振り返ってみると、今の若い人たちは非常に基本がおろそかになっているのではないか、せっかくの過去の経験に学んでいないのではないかという印象があります。

古い世代や中間世代の人間はもっと自信を持って、自分たちが体験してきたことを伝えていかなければならないと思います。

MEMO

※1：P.67参照。／※2：「中国卓球界の巨星」と呼ばれ、1970年代に米中関係改善のきっかけをつくった。

「結果が出てこその努力」とは、どういう意味か？

「結果が出ない努力は無意味」とは、「努力すること」で満足するなということ。「結果にこだわり、執念を持って諦めない努力」が、その人の未来につながる。

MEMO

私は学生や社員を指導する際、常に**「結果が出てこその努力である」**ということを強調しています。一方で、世間では「努力すること自体が尊く、結果は後からついてくるもの」「結果よりも努力してきたプロセスが大事」という意見もよく聞きます。

しかし私は、結果が伴わない努力は時間と労力の消耗でしかない。**努力は結果を生んで、初めて努力として認められる**と考えています。厳しい意見だと思われるかもしれませんし、失敗や挫折した努力はすべて無駄なのかと言われるかもしれませんが、そうではありません。

失敗や挫折は、自分の意に反して一方的に起こります。それは受身な出来事ですが、その失敗や挫折に対する反応は能動的なもので、自分の意思で決めることができます。つまり、**「何が何でもやり遂げよう」という強い気持ちがあれば、何度失敗しても再チャレンジすることはできる**のです。

つまり、**「結果が出るまで諦めずに努力し、行動していこう」**ということ。それが、「結果が出てこその努力」という言葉の本当の意味なのです。**努力したことで満足するのではなく、とことん「結果を出すこと」にこだわり、執念を持って工夫し続ける**こと。それがチャンスをものにし、自分の納得する未来を築き上げることにつながっていくと、私は信じています。

330/365

Business

「生きた目標」で心と組織の活性化をはかろう

心と組織を活性化するには、「生きた目標」を持つことが大切。また、目標を生きたものにするためには、「時間」「行動」「評価」という3つの要素が必要である。

チームや組織の活動を活発にし、沈滞していた機能を活発に動くようにする、いわゆる「活性化」をはかるにはどうすればいいのでしょうか？　結局のところ、チームや組織は人がつくり、人が動かし、人が育てるものですから、**所属する人たちの心が活性化した状態になれば、結果としてチームや組織も活性化する**ものです。まさに「活性化した組織は活性化した人がつくる」と言えるでしょう。

では、心の活性化をはかるには、何をしたら良いのでしょうか。それは「生きた目標」を持つことです。「成功とは自分にとって意義のある目標を設定し、段階を追って達成することである」という言葉があるように、生きた目標を追求している限り、心は活性化されるものだからです。

さらに**「生きた目標」には、いつまでに達成するという「時間」、目標に向かうための「行動」、そして目標に対する進捗状況をしっかりチェックする「評価」という3つの要素が必要**です。達成までの時間を決めなければ計画的な行動はできず、また実際の行動なしに目標は達成できません。そして行動の結果を振り返って修正することができなければ、いつまでも目標にたどり着けないでしょう。常に目標を生きたもの（積極的に取り組まれ、進歩している状態）にするために、この3つは欠かせないものなのです。

チームや組織運営だけでなく、個人的な人生設計の面でも長期と短期の「生きた目標」を追求することで人の心は活性化されるものです。充実した人生を送るためにも、ぜひ「生きた目標」を常に持つようにしましょう！

MEMO

331/365

Life

自分に運を運ぶために大切な7つの心構え

自分に運を運ぶには、「運があるという思い込み」「明るさ・元気さ・素直さ」「どんな人と付き合うか」「感謝と恩返しの心」といった「7つの心構え」が大切。

本人に変えることのできないものを「宿命」といい、自分の意識と努力で変えられるものを「運」と言います。漢字は本当によくできていると思いますが、「運とは自分で『運んでくるもの』である」という表現は、まさに至言でしょう。そこで自分で「運」を運んでくるために、大切な「7つの心構え」をご紹介したいと思います。

①**「自分には運があるんだ」と思い込むこと**：困難は次なる成長の糧であるという、いい意味での「自己暗示」が大切です。

②**「失敗」という文字を自分の頭の辞書から消すこと**：失敗を成功のための糧と考えれば、それは「失敗」になりません。

③**明るく、元気に、素直に生きること**：嘘でもいいから元気でいる。苦笑いでいいから笑顔でいる。そうすると不思議なもので、本当に元気になってきます。

④**運のいい人間と付き合うこと**：自分に運を呼び込みたかったら、「運気」を発している人と付き合いましょう。グチってばかりいる人間が集まると、どんどん悪くなっていきます。

⑤**元気と勇気をくれる人と付き合うこと**：自分が落ち込んだときに励ましてくれる人間を持てるかどうかで、人生は大きく変わってきます。

⑥**目的を持って勉強し、鍛錬すること**：目的を持つと、その目的を達成するための情報を選り分けることができるようになります。

⑦**社会を愛し、恩返しの心を忘れないこと**：感謝の心を忘れず、お役に立ちたいと思えば思っただけ、自分に返ってくるものです。

MEMO

332/365

Life

人生の結果はメンタルが左右している

スポーツ選手のプレイの安定性や試合結果は、メンタルに左右される。特に一流選手はメンタル・コントロールに長《た》けており、これはビジネスの現場でも活用できる。

スポーツの世界においてメンタルの影響は非常に大きく、次のようなことが言われています。

①「プレイの安定性」は「精神の安定性」の結果である

一貫して安定した力を発揮するには、精神的な持続力が要求されます。心理的に浮き沈みの激しい選手は成績も安定しません。

②「試合の結果」は、「選手の内面の状態」を正確に反映している

選手が不安を感じていれば試合中のミスにつながり、理想的な集中ができていれば、ごく自然に素晴らしいプレイができます。

さらに、**選手が実力をフルに発揮できるかどうかは、ある「特別な心理状態」をつくり出し、維持できるかどうか**にかかっています。この「**特別な心理状態」とは、「身体はリラックスしていながら、自信に満ち、集中力がみなぎっている状態」**です。スポーツ界の一流選手たちは、試合のたびにこの状態に入り、維持することに成功しているのです。

ビジネスの世界においても、優秀な社員ほどメンタルが安定しています。スポーツ界における「プレイの安定性」や「試合の結果」は、そのまま「仕事の安定性」「仕事の成果」と読み換えてもいいでしょう。ぜひビジネスの現場においても、スポーツ選手のメンタル・コントロールを学び、活かしてほしいと思います。

MEMO

333/365

Sports

大切なときに「やるべきこと」「やってはならないこと」

大切なときにやるべきことは、「普段と変わらない行動」「勢いをつける行動」である。やってはならないのは、「普段と違う行動」「勢いを弱める行動」である。

スポーツにおいては、大切な試合の直前にやるべきことと、やってはならないことがあります。

（やるべきこと）

①試合が近づいても、通常のトレーニング・プログラムで練習する

②普段と変わらない食事・睡眠を心がける

③メンタルリハーサルを毎日少しずつ行う

④不利な状況が起きた場合のことを想定し、その対策を考えておく

⑤試合に向けて、肉体的・心理的・作戦的にプラスになり、通常行っていること（例：マッサージを受ける、自分が最高のプレイをしている動画を見る）をする

（やってはならないこと）

①トレーニングの内容を変更する（特にオーバーワークは禁物）

②試合前夜に慌てて心理的コンディションを整えようとする（試合前日に「あれこれ考えてしまって眠れない」のはこのタイプ）

③対人関係でストレスを感じそうなことをする（例：繁華街に行く、誰かとケンカする、ホラー映画を見る、暗いニュースを見る）

これらはビジネスにおいても活用できます。基本的に**普段からポジティブなエネルギーを大切にし、闘志や集中力がみなぎってくるような環境をつくっておくことが大切**です。また、縁起をかつぐこと（例：お守りを持つ、勝負服を決める）も、気分が落ち着き、気持ちの上で勝運（勢い）を呼び込めるようなら大事にしましょう。

MEMO

334/365

Life

「一歩でも成長したか」と自分に問い続ける

毎日の始めに少しでも進歩しようと決意し、努力と工夫を重ね、最後により改善できることはないかと結果を振り返る。この繰り返しが人間を大きく成長させてくれる。

「日々発意・日々反省」は、松下幸之助さん[※1]の言葉です。この言葉は、1日の始まりに発意（計画などを考えること）し、1日の終わりにそれを実行した結果について反省することの大切さを教えてくれます。きちんと1日を計画的にスタートし、その結果を振り返って翌日の計画に生かせば、その積み重ねによって人は大きく成長できるでしょう。

小さなことでも、いい習慣を身につけることで、人はどんどん成長します。そのために、**今日一日、精いっぱいやったかどうか**。今日一日、一歩でもいいから進歩したかどうか。それを常に意識してください。

そして、仕事やスポーツでは**与えられた時間内に集中して努力する方が、だらだら時間をかけてやるよりはるかにいい結果を生む**ものです。決まった時間に集中してやる方が、一生懸命に工夫して取り組めるからです。もちろんコツコツ努力することは重要です。その上で大事なのは、それを速くやろうとすること。**速くコツコツ努力する**ことです。**「工夫」するとは、言い換えれば「スピードを上げる」ということ**です。確実に地道にやるのは当然のことで、それをより速く、より効率的にやる方法を工夫するのが大切なのです。

このように、常に「改善点はないか？」と考えて工夫することで、人は大きく成長します。「もっと良くできる方法はないか？　改善できる点はないか？」と常に考える力は、人間が成長する上で最も大事なことです。目いっぱい頑晴って[※2]、毎日少しずつでも進歩して、そして最後に締めくくりの反省をして、気持ちよく一日を終わることが人生の理想と言えるでしょう。

※1：P.88 参照。
※2：P.53 参照。

MEMO

335/365

Sports

プレッシャーが「軽くなる思考」「重くなる思考」

どんなに精神的にタフなスポーツ選手でも、プレッシャーは克服できない。そこで大切なのは、プレッシャーそのものを極力軽くしていく「考え方」「思考法」である。

スポーツ心理学の権威であるジム・レーヤー[※1]によれば、どんなに精神的に強い選手でも、プレッシャーを感じると満足なプレーができなくなるそうです。**プレッシャーがかかると世界のスーパースターでさえ、いい結果は出せない**のです。

しかし、**プレッシャーは状況に対する本人の捉え方の問題**にすぎず、外部から物理的な力が加えられているわけではありません。そこで一流選手は自然にプレッシャーが軽くなる思考をしています。彼らはプレッシャーをつくりだすのは自分自身であること、また気持ちの持って行き方を誤ると、プレッシャーがかかることを知っているのです。

ここで、私がスポーツの世界で学んだプレッシャーが「軽くなる思考」と「重くなる思考」を紹介しておきましょう。これはビジネスの分野でも活かすことができます。

〈プレッシャーが軽くなる思考〉

「結果はどうあれ、ベストを尽くそう」「どんな場面でも、試合を最大限に楽しもう」「厳しい状況が好きだ。厳しければ厳しいほど燃えてくる」「何があっても大丈夫だ」「絶対勝つと思ったら、勝つ」

〈プレッシャーが重くなる思考〉

「うまくいかなかったら、どうしよう」「ここで失敗したら立ち直れない」「ああ、プレッシャーを感じてしまう」「選手生命がこの一戦にかかっている」「今日勝てないと、この先ずっと負け続けるような気がする」

MEMO

※1:著書に『メンタルタフネス・勝つためのスポーツ科学』(ティビーエス・ブリタニカ)がある。

336/365

Life

思いの質と量が、叶うかどうかを左右する

周囲から応援される「思い」は質が高い。長い間、ずっと思い続けてきた「思い」は量が多い。質が高く、量が多い「思い」ほど叶いやすく、またその反対も成り立つ。

「思い」には「質」と「量」があります。周りの人から賛同され、協力したい、応援したいと思われる「思い」もあれば、他人からそれは実現しないほうがいいと思われる「思い」もあります。これが「思いの質」です。

その思いが自分のためだけでなく、他の人のためにもなっているということになれば、「思いの質」は上がります。そういう**「質の高い思い」は周囲から応援されるだけでなく、自分自身に誇りを持つことができ、イメージ力も高まるので、より叶いやすくなる**のです。

長い年月にわたって繰り返し思い、そのために行動し続けている強い思いは実現の可能性が高くなります。これは昔から世界中の成功者たちが語り続けられていることです。たとえば、元旦に「今年こそこれをやろう！」と決意しても、三日坊主になってしまう思いは、「思いの量」が少ないと言えます。一方、元旦から1年間、1日も欠かさず努力しているなら、その「思いの量」は多いということです。

「思いの量」が少なければ実践や行動は中途半端なものになり、当然のことながら「思いは実現しなかった」という結果に終わります。「忘れようとしても忘れられない」ほど**「思いの量」が多ければ、その思いは実践や行動につながるため、叶う可能性は高くなる**のです。

MEMO

337/365

Life

思いを叶えるための4つの方法とは？

「思い」を叶えるには、「目標を立ててクリアする」「周囲の力を借りる」「思いを叶えたときの感情をイメージする」「とにかく行動する」という4つのコツがある。

思いを叶え、具体的に成果を上げるには次のようなコツがあります。

①目標を明確にして、一つずつクリアしていく

「目標が行動を促進し、成果が行動を持続する」という言葉もあるように、**短期と長期の目標を立て、それをクリアしていくことで、思いはより強くなる**ものです。

②自分の知識や技術だけでなく、周囲の力も借りる

学校のテストはカンニング禁止ですが、仕事やスポーツの世界では、**他の人の優れた技術や知恵を盗み、学んでいくことはとても重要**です。自分が成長する早道でもあります。

③「夢を叶えて自分が得たい感情は何か？」と心に問いかけてみる

「夢を叶えたとき、自分はどんな状態（＝気持ち）になりたいか？」と自分自身に問いかけてみてください。その**「心から求めている状態（＝感情）」を先取りしてリアルにイメージできるようになると、普段の行動に弾みがつく**ものです。

④行動を起こす

行動すると、夢と現実の距離は縮まります。**「実現する思い」と「単なる妄想」の違いは、行動が伴うかどうか**なのです。

「石中の火」とは、「火打ち石は打たなければ火が出ない」というところから、「結果を求めるなら行動を起こせ」という意味の言葉です。理屈を100回言うよりも、とにかく行動を起こすことが思いを叶えるためには大切なのです。

MEMO

338/365

Sports

本気のリーダーだけが組織を変えることができる

かつて沈滞していた明治大学卓球部を変えたのは、一人のキャプテンだった。彼は部員と徹底した本気で向き合い、ついにチームを戦う集団へと生まれ変わらせた。

高校2年生で全日本ジュニア・インターハイ、国体の東京代表となった私は希望に燃えて明治大学卓球部に入部したのですが、**待っていたのは「監督の顔もほとんど見たことがない」という沈滞した空気**でした。

結局、いい指導者・コーチに巡り合うこともなく、独力で練習する日々が2年近くも続いたのです。

しかし、大学2年の終わり頃に大きな転機が訪れました。私の一年先輩の津内口弘志（愛称ツナさん）さんがキャプテンとなり、卓球部の空気がまったく変わったのです。ツナさんは**妥協を許さず、全部員に厳しい練習を強制**しました。特に私に対してはすさまじい迫力で、「児玉が強くならなければ明治は強くならない」と言われ、徹底的に鍛えられたのです。

海岸の砂浜でウサギ跳びのリレー競走をやったり、フットワーク練習も相手を何人も変え、毎日平均1時間半くらい行いました。私も「止めろ」と言われても止めずに**2時間以上休みなく練習を続け、ついにぶっ倒れてバケツで水をかけられ意識を回復する**、といったような経験をしました。

当初は**ツナさんの厳しさを恨んだりしましたが、そのお陰で私は精神力・体力・忍耐力・胆力・勝負強さなどを培うことができた**のです。そして年末には世界選手権大会の日本代表に選出され、活躍することができました。

まさに津内口弘志という人物は、それまでの明治大学卓球部を一変させた「中興の祖」[※1]であると私は思っています。スポーツにおいてもビジネスにおいても、彼のように**本気でメンバーと向き合うリーダーだけが組織を変革できる**のです。

MEMO

※1：衰退し、危機的状況に陥った組織を再び盛んにした人のこと。

339/365

Life

いい氣を発すれば、人生で成功できる

この世には「氣」という見えない力があり、「氣」を出すことが成功の秘訣である。「いい氣」を出すためには、プラスの言葉を常に心がける必要がある。

今から30年ほど前に、私は藤平光一《とうへいこういち》先生※1に「氣」についてご指導頂いたことがあります。先生は、この天地には「氣」という素晴らしいエネルギーが満ちあふれており、そのエネルギーは私たちの体の中をも駆け巡っている。これを上手に利用すれば、ありとあらゆる人間の可能性が無限に広がっていくとおっしゃっていました。

たとえば、**「やる氣十分」とは、氣が体中を駆け巡って発散している状態**のことであり、反対に「弱氣」とは「氣が十分に出ていない状態」のこと。要するに**日本語でいい意味の言葉はすべて、「氣を出すこと」を前提にしている**のです。つまり、人は「氣」を出さなければならないわけですが、思うだけでも「氣」は出るものであり、それをよりたしかなものにするためには「言葉に出す」ことが大切ということでした。

そして、「好きだ」などのプラスの意味を持つ言葉からはプラスの「氣」、「嫌いだ」などのマイナスの意味を持つ言葉からはマイナスの「氣」が出るため、先生は次のようないい「氣」を出すための「五つの誓い」をつくられたのです。その骨子は次のようなものでした。

1. プラスの心で考える
2. プラスの心で話す
3. プラスの心で行動する
4. プラスの心で人に接する
5. プラスの心で社会に貢献する

この五つの精神で行動していると、自然にそういう「氣」が発せられ、人生は大きく変えられるとおっしゃっていました。ぜひ、皆さんにも実践していただきたいと思います。

MEMO

※1：合氣道開祖・植芝盛平師に師事。のちに単身渡米し、合氣道の世界的な普及に尽力する。1971年に「氣の研究会」を設立している。

340/365

Life

正しく呼吸すれば、氣を補給することができる

「氣」は出すだけでなく、補給することも必要である。正しい呼吸法で「氣」を補給すると、全身に活力が満ち、脳がすっきりとし、健康状態も改善される。

藤平光一先生[※1]によれば、**「氣」を出すだけでなく、「氣」を補給することも大切**であり、そのためには「呼吸」が重要だということでした。そして**正しい呼吸をすれば、間違いなく「氣」を補給できる**そうです。

人間の呼吸には、外界から肺まで酸素を入れて、肺からまた外へ出す「外呼吸」と、肺に入れた酸素を血液に乗せて全身に送り、炭酸ガスや不純物を肺まで持って帰る「内呼吸」、それと「皮膚呼吸」の3つがあります。

この**3つの呼吸が正しく発動されるときに体に「氣」が補給されて、全身の活力が一氣に燃え始める**といいます。

私が教えていただいた正しい呼吸を行うコツは、次の通りです。

①息は洩らすのではなく吐く、②できるだけ静かな音で吐く、③頭部の氣より吐き始め、つま先の氣まで吐く、④鼻端より吸い、つま先から頭部に充満するまで吸い入れる、⑤吸い終わったら臍下の一点に沈める

以上のことを守りながら、次のように呼吸をすれば、全身呼吸が正しく行えるようになります。

①肩の力を抜き、リラックスして自然体で行う、②口からできるだけ長く息を吐く（15秒〜20秒）、③全部吐いたら、2〜3秒待ち、鼻から息を吸う（15秒〜20秒）、④2〜3秒待ってから、再び吐き始める

この呼吸法を1回10分ほど行えば、驚くほど頭がすっきりし、健康にも良い影響があることを私は実感しています。ぜひ「氣」についても勉強し、自分の将来の成功のため、活用していくことをおすすめします。

MEMO

※1：P.358 参照。

341/365

Life

世界一のコーチが教える「究極の成功方程式」とは？

アンソニー・ロビンスは、成功法則を突き詰めると「目標を持つ」「行動する」「行動の結果を振り返る」「柔軟に対応する」の4つになると言っている。

世界No.1のカリスマコーチとして活躍しているアンソニー・ロビンス[※1]は、「究極の成功方程式」を次のようにシンプルにまとめています。①目標を持つ、②行動する、③行動した結果が目標に近づいているか判断する、④柔軟性を身につける

各項目を私流に解釈し、一項目付け加えたのが次の5つです。①自分の望みを正確に決めて計画をつくる、②結果を得るために、一番近道となる行動を取る、③行動した結果が目標に近づいているか否か、なるべく早く判断する、④いい結果を得るために、最善の方法が見つかるまで改善する、⑤自分の発する言葉や日常の習慣が、どんな結果を生み出しているか意識する

さまざまな成功法則を突き詰めていけば、成功者はこれらのことを確実に実行している、とアンソニー・ロビンスは言っています。たしかに「目標を持って行動すること」の大切さは誰でも知っていますが、実践している人は非常に少ないものです。

また、目標に近づいているのかどうかをチェックすること、うまくいっていない場合に柔軟に対処することをスムーズにできる人は案外少ないものです。しかし、それらが成功と失敗を分ける大切なポイントなのです。

最後に一点付け加えるならば、**成功者は自分の言葉や習慣、それらがもたらす結果に非常に注意を払う**ものです。ぜひ、この児玉流にアレンジした「究極の成功方程式」を活用してみてください。

※1：アメリカのクリントン元大統領、故ダイアナ妃、アンドレ・アガシ（テニスの元世界チャンピオン）など、世界のVIPに絶大なる信頼を置かれている。

MEMO

342/365

Life

世界一のコーチが教える「朝と晩の質問」

アンソニー・ロビンスが教える「朝と晩の質問」は、一日を快活に始め、すっきりとした気持ちで眠りにつくことができる非常にいい習慣である。

アンソニー・ロビンス[※1]は、「大切なのは時々することではなく、私たちがいつもしていること」つまり、「習慣」が大事だと言っています。なかでも、彼は次のような**「毎朝・毎晩に元気が出る質問を自分にすること」**を推奨しています。

「毎朝の元気が出る質問」
- いま人生で何が幸せか？
- いま人生で何がエキサイティングだろう？
- いま私が誇りに思うことは何だろう？
- いま感謝したいことは何だろう
- いま一番楽しんでいることは何だろう？
- いま一番大切なことは何だろう？

「毎晩の元気が出る質問」
- 今日、自分にも他人にも、何を与え、何に貢献しただろう？
- 今日、何を学び、その学んだことをどのようにして活かしただろうか？
- 今日、自分で自分を褒めてあげるようなことをして、充実した一日だっただろうか？

私自身も瞑想や祈りの中で、同じような質問を朝・晩にしています。**このような質問を自分に投げかける習慣を持てば、朝は明るい気持ちで始めることができ、晩はすっきりとリセットした気持ちで眠りにつける**でしょう。ぜひ、皆さんの生活にも取り入れてみてください。

MEMO

※1：P.360 参照。

体力トレーニングは「心・技・体」を鍛えるもの

ランニングなどの「体力トレーニング」は「健康」「持久力」「意志力」「集中力」といった４つの面を鍛えるのに有効。これらは人間を大きく成長させる土台となる。

スポーツの世界では、ランニングや筋トレなどの「体力トレーニング」も重要です。それは次の４つの面を鍛えるためです。

①**健康**：スポーツマン（人間）にとって一番大切な「健康」を得る。具体的には心臓を中心とした内臓器官、循環系器官が鍛えられる。

②**持久力**：長時間の技術的なトレーニングに耐えられる持久力が付く。技術的なトレーニングの成果を受け入れるだけの身体がつくられる。

③**意志力**：体力トレーニングの最中は苦しいときもある。そういうときに「一流を目指すためにはこれが必要なのだ」と考えて乗り越えることで、意志が強化される。

④**集中力**：体力トレーニングの最中に、競技や自分の夢、目標について考えることで集中力が養われる。

体力トレーニングの成果は目に見えづらいものであり、木で言えば根にあたるものです。しかし、見かけは同じ木の大きさに見えても、大きく根が張っている方が強く、台風が来ても倒れることがありません。

従って、**体力トレーニングは「継続すること」「苦しみを乗り越える努力がいるほどの負荷」が必要**です。それでもトレーニングを続けていくと、身体に力がつき、より速く、より大きく、思うように動けるようになることが実感としてわかってきます。

また、一流のスポーツマンは**「体力トレーニングは心をも鍛える」**と、異口同音に言います。体力トレーニングを自主的にやればやるほど、心・技・体にいい結果が出ることは間違いないと言えるでしょう。

MEMO

フェアプレイの精神を大切にしよう

「フェアプレイ」により金メダルを逃した選手もいるが、その行為は金メダルよりも讃えられている。スポーツでは、この精神を最も大切にしなければならない。

スポーツ界で最も栄誉ある賞のひとつに、『ピエール・ド・クーベルタン・フェアプレイ・トロフィー』という賞があるのをご存じでしょうか？

近代オリンピックの創設者であるクーベルタン男爵[※1]の名にちなんで設立されたもので、毎年、真のスポーツマン・シップを発揮した人に与えられています。

第一回の受賞者は、イタリアのユージェニオ・モンチというボブスレー[※2]の選手でした。1964年のインスブルック・オリンピックで、モンチ選手のチームは最後の滑降を終え、首位に躍り出ていました。彼に勝つチャンスがあるのは、彼らのあとに出場するイギリスのトニー・ナッシュ選手のチームだけでした。

ナッシュ選手らはスタートしようとしたとき、そりのボルトが一本外れているのを発見しました。その**トラブルを知ったモンチ選手は、すぐさま自分のそりからボルトを外し、ナッシュ選手に与えた**のです。

そうしてナッシュ選手はそりを修理することができました。彼は勢いよくコースを滑り降り、金メダルを獲得しました。結果として**モンチ選手は金メダルを逃したものの、彼の見せたフェアプレイの精神は後々まで称えられた**のです。

1932年のロサンゼルスオリンピック水泳100m背泳ぎで金メダルを獲得した清川正二さん[※3]も、著書の中で「オリンピック・スピリットは愛国心よりも上位に置かれなければならないと思う」と語っています。スポーツマンにとって、フェアプレイの精神は最も大切なものなのです。

MEMO

※1：国際オリンピック委員会（IOC）を創設。「近代オリンピックの父」と呼ばれる。
※2：流線型をした「そり」に乗り、氷でできたコースを滑り降りる競技。「氷上のF1レース」とも呼ばれる。／※3:のちにIOC（国際オリンピック委員会）副会長を務めている。

345/365

Life

自分が今いる環境に注意を払おう

人間は環境に影響されるため、身を置く環境に注意しなければならない。いい環境にいるなら、それに感謝し、恩に報いようと努力することで、より一層成長できる。

人間にとって環境は重要なものです。**人生は生まれついての才能も関係しますが、それが芽を吹き、花を咲かせるかどうかは置かれた環境に左右される**からです。恐ろしいのは、悪い環境にいつまでも身を置くと、時の経過とともに「そういうものだ」と思い込み、慣れていってしまうことです。文字通り、「貧すれば鈍する」[※1]ということになってしまうのです。だからこそ、自分の身を置く環境には注意しなければなりません。

それと同時に、もし**現在の環境が素晴らしいものであるならば、そのことに感謝し、恩に報いるという気持ちを持つ**ようにしてください。たとえば私は明治大学卓球部の学生たちに、次のような話をしたことがあります。

「……幸い、君たちは素晴らしい環境に身を置いている。指導者や先輩に恵まれ、親身になって応援し、勇気付けてくださる方々に恵まれている。そして何と言ってもこの**不況の中、仕送りをしてくれる親に感謝の心を忘れてはならない**。君たちの今の仕事は学業と卓球だ。学業は普通であればいい。しかし、卓球は自分の志した道であり、青春のすべてをかけて極めなければならないと思う。それが感謝となり、報恩となる。『いずれ俺が明治大学を背負ってやるんだ！』という気概を大切にしてほしい」

人間は本来、無気力を跳ね除ける力を持っています。**意志や意識の持ちようによって、自分の環境を変えていくことができる**のです。それと同時に、**環境に感謝して周囲に恩返しをしたいと願晴れば**[※2]**、ますます応援されて成長できる**ことでしょう。

※1：貧しくなると日々の生活のことばかり考え、賢い人でも愚かになるという意味。また、暮しが貧しくなれば、心も貧しくなるということ。／※2：P.53 参照。

MEMO

346/365

Life

自分に負けている状態から抜け出そう

「自分に勝つ」ことができなければ、どんな分野でも成功は期待できない。まずはポジティブかつシンプルな発想と行動で、「自分に負けている状態」から抜け出そう。

よく、「自分に勝て」と言われることがあります。これは**スポーツやビジネス、人生全般において、「自分との闘い」に勝って初めて相手を倒せる**ことを言ったものです。この「自分との闘い」はどこにでも存在し、その原理は万人に共通です。さて、それでは「勝たなければならない自分」とは、どのようなものなのでしょうか？　私は次のようなものだと考えています。

・楽をしたい自分
・やる前から逃げてしまう自分
・運がないと思ってしまう自分
・環境のせいにしてしまう自分
・何をやってもうまくいかないと思い込んでいる自分

これらはすべて「自分に負けている状態」です。まずは、そんな自分に勝つことを考えましょう。次のように「物事の見方」や「行動」を変えることが有効です。

・苦労は必ず自分のためになり、血肉になる
・何があっても逃げないと決める
・自分は絶対ツイていると、何度も自分に言い聞かせる
・環境は自分が変えてみせると強く決意する
・明るく前向きに、自分を信じて努力する

このように**ポジティブかつシンプルに考え、行動すれば、自分に勝つことは案外難しくはない**ものです。ぜひ、真剣に自分自身と向き合い、勝利してください。

MEMO

347/365

Sports

人間の成長は何かに気付いた瞬間に起きる

人間の成長は右肩上がりではなく、成長と停滞を繰り返す階段状に進む。成長は「何かに気付いた瞬間」に起き、その過程を理解すると速く成長できるようになる。

人間の成長は「右肩上がり」に進むように見えるかもしれませんが、実際には「階段のような形」で進むものです。一段階成長するとしばらく停滞し、またグッと垂直に伸びる。この**伸びる瞬間とは、「何かに気付いた瞬間」**です。

私も卓球の現役選手だった時代、来る日も来る日も「ゲーム開始から3球目に強打」という練習しているときに、「あ、そうか。こういう動き(＝足の運び方)をすればいいんだ！」と気付いた瞬間がありました。そして、その後は思い切った強打ができるようになったのです。あれこそまさに、**自分が成長する瞬間を自覚した経験**でした。

大事なのは、その気付くことで得た「成果」よりも、何をキッカケにしてどのように気付いたかという「過程」です。それが分かれば、以後は気付きが早くなり、急成長することができるからです。私自身も、先ほどの「3球目を強打する際の足運び」に気付いた瞬間を経験して以降、自分の実力が一気に伸びたことを覚えています。

スポーツに限らず、仕事に臨む姿勢でもまったく同じことが言えます。与えられた仕事はもちろん、自主的に考えた課題に対して誰よりも真剣に、誰よりも一生懸命に取り組み続ければ、必ず成長につながる「気付きの瞬間」がやってきます。なかなか成長が実感できなくても、この「気付きの瞬間」に向かって努力し続ける人は必ず結果を出せるでしょう。

MEMO

348/365

Life

限界を知ったとき、どうするかで人生は決まる

「成功体験」は「成功」より「プロセス」の活用が大切。また、自分の限界を知って、さらに成長するには限界を越えるしかない。人間には限界がないと信じて進もう。

スポーツの世界でもビジネスにおいても、**過去の成功体験に頼ってばかりいるとワンパターンに陥り、やがて変化に対応できなくなるものです。これがいわゆる「成功の復讐」です。**

そうならないためには「成功」そのものではなく、成功をつくり出した「プロセス」に学ぶことが大切です。「過去の勝ちパターンを振り返り、新たな勝ちパターンをつくり出す」ことが、勝ち続けるために非常に重要なのです。

それでもスポーツやビジネスの世界は厳しいものです。自分たちがすべてを出し切り、いろいろなものを我慢して頑晴ってきた[※1]。それでも上には上がいる。「見えてきた」と思った目標が、また霞んでくる……限界に挑めば挑むほど、自分のポジションを思い知らされることはよくあります。

しかし、重要なのは、「そこからどうするか」ということです。答えは「自分の限界を伸ばす・広げる」ことしかありません。自分より上位の者が出てきて、自分にできなかったものは何なのか？　それを徹底的に調べ、次へつなげていくことです。これが「限界を伸ばし、限界を広げる」ということになります。

人間の成長とは、「限界に挑み・限界を知り・限界を伸ばし・限界を広げる」ことです。ですから、自分の限界を自分自身で決めてはいけません。きっとまだ先に行けるはず。人間の限界には限界がない。そう信じて、先へ先へと進みましょう。たとえ小さな限界でも、その限界を超えたという自信は、人生を大きく変える力を持っているのです。

MEMO

※1：P.53参照。

349/365

Life

「内発力」を高め、「内発力」で動く人間になろう

「数値上の評価」といった外部の刺激ではなく、「自分自身の心から湧き出す力（＝内発力）」で動く人間は、外部の刺激に頼る人間より大きく成長することができる。

以前、私が愛読している「致知」という月刊誌で「内発力」[※1]についての特集がありました。**「内発力」とは外からの刺激によらず、内からの欲求によって起きる力。自分の身体の内から湧き出す力**のことです。

特集のテーマは、**自らの人生を切り拓いた人は皆「内発力」の強い人である**というものでした。「教えてくれなければできないという人は、教えてもできるようにはならない」「教えてもらったことは忘れるが、自分が盗んだものは忘れない」といった先人の言葉は、「内発力」のないところに成長がないことを教えてくれるものでした。また、元プロ野球選手の小久保裕紀さんが[※2]、イチロー選手について「毎日新聞」に書いていた記事も「内発力」がテーマでした。

小久保さんはプロ2年目に本塁打王を獲得したものの、それで天狗になってしまい、翌シーズンは散々な成績でした。一方、イチロー選手は3年連続の首位打者という絶好調を続けていました。その年のオールスターゲームで外野を二人でランニング中、次のような会話をしたそうです。

モチベーションが下がったことがないのかと小久保さんが問いかけると、イチロー選手は数字を残すために野球をやっているのではなく、心の中に磨き上げたい石があって、野球を通じて輝かせたいと答えたそうです。

小久保さんは、自分はなんと恥ずかしい質問をしたのかと顔が赤くなり、イチロー選手の一言で野球を通じて「人間力を磨く」というキーワードを得たと言います。まさに「内発力」で生きている人間の真骨頂を、イチロー選手の言葉に見ることができるのではないでしょうか。

※1：「内発力」は「致知」を発行している致知出版社の造語である。／※2：のちに野球の日本代表監督を務めている。

MEMO

350/365

Life

情熱こそが運をつかむ力である

「情熱を持っている人」は人並み以上の努力をするので、「運」をつかむことができる。また、その情熱に感染した人が応援という形で「運」を運んできてくれる。

「運」というのは誰にでも平等に訪れてくるものですが、それを「つかむ人」と通り過ぎてゆくのを「見逃してしまう人」とに分かれます。**運をつかむ人は常に情熱を持って、一生懸命に努力しているからチャンスをつかむことができるのです。**

日本電産会長の永守重信氏[※1]は、能力5倍、情熱100倍とさまざまな機会に言われています。これはできる人とできない人の能力の差は、せいぜい5倍だが、情熱の差は100倍にもなる。だから能力の欠如は情熱でカバーできるということです。私も多くの卓球選手や会社の社員を見てきましたが、まったく同感です。

情熱は年齢に関係なく、燃える心の力です。この情熱（＝熱意）は周囲の人に感染します。つまり自分が燃えている人は、周囲の人をも燃えさせる力があるのです。そのため**情熱を持っている人のところには、周囲の人が情報や応援という形で「運」を運んできてくれることになります。**

また、情熱を持って事にあたり、実行する人間の成長に限界はありません。そして情熱を磨き上げて進むところには、必ず愛と感動が満ちてきて、真の喜びを味わうことができます。だからこそ精神論ではなく、情熱こそが努力するエネルギー源になり、物事を達成するための原動力になるのです。

MEMO

※1：同社を1973年に創業し、世界一のモーターメーカーに育て上げた。

351/365

Life

自分が今いる場所で全力を尽くそう

未来の「転機」や「チャンス」を待つのではなく、「今この瞬間」を全力で生きよう。どんな不運に見舞われても、「今いる場所」で立ち上がり、懸命に生きていこう。

禅の言葉に**「而今《じこん》」**という言葉があります。**「人生には今というこの時しかない。一瞬一瞬が勝負の時という自覚を持って生きなさい」**という教えです。

人生において、大きな転機やチャンスといった「そのとき」は、遠い未来のものではありません。**いつでも「今がそのとき」であり、「そのときが今」**なのです。**この自覚を持って毎日を全力で生きることが大切**です。

「運さえあれば」「チャンスさえ来れば」と愚痴をこぼしたり、「ひどい不運に見舞われた」と嘆く人が大勢います。しかし、**人生を変える機会は今この瞬間に、私たちがいるその場所にある**のです。過去や未来にすがるより、今この瞬間をもっと真剣に見つめてください。

「起き上がり小法師[※1]（＝ダルマ）」は、どこに投げ出されても転がっていきますが、踏み止まったところで、すっくと立ち上がります。私たちもそれを見習って、**どんなところに投げ出されても、今やっていることに行き詰まっても、止まったところで立ち上がり、懸命に生きる人になる**ことを目指しましょう。そのために重心は低く、高い志と豊かな魂を持った人にならねばなりません。私もまだまだ勉強し、努力して人間力を高めていきたいと思います。

MEMO

※1：福島県会津市の民芸品。

子どもの興味がある分野を見つけ、それを応援しよう

著者は現在、7歳以下の卓球選手を育成するプロジェクトに取り組んでいる。どんな分野でも、大人は子どもが興味を持つことを応援し、才能を伸ばす環境を用意しよう。

2018年、私が理事長を務めるKODAMA国際教育財団は「7歳以下を対象とした卓球選手育成事業プロジェクト」を始めました。これは日本卓球協会の後援を受けており、日本卓球界で初めての取り組みになります。

プロジェクトの正式名称は『U-7卓球選手育成事業~未来のメダリスト~』というもので、委員長として元・卓球日本代表選手の松崎キミ代さん[※1]、スペシャルサポーターとして漫画家の高橋陽一氏[※2]、EXILEのTETSUYA氏[※3]が応援してくださっています。

このプロジェクトは、世界で勝てる日本人卓球選手を育成するためには早期強化体制が不可欠、という考えから始めました。主な活動としては、全日本選手権バンビの部で活躍した7歳以下の選手を選抜し、卓球日本代表チーム指導陣による合宿を行っています（2020年は新型コロナにより中止）。これまでの合宿でも最高の指導陣により、多くの子どもたちの才能を開花させることができたと思います。おそらく将来のメダリストは、彼ら・彼女らのなかから生まれることでしょう。

卓球だけでなく、さまざまな分野において、子どもには大きな可能性があります。**子どもたちが興味を示し、才能の片鱗を見せた分野に関しては、それを伸ばせる環境を用意するのが私たち大人の使命だと思います。**

子どもたちが本当にイキイキと取り組む対象であれば、どんなものでもいいのです。子どもたちをじっくりと見守り、私たちそれぞれができる限りの応援をしてあげましょう。それがよりいい未来につながるのです。

MEMO

※1：世界卓球選手権大会など数々の大会で優勝し、1997年には世界卓球殿堂入りを果たしている。／※2：代表作は「キャプテン翼」。そのアニメは世界中で放送されている。／※3：2009年より、EXILEにパフォーマーとして加入している。

353/365

Sports

早くから専門に特化するべきか？

早くから「専門に特化する」のが有利なのは、同じパターンが繰り返される分野。同じパターンが繰り返される分野は少なく、基本的に多様な経験を積んだ方がいい。

人生のキャリアを形成していく上で、幼少の頃から専門に特化するか、さまざまな経験をし、知識の幅を広げていった方がいいのか。これは面白いテーマです。たとえば、プロゴルファーのタイガー・ウッズは生後数カ月の頃からゴルフに集中し、専門的な練習に取り組んできました。一方、プロテニスプレイヤーのロジャー・フェデラー[※1]はスキーやレスリング、水泳など、さまざまなスポーツを経験した後でテニス選手となりました。アメリカの科学ジャーナリストであるデイビッド・エプスタインは、著書『RANGE　知識の「幅」が最強の武器になる』（日経BP）で、多様な経験が専門的な能力につながるかどうかは、その能力を活かす分野が次のどちらに属するかによると主張しています。

①「親切な」学習環境：同じパターンが繰り返され、正確なフィードバックがすぐに提供される。

②「意地悪な」学習環境：繰り返しのパターンがあったり、なかったりする。ルールも不明確だったりする。

対戦型の多くのスポーツは意地悪な学習環境と言えるのではないでしょうか。実際、テニスやサッカー、卓球などでは、対戦相手の意表をつくような行動が頻繁に起こります。ですから、**多様な経験からの学びを活かすことで、イレギュラーな事態にも対応できる**ようになります。

そして、ビジネスや人生そのものも意地悪な学習環境と言って間違いありません。つまり、**多くの人にとっては多様な経験を積む生き方のほうが、他分野から問題解決のヒントを得ることができるなどメリットが大きい**のです。

※1：グランドスラムで歴代1位タイの20勝を挙げ、「史上最高のテニスプレーヤー」と呼ばれている。

MEMO

成功する人はセンスを大切にし、磨き続ける

「センス」とは自分の感覚のことである。「センス」はその人を守り、栄えさせてくれる。「センス」はスポーツや芸術だけでなく、人生全般において役に立つ。

英語で「センス」とは「感じること」「五感」という意味がありますが、この**センスというものは非常に大事なもの**です。人間はすべての物事を行うとき、まず五感で感じます。この感覚の役割にはいろいろありますが、もっとも大切な役割は「自己防衛」でしょう。たとえば**「痛い」という感覚は苦しむためにあるのではなく、私たちを守るためにある**のです。

人間は一度「痛い」という経験をすると、次は痛い目にあわないよう注意します。要するに、自分の行った結果を「イヤ」「苦しい」と感じ取りさえすれば、次はそうしないように努められるわけです。すなわち、あらゆるセンスは身を守るものであると言えるでしょう。

さらに行動した結果を「美しい」「楽しい」「うれしい」と感じれば、これからもそうしようと努力するものです。こうなれば、センスは身を守るばかりか身を栄えさせるものと言えます。つまり、センスを磨くことのメリットは、スポーツや芸術だけではありません。大きく言えばすべてのビジネス、身近なことで言えばちょっとした言葉遣いにまで、当てはまるのです。

だからこそ、自分の感覚を鈍らせないようにしましょう。**私たちが感じる五感はすべて、私たちに重要なことを伝えようとしている**のです。それを無視すれば、私たちの肉体や精神にダメージをもたらすか、せっかくの成長・向上のチャンスを見逃すことになります。**人生で成功する人は自分のセンスを大切にし、常に磨き続ける**ということを忘れないでください。

MEMO

355/365

Life

自分もまた誰かにとって縁の下の力持ちになろう

人生で成功する人は、周囲で自分を支えてくれる人への感謝を忘れない。また、同時に自分自身も誰かのために自分の役割に責任を持ち、全力で支える人になろう。

1998年の長野オリンピックで活躍した男子スピードスケートの清水宏保選手は、数々の名言を残しています。その中の一つに、「自分を支えてくれた人たちに恵まれた金メダルです」という言葉がありました。

ごく普通の、ありきたりの言葉に聞こえるかもしれません。しかし彼は、このあと「スケート靴の開発に協力してくれた会社のおかげ」「現場の皆さんが試合会場の氷の状況をベストに仕上げてくれた」「堀井学選手※1の存在が大きかった」と具体的に感謝の言葉を述べたのです。

明治大学卓球部の基本理念もまったく同じでした。常に選手の側にいて技術面はもちろん、体調管理から心理状況を把握した指導を怠らない『**監督**』。自分が努力する背中で選手を引っ張る『**主将**』。部内外の渉外活動を始め、チームの環境つくりや選手のアドバイザーとして力をそそぐ『**主務**』。選手全員の健康や日常生活を見守る『**寮長**』。さらに、チームのために懸命に**練習相手を務める選手**。心を込めて**球拾いをする選手**。**便所掃除を担当する選手**。声を枯らして懸命に**声援を送る選手**。

声援を背中に受けながら**試合に出場するレギュラー選手**は、そんな周囲への感謝を決して忘れません。同時に**全員がそれぞれの持ち場に責任を持ち、自分の役割をしっかり果たしていることが、苦しい試合を逆転し、想像以上の力を発揮する原動力になっているの**です。ぜひ、皆さんの周りの「縁の下の力持ち」に感謝するとともに、自分もまた誰かの支えになろうと意識してください。

MEMO

※1：1994年、リレハンメル・オリンピックのスピードスケート男子500mで銅メダルを獲得している。

356/365

Business

仕事から得られる本当の報酬とは何か？

仕事の報酬は「仕事をする機会」、「能力の向上」であり、最終的には「人間としての成長」である。目に見えない報酬を増やしていくことが、豊かな人生である。

本質的に「仕事」というものは、実に尊いものです。そんな仕事には、目に見えない報酬があります。まず、その仕事に出会えたこと。その仕事で結果を残せること。そういう機会に巡り合えたこと自体が、大きな報酬と言えます。

よく会社では「仕事の報酬は仕事だ」と言われますが、**仕事のスキルが身についてきて、その面白さを味わうと、「仕事の報酬は能力だ」と考えることができるようになる**ものです。

そして、さらに一生懸命に仕事をやって能力を磨き、人脈を広げていくと、面白い仕事がどんどんできるようになっていきます。

やがて、**「心を込めてやればどんな仕事でも面白い」**というようになります。その時点で「仕事の報酬は何か？」と聞かれたときの答えは、はっきりしています。

「仕事の報酬は成長です」

「仕事をやる報酬は仕事だ」という領域を超えて、働くことの報酬が人間としての成長になるのです。仕事を通じた成長というものは、決して失われることのない報酬です。**本当の喜びも、厳しさも、ぬくもりも、すべて仕事が教えてくれる**のです。

ぜひ、この「目に見えない報酬」を増やしていきましょう。それこそが、私たちの人生を本当に幸せに、豊かなものにしてくれるのです。

MEMO

357/365

Sports

実力を発揮するには、集中力が欠かせない

集中力を欠けば、待っているのは敗北である。精神の集中を妨げる要素はさまざまだが、「自分の全力を出すこと」だけを考えて思い切ることが集中の秘訣である。

卓球というスポーツは極度の集中力が要求されます。しかも、その集中力を長時間にわたって維持しなくてはなりません。試合中に一瞬でも集中力のエア・ポケット※1があれば、それで負けることも珍しくありません。そのため瞬時にリラックスして、また集中するという訓練が大切になります。最後まで絶対に諦めない執念で集中し、新たな気持ちで相手に立ち向かうことから、奇跡的な勝利が生まれてくるのです。

「人事を尽くして天命を待つ」ということわざがあります。たとえば卓球で技術を練磨する、体力の限界に挑む、相手を分析して戦法を練るといった猛練習をするのは、「人事を尽くす」ことになります。しかし、こうして身につけた実力を試合で存分に発揮するには、その上に強靭な集中力と精神力が必要です。このことは、卓球選手であれば誰でも痛感することです。

では、その集中力、精神力の強化はどうすればできるのでしょうか？

精神の集中を妨げる要素は人によって違いがあり、一概には言えません。**油断や慢心は原因になりますし、逆に萎縮や諦め、場合によっては「勝ちたい」という思いや責任感さえも集中力を妨げるものになる**からです。

世界のトップ・プレーヤーたちは「最大の敵は自分である」と口を揃えて言います。自分自身を制してこそ、対戦相手に立ち向かうことができるのです。**こだわりを捨て、自分のベストを尽くすことに専念できたときほど結果がいい**のはそのためです。スポーツでもビジネスでも、最後は「自分の全力を出し尽くすこと」だけを考えるのが大切です。その思い切りが究極の集中力につながるのです。

※1：空白のこと。飛行中の航空機が急激に下降する空域のことも指す。

MEMO

358/365

Life

言葉が持つ力を軽く考えてはならない

「言葉」は非常に大きな影響力を持っている。「言葉」は心の食べ物であり、いい「言葉」は心を成長させ、元気にする。「悪い言葉」からは距離を置こう。

人間が内面から動機づけられ、心の底からモチベーションを噴出させてくれるものは、「ありがとう」を言われることです。人間の価値というものは金銭や生まれ、学歴ではかるものでしょうか？　そうではないと思います。**人間の本当の価値は、その人間が生まれた後、どれだけの価値を身につけ、それによってどれだけの価値を世の中に提供したかで決まる**のです。

さて、言葉には人間の運命をも変えてしまう力があります。無限とも言える多くの言葉と出会うなかで、

あるときストンと心に落ちる言葉。心の土壌に、そんな言葉の種がうまく合致したとき、その**言葉は心の中で大きく育ち、その人の運命を形づくっていく**のです。

また、**心の食べ物は言葉**です。人は昔から、言葉を心の糧として生きてきました。いい言葉を食べていると、心は生き生きとして元気が出てくるものです。普段から、**できるだけいい言葉・いい教えに触れ、それを糧として心を成長させていく**ように意識しましょう。

だからこそ、悪い言葉・悪い考え方はなるべく避けるようにしなければなりません。**自分に関係のないネガティブな情報に無自覚に触れ続けるのは、特に危険**です。スマートフォンやテレビ、新聞、雑誌などとの付き合いは、慎重にしてください。

MEMO

思いやりの心が成し遂げた偉大な一歩に学ぶ

島根県出雲市のマラソン大会に視覚障害を持つ方が参加している。それは２kmも走れないが、素晴らしい「思いやりの心」を持つ市職員らの成し遂げた偉業である。

以前、島根県出雲市の元市長である岩國哲人《てつんど》さん※1から、次のようなエピソードを伺ったことがあります。島根県出雲市では毎年2月頃に、「出雲くにびきマラソン」というマラソン大会を開催しているのですが、そこにある日、視覚障害を持つ方から「マラソン大会に参加したい」という連絡が入ったというお話でした。当時市長だった岩國さんは驚きましたが、とにかく市役所内で伴走できる人を探すことにしたそうです。

５人の立候補者がいたのですが、彼らは10㎞も走ったことがない、とても走れないという人たちばかりでした。岩國さんは内心、「(走れない人間が５人いても仕方ないじゃないか……)」と思ったそうです。ところが、伴走を希望した職員たちは**「みんな10㎞は走れないから、１人２㎞ずつ走ります。５人で力を合わせたら、10キロ走れます。参加したいというその方の気持ちを大切にしたいのです」**と言いました。岩國さんは、伴走は一人でやるものだと思い込み、半分諦めていた自分を恥ずかしく思い、５人の気持ちと知恵に感動して涙が出そうになったといいます。

５人は仕事のあと、凍えるような寒さの中で一人が目隠しをしてロープを持ち、一人がそのロープの片方を持って、「坂ですよ」「右に曲がりますよ」と誘導しながら走る練習を続けました。そして当日、ついに出雲市のマラソン大会で初めて、視覚障害を持つランナーが誕生したのです。※2

５人の職員が示した「思いやりの心」「知恵と対応力」「実行力」、そして仕事のあとの疲れた身体で練習を重ねた「意志力」など、大変学ぶことの多いエピソードだと思います。

MEMO

※1：アメリカの証券会社メリルリンチ上席副社長を経て、政界入り。島根県出雲市長などを務める。／※2：現在も「愛走フレンズ」というボランティアメンバーのサポートにより、「出雲くにびきマラソン」には毎年10名前後の視覚障害を持つ方たちが参加している。

360/365

Life

「他者運」を「自己運」に変えていこう！

「人から与えられた幸運＝（他者運）」は、その幸運を「自分ごと」にすると生かすことができる。また「他者運」は多くの人と会うことで、得られるようになる。

チャンスに大小はあっても、まったくチャンスが与えられないという人はいません。しかし、本当に運を生かすには、チャンスが巡ってきたときに自分のものとしてチャンスを生かせるかどうかにかかっています。このことを櫻井秀勲《ひでのり》氏※1は、『運のいい人、悪い人』（きずな出版）という著書の中で「他者運」を「自己運」に変えたとき運命は好転する、と表現されています。

「他者運」とは「人からもらった運」のことです。たとえば何かのスポーツで日本代表に抜擢《ばってき》されたとしましょう。抜擢されるのは「運」の良さですが、それは「他者運」にすぎません。そのとき「自分は日本代表として必ず活躍する」と決心すれば、「自己運」に変えたことになるのです。

つまり、**「他者運」を「自己運」にするとは、幸運の結果を自分ごととして受け止めること**です。でなければ、幸運の結果によりもたらされる困難や壁にぶつかったとき、とても乗り越えることができません。**与えられた運がやってきたとき、どれだけ自分を信じられるか。**運命が好転するかどうかは、そこにかかっているのです。

また、人と会うのを面倒だと考える人の「他者運」は弱くなるものです。**自分が出会う人の数に比例して「他者運」に恵まれる機会は多くなる、**と信じて行動しましょう。さらに、**立場が上の人に引っ張りあげてもらう「他者運」は、そのような人と会ったり、話をしたりする機会を逃さないことが大事**です。なにか風圧のようなものを感じて負けてしまう人が数多くいますが、その風圧を感じながらも飛び込んでいけるかどうかが人生の分かれ道であり、「他者運」をつかめる人になる第一歩なのです。

※1：31歳で週刊誌「女性自身」の編集長として、同誌を100万部の雑誌に育て上げた。また、著書は200冊を超えている。

MEMO

361／365

Life

困難を試練と思い、明るく前向きに生きよう

千日回峰行を果たした塩沼亮潤大阿闍梨は人生の困難は「試練」と思えば良く、すべて心次第、考え方次第と説いている。その教えに沿って、明るく前向きに生きよう。

以前、奈良県・吉野にある金峯山寺の「千日回峰行」※1を果たした塩沼亮潤《りょうじゅん》大阿闍梨※2の講話を聴かせていただきました。**この荒行を成し遂げたのは、金峯山寺千数百年の歴史の中でたった二人だけ**であり、9年間の行の間に病気や怪我、たとえ台風が来ても途中で挫折すれば短刀で腹を切らねばならないという厳しい掟があります。

亮潤師はさまざまな著書の中で、次のようなことを語られています。

1．**心の中に大きな夢や目標をもって歩んでいれば、必ず困難はおとずれる**。しかし、それをのりこえなければ大きな夢や目標をかなえることはできない。困難なことに出会ったとき精神的に追い込まれてしまうと、どんどん心が卑屈になってしまう。**そんなときこそ、心を明るくもち、前向きな考えをもち、困難を試練と思えばよい**。その心が次の一歩につながり、やがていつの日か大きな夢や目標をかなえていく。

2．**他人から大変だな、つらそうだなと思われても、自分が幸せだと思えば幸せ**である。反対に自分は不幸だと思えば、その瞬間に暗く不幸な日々がはじまる。**すべては心次第、考え方次第**である。

亮潤師の荒行は到底私たちに為し得るものではありませんが、人生を歩んでいると苦しさや挫折は必ずやってきます。しかし、その**苦しさや挫折から逃げるのではなく、「成功のための教訓（＝試練）」と考え、私は明るく前向きに生きたい**と思っています。師の著書『人生の歩き方』は、その指南書です。

※1：奈良県吉野山にある標高差1355mの山道を往復48km、1000日間歩き続ける修行。年間4カ月と期間が定められているため、9年かかる。／※2：宮城県仙台市の福聚山慈眼寺住職。

MEMO

362/365

Life

心×実行力で結果は決まる

目標の実現に必要なことをしっかり考えるには、いい「心（＝考え方）」が欠かせない。しかし、いくらいい「心」を持っていても、実行に移さなければ結果は出ない。

私はスポーツ選手を指導するとき、「心・技・体」のうち最も大事なのは「心」だと常に強調しています。なぜなら「心（＝考え方）」が正しく優れていれば、**自分の目指す夢や目標に向かって、どのような心の持ち方が大事か、あるいはどういうレベルの技術や体力が必要かということをよく考えることができる**からです。

しかし、それだけではダメです。自分で判断し、決断した考え方を行動に移さない限り、何も変わりません。**優れた「心」や「考え方」も、行動に移してこそ結果を出すことができる**のです。

以前、電車に乗ったとき、大学生が英語の教科書を懸命に読んでいるのを見かけました。その彼はページをめくるときに、ふっと**お年寄りが乗り込んできたのを見て、すぐに立ち上がって席を譲った**のです。「君は偉い。きっと成功するよ」と私は心の中で思いました。

自分がやるべきことをさりげなく行えるのは、素晴らしいことです。最近はそういう若者が増えてきた印象がありますが、やろうと思っても何となくやり損ね、気付かないフリをする人も多いのではないでしょうか。廊下にゴミが落ちていたら拾う、人の集まる所でスリッパが脱ぎ散らかしてあったら揃えるなど、**小さなことでもいい習慣を行動に移すことで、人は成長する**ものなのです。

MEMO

Life

私たちの人生を変える10カ条とは？

「人生を変えたい」と思ったら、まず自分自身が変わればよい。そこからドミノ倒しのようにすべてが変わり、人生を素晴らしいものに変えることができる。

不満があるときどうすればより良いものに変えられるのでしょうか？　私は次の10カ条を自分の指針にしてきました。

【自分が変われば、相手が変わる】

家族でも、自分の思う通りには変えられない。まして、他人を自分の思う通りに変えることはできない。他人を変えたいとなら、まず自分の方が変わらなければならない。

【相手が変われば、周囲が変わる】

相手が自分のことを理解し、味方になってくれれば、それによって次第に周囲も味方になってくれる。

【周囲が変われば、心が変わる】

周囲が自分の味方になってくれれば自分の心が変わる。感謝の心と思いやりの気持ちが増幅される。

【心が変われば、言葉が変わる】

自分の心が変われば、発する言葉が変わっていく。感謝の言葉や明るく前向きな言葉を発するようになる。

【言葉が変われば、態度が変わる】

明るく、力強い言葉を発するようになれば、私たちの態度は謙虚かつ素直で、自信にあふれたものになる。

【態度が変われば、習慣が変わる】

私たちの態度がよくなれば、良い習慣を身につけるクセがつく。

【習慣が変われば、性格が変わる】

良い習慣が習性にまでなれば、生まれもった性格と呼べるものになる。性格が変われば、良いことを吸収できるようになり、人にも好かれ、いい人間関係の輪が広がっていく。

【性格が変われば、行動が変わる】

性格が変わったことで、人との絆が広がれば、良いと思うことをどんどん行動に移せるようになる。

【行動が変われば、運が変わる】

良い行動を起こし、人一倍努力すると、幸運に恵まれるようになる。

【運が変われば、人生が変わる】

幸運に恵まれることで、どんどん「ツキ」を呼び寄せるようになる。結果として人生に「勢い」がついて変化する。人生がどんどん上向きになり、より良い人生を送れるようになる。

MEMO

364/365

Sports

「世界で一番になる」という言葉が持つ意味

一流と二流を分けるのは、その人の姿勢。妥協せず、自分の限界までやり抜くか。適当なところで手を抜くか。常に最高のイメージを描く人が、勝利するのである。

私は明治大学運動部のOB・OG3万人が所属する、駿台体育会の会長を10年ほどやっており、その間さまざまなスポーツ選手と交流してきました。なかでも明治大学柔道部はバルセロナオリンピック男子柔道の金メダリスト、吉田秀彦選手らを輩出した名門ですから深い思い入れがあります。

その吉田秀彦選手は、のちに実業団柔道の世界で監督に就任しています。そして監督である自分の使命として、日本チャンピオンや実業団チャンピオンになれば満足というチームではなく、世界で一番になるという目標を共有するチームにしたい、ということを語ったそうです。

つまり、オリンピックで金メダルを獲得した彼は、**金メダル以外まったく眼中になかったのです。一流と二流を分けるのは、まさにこの姿勢にあります。**極めて高い目標を掲げ、スポーツであれば普段の練習、ビジネスであれば日々の仕事の一つ一つで「私は絶対に妥協しない」「自分が納得いくまでやる」「自分にできる限界までやり抜く」という人と、「まぁ、これくらいでいいか」「ちょっとイマイチだけど、お客さんは気付かなかったし、まぁいいか」と妥協している人とでは、結果や成果にとてつもない差が生まれるものです。

私はこれまで数百人を超える卓球選手、数千人を超えるビジネスマンを見てきましたが、**本当に強くなる人や出世する人は、「常に最高の結果をイメージしている人」**でした。ナンバー1になりたい人は、「逃げない・引かない・諦めない！」と、いつも自分に言い聞かせましょう。

MEMO

365/365

Life

知りたがり病という好奇心を持とう

「好奇心」を持つと、人は新しい情報を取り入れ、さまざまな視点で物事を見ることができるようになる。それは人生を活気づけ、明るく楽しいものにしてくれる。

私は人生において、「好奇心」を持つことが大切だと思っています。これは物事を探求しようとする人間の根源的な心、「知りたがり病」とも言えるでしょう。皆さんも子どものころ、成長していく過程では、何でも知りたがっていたのではないでしょうか？

私は今でもこの「病気」にかかっていますが、好奇心（＝「知りたがり病」）を持ち続けるには結構なエネルギーが必要です。そのため、たいていの人は好奇心を捨て、何事にも無関心な「大人」になってしまいます。

しかし、この病気にかかったままであれば、驚くほどさまざまな視点で物事を見ることができるようになります。さらに自分の志した道や仕事の情報もどんどん集まり、毎日が明るく楽しくなるのです。人は歳を重ねると、新しいことを知ろうとせず、自分にとって楽な視点からだけ、ものを見るようになるものです。それでは毎日が単調で、味気ないものになってしまうでしょう。私はそうならないように、初めて聞いた「言葉」や「考え方」に出会ったときは、すぐに調べるようにしています。

最近、若い人たちと話をしていると、「もう30歳だから……」などと、不思議なことを言う人が増えています。たしかにそういう人は、若々しさのない疲れた顔をしています。歳は若いのに好奇心を失い、中身が老化しているのです。

私は、よく周囲から「児玉さんは本当に若いですね!?」と言われます。それは私が、まだまだ学ぶべきことがたくさんあると思っているからでしょう。おかげで私は、今でもジムで体を鍛え、好奇心旺盛で、新しい仕事にも挑戦したいと思っています。「知りたがり病」は、いつまでも人生を明るく、楽しいものにしてくれるのです。

MEMO

本書の印税は「未来のいしずえ賞」に
すべて寄付され、その活動に使われます。

おわりに

この本をお読みいただき、誠にありがとうございました。お預かりした本書の印税は、KODAMA国際教育財団が主催する「未来のいしずえ賞」の寄付金としてその全額を使わせていただきます。この賞は「スポーツ・医療・保健福祉・教育・社会活性化」の5部門において、社会の礎とも言うべき、決して目立たないけれども、世の中に欠かせない隠れた努力を重ねてきた方を表彰するものです（詳細は巻末のご案内、またはKODAMA国際教育財団ホームページをご覧ください）。

本書の最後にお伝えしたいのは、「ありがとう」という感謝の気持ちの大切さです。スヴェンソンでは、「イキイキ　ワクワク　ありがとう　私たちは生きる希望にあふれ　夢と感動を共有し　感謝の心を忘れない」という言葉を行動理念にしています。

そして私は、この言葉を朝起きたときと夜眠るときに、必ず唱えています。人生では希望を持つこと、夢や感動を多くの人と分かち合うことが欠かせません。そして、そんな人生の鍵となるのが、「感謝の気持ち」なのです。

多くの人、自然、すべての存在との出会いは、当たり前のものではなく心から感謝して受け取るべきものです。なぜなら、私たちは自分自身の力で生まれたのではなく、何ものかによって奇跡的にこの世に命を与えられ、一度きりの人生を生かされている存在だからです。すべてのものに感謝の気持ちを持ったとき、見えてくる世界はきっと大きく変わることでしょう。

さて、２０２１年3月、私は日本学生卓球連盟会長と明治大学卓球部総監督を退任しました。25歳で明治大学卓球部監督に就任してから、実に60年が経ったわけです。その間、どれほどの方たちのお世話になったか分かりません。

親子二代にわたって練習場を提供してくださった平沼鶴吉さんと平沼昇さん。卓球日本代表監督に就任してほしいと、とてつもない情熱で私を口説いてくださった荻村伊智朗さん。明治大学体育会の改革にあたって、ご指導いただいたラグビー部監督の北島忠治さん。この他にも、恩人と呼ぶべき方たちは数えきれません。

経営者としても、スヴェンソンを紹介してくださったドクター・ファウベル、当社のウィッグ技術を支えてくださったカーリン氏。また、株式会社銀座・トマト会長の近藤昌平さん、作曲家の三枝成彰さんのお二人のご紹介によって、東京ロータリークラブに入会させていただき、素晴らしい方々との絆ができました。特に、虎屋会長の黒川光博様、帝都自動車会長の神子田健博様、ゴトウ花店社長の後藤尚右様にはご支援・ご指導をいただき、心から感謝しております。

東京ロータリークラブでは、iPS細胞の発見でノーベル賞を受賞された山中伸弥教授、卓球好きがご縁となったデザイナーのコシノジュンコさんをご紹介し、卓話をしていただく機会を持つことができました。山中教授とコシノジュンコさん、東京ロータリークラブの皆様には、本当に感謝しております。

そして、日清紡ホールディングス会長の河田正也様、ツムラ社長の加藤照和様、日本テレビホールディングス社長の杉山美邦様にはチャリティ等でご支援・ご協力をいただきました。

六本木男声合唱団で、ウィーン・ドイツ・モナコなどの公演旅行やサントリーホール、さまざまなホテルのディナーショーなどで共に歌った楽しい仲間たちにも感謝しています。

また、人の話を聞かず、傲慢だった私を、素直で好奇心を持つ人間に変えてくれた経営コンサルタントの船井幸雄先生。大学の同期で数々の世界チャンピオンを育てたヨネクラボクシングジムの米倉健司さんをはじめ明治大学で培われた人間関係、そして何といっても卓球界において国内外を問わずご指導いただいた方々、ライバルとして競い合い、その後深い絆で結ばれた仲間たち、指導者として選手を育てるために勉強させていただいた素晴らしい選手たち。他にも、ここに書ききれないほどの方が、私を指導し、育ててくださいました。改めて、心から感謝を捧げたいと思います。

妻の和子にも感謝させてください。多忙でほとんど家に帰れなかった私を支え、3人の子どもを立派に育て上げてくれました。また、50歳でスヴェンソンを創業したときには、「会社がうまくいかなかったら、私も頑晴るから」と背中を押してくれました。私の人生は、本当に彼女との出会いが大きかったです。

最後に、ここまでお読みいただいた方に、心から感謝致します。この本が皆様の人生を切り拓く助けに少しでもなれば、私にとってこれに勝る幸せはありません。

皆様のますますのご活躍と幸せを願い、筆を置かせていただきます。

2021年11月吉日

児玉圭司

未来のいしずえ賞

「未来のいしずえ賞」は、未来に向かって豊かな社会の礎を築くために、人知れず地道な努力を重ねている方々、誰も目を向けていなかった領域に挑戦している方々の功績を讃える国際賞です。2018年よりスタートし、スポーツ部門・医療部門・保健福祉部門・教育部門・社会活性化部門の５部門で、世のため人のため、強い意志をもって努力されている方々を顕彰しています。

これまでの受賞者

	スポーツ部門	医療部門	保健福祉部門	教育部門	社会活性化部門
第１回	**福原千代** オリンピックメダリスト・福原愛選手の母親	**高須直子** 京都大学 iPS 細胞研究所 副所長	**山元恵子** 公益社団法人 東京都看護協会会長 （国内外の公衆衛生活動の医療人材を育成）	**サイサナソンカム・アロムハック、ニャンヌボン・イティダ夫妻** （ラオス国の教育発展のために人材交流と人材育成に貢献）	**北岡賢剛** 社会福祉法人 GLOW 理事長 （障害福祉の変革、質の向上に貢献）
第２回	**小平安彦・小平光子** スピードスケート小平奈緒選手の両親	**有田美智世** NPO 法人さい帯血国際患者支援の会 理事長 （再生医療の要となる「さい帯血由来 iPS 細胞ストック」への貢献）	**武藤芳照** 日本転倒予防学会 理事長 （寝たきり予防の重要な方策である転倒予防法の普及・啓発に努める）	**原 美穂** 青山学院大学陸上競技部町田寮寮母 （同陸上競技部 原晋監督の妻）	**金澤泰子** ダウン症の天才書家 金澤翔子さんの母親
第３回	**成田ヒロ子** パラリンピック競泳金メダリスト 成田真由美選手の母親	**高橋和利** 京都大学 iPS 細胞研究所特定拠点准教授	**中村丁次** 神奈川県立保健福祉大学学長 （日本の栄養学の基礎を築いた）	**故・千住文子** 芸術家３兄妹、千住博さん、明さん、真理子さんの母親	**大谷恭子** 若草プロジェクト 代表理事 （SOS を心に抱えた少女への支援活動を続けている）
第４回はコロナに関係した方々に限定し、困難な状況下にあって人間の本質、医療の本質を見極めながら人知れず陰で支え、活動された方々を顕彰しました					
第４回	**高橋弘枝** 公益社団法人 大阪府看護協会 会長 （地域の医療崩壊を防ぐため、迅速に潜在看護師の復帰を促し、宿泊療養施設を運営）	**竹田晋浩** 日本 COVID-19 対策 ECMOnet・代表 （ECMO 治療を提供する有志の集まり「ECMOnet」を感染拡大初期に構築、数多くの重症患者の命を救った）	**千葉茂** 学校法人片柳学園 理事長 （感染拡大のさなか、臨床に立ち続ける看護師さんへの感謝の気持ちを伝えるプロジェクトデザインを行った）	**露岡令子** 世界保健機関（WHO）ラオス事務所、健康危機管理課長およびコロナ感染症対策班課長	**長尾美紀** 京都大学医学部附属病院 検査部・感染制御部部長 （コロナ感染症の検査と感染制御に関する調査研究、情報公開を積極的に行い感染拡大防止に貢献した）

※ WHO 表記について…所属機関は、識別目的でのみ使用され、WHO の了解あるいは承認を意味するものではありません。表明された見解は完全に個人のものであり、明示しない限り、個人的または職業上関連する機関や組織の見解を表すものではありません。

KODAMA
国際教育財団

KODAMA 国際教育財団は、「教育」、「健康」、「環境」の分野で、社会と人々に貢献できるよう活動を行っています。「教育」を必要としている人々に「学び」の機会を提供し、社会の発展に寄与する人材を育成。また、健康で豊かな国際社会を築くため、目標に向け強い意志をもって活動し、努力を重ねている人々を支援しています。
誰もが「夢と目標」を持てる社会をつくるため、活動を続けています。

〈財団組織〉

理事長： 児玉圭司
理　事： コシノジュンコ、鳥飼重和、岡山慶子
評議員： 中田恭子、関根宏一、ディルク・ファウベル、児玉義則、塩島一朗、中村国善
監　事： 高橋浩、児玉和子

ラオスとの交流については日本・ラオス友好議員連盟の
河村建夫会長にお世話いただきました。

2015 年ラオス・サワンナケートに小学校を建設・寄贈。青少年の生活改善という側面から、医療・健康などのヘルスケアを改善するための支援活動も行っています。

児玉 圭司（こだま けいじ）

1935年、東京生まれ。明治大学経営学部在学中、世界卓球選手権大会に日本代表選手として出場。そののち世界卓球選手権大会、アジア卓球選手権大会、アジア競技大会、アジア・アフリカ・ラテンアメリカ友好卓球大会の日本代表選手団監督として活躍。獲得したメダルは金メダル17個、銀メダル13個、銅メダル24個。現在は日本学生卓球連盟名誉会長、明治大学駿台体育会名誉会長、明治大学体育会卓球部名誉総監督として後進の育成に尽力している。

経営者としては大学卒業後、兄とともに起業。1985年、独立し株式会社スヴェンソンを創業。現在は株式会社スヴェンソンホールディングス代表取締役会長、カーリン・インターナショナルGmbH代表取締役。座右の銘は「思いは叶う」。

1日1話
自分を強くする
成功の教科書 365

2021年11月30日　第1刷発行

著 者　児玉 圭司

発行者　大山邦興
発行所　株式会社 飛鳥新社
〒101-0003
東京都千代田区一ツ橋2－4－3　光文恒産ビル
電話　(営業)03-3263-7770 (編集)03-3263-7773
http://www.asukashinsha.co.jp

装 丁　井上新八
本文デザイン　森田 直（フロッグキングスタジオ）
DTP　北村加奈（飛鳥新社デザイン室）
取材協力　天才工場
上村雅代
関 和幸

印刷・製本　中央精版印刷株式会社

ISBN 978-4-86410-858-4

編集担当　内田 威